청춘시대

청춘시대

시즌1

박연선 대본집·下

arte POP

일러두기

1 이 책은 박연선 작가의 드라마 대본 집필 형식을 최대한 따랐습니다.

2 대사는 입말을 살리기 위해 한글맞춤법에서 벗어난 표현도 최대한 살렸습니다. 그 외 지문은
   한글맞춤법에 따랐습니다.

3 이 책은 작가의 최종 대본으로, 방영된 드라마와 다른 부분도 포함되어 있습니다.

용어 정리

- **(N)** 내레이션을 지칭하는 용어로, 장면 밖에서 들려오는 목소리를 나타낸다. 이 책에서는 N
  을 생략하고 괄호로 표시했다.

- **인서트** 화면의 특정 동작이나 상황을 강조하기 위해 삽입한 화면. 인서트 화면이 없어도 장면을
  이해하는 데에는 별다른 지장이 없으나 인서트를 삽입함으로써 상황이 명확해지면서
  스토리가 강조된다. 인서트 화면으로는 대개 클로즈업을 사용한다.

- **몽타주** 따로따로 편집된 장면들을 짧게 끊어서 붙인 화면을 말한다.

- **F. O.** 페이드아웃(Fade-Out)을 의미한다. 화면이 점차 어두워지면서 장면이 바뀌는 것을 말
  한다.

- **점프** 점프컷. 연속성이 없는 두 장면을 붙이는 편집 방식이다.

차 례

7회

나는 행복하면
안 되는 사람입니다.

1. 프롤로그

      •인서트 – 수컷의 밤 》

송지원   우리 오빠… 은재 좋아하지?

윤종열   어.

      — 유은재의 방

      침대의 유은재, 눈을 뜬다. 천장에 나타난 윤종열이 다시 한 번 확
인해준다.

      •인서트 – 수컷의 밤 》

윤종열   좋아한다구.

      허걱! 다시 생각해도 놀랍다. 유은재가 돌아눕는다. 맞은편 벽에
나타나는 윤종열.

      •인서트 – 수컷의 밤 》

윤종열   어, 좋아해.

배시시 웃던 유은재가 왠지 부끄러워져서 이불로 얼굴을 가리고
바동거린다.

— 거실
유은재가 문을 열면 바로 앞에 나타나는 윤종열이 말한다. '좋아
한다구'

— 부엌
유은재가 냉장고 문을 연다. 냉장고 안에 들어있던 윤종열. '좋아
한다구'

— 화장실
유은재가 비누 거품을 낸다. 윤종열 거품들이 '좋아한다구'를 연발
한다.

— 버스 안
유은재가 창밖을 본다. 유리창에 나타난 윤종열이 '좋아한다구'를
연발한다. 유은재는 행복을 숨길 수가 없다. 배시시 웃는다.

2. 타이틀 이미지 몽타주

웃는 사람들, 파안대소, 미소, 울면서 웃는 사람, 어린아이, 할머니,
동물일 수도 있다. 어쨌거나 보기만 해도 행복해지는 웃는 얼굴들
이다.

타이틀 제7회 — 나는 행복하면 안 되는 사람입니다 (부제: 가위)

3. 강의실(낮)

강의실 입구. 유은재의 미소가 더욱 환해진다. 창가 쪽 자리에 앉은 윤종열을 발견했다. 유은재의 발걸음이 빨라진다. 인기척에 윤종열이 돌아본다.

유은재   (옆자리에 가방 놓으며) 안녕하세요.
윤종열   (떨떠름하게) 어, 안녕. (하고는) 거기 자리 있어.
유은재   예?
윤종열   (손을 든다) ….
여학생   (유은재와는 정반대로 자신만만하게) 오빠!!

여학생이 툭 치는 바람에 유은재가 휘청한다.

• 점프 》
지나가는 사람의 어깨가 툭, 유은재가 휘청한다. 유은재는 아직 강의실 입구에 있고, 윤종열은 창가 쪽 자리에 앉아 있다. 이제까지 유은재의 상상인 게다. 윤종열이 돌아본다. 유은재를 향해 손을 흔든다. 유은재가 조심스럽게 윤종열에게 다가간다.

유은재   (다가가서) 여기… 앉아도 돼요?
윤종열   그럼 누가 앉냐? 네가 앉아야지….
유은재   (배시시 웃는다) ….
윤종열   (유은재의 머리를 쓰담쓰담 하며) 일찍 왔네.
유은재   예… 선배도 개론 수업 들어요?
윤종열   아니. 난 그냥 너 볼라고 온 거야.

유은재, 부끄럽기도 하고, 좋기도 하고 고개를 숙이는데, 윤종열의 웃음소리가 들린다. 처음엔 기분 좋은 웃음소리더니 점점 커진다. 다른 사람의 웃음소리까지 들린다. 이상하다. 고개를 들면, 심리학과 사람들 전부가 유은재를 둘러싼 채 웃고 있다.

윤종열   지금까지 몰래카메라였습니다.
유은재   ….
윤종열   (깔깔 웃다가) 속았지? 완전 속았지?

•점프 ≫
유은재가 고개를 푹 숙인다. 상상이 너무 실감 나서 망연자실하다.

윤종열   (어느새 다가왔다) 뭐 하냐?
유은재   예? …그냥….
윤종열   (머리를 흐트러뜨리며) 으이구, 못난이. 아침부터 우중충해 갖고는….
유은재   (안도하는데) ….
(김한소영) 선배!!
윤종열   (돌아본다) ….
김한소영   (usb 손에 들고) 진짜 마지막이에요? 또 이런 거 부탁하면?
윤종열   (받으며) 알았어. 알았어.
김한소영   (윤종열 손 싹 피하며) 아우 진짜!!
윤종열   (김한소영 손 꼭 잡으며) 김한소영! 사랑한다!!! (usb를 빼낸다)

'사랑한다. 사랑한다!!!! 사랑한다!!!!' 유은재, 충격받았다. 고개를 흔들어 깨어나보려 하지만 소용없다. 이건 현실이다. 교수님이 들어온다. 윤종열이 옆자리에 앉으라고 손짓하지만 유은재 칫, 하고 아무 자리나 앉는다.

4. 유은재, 윤진명의 방(낮)

윤진명이 악몽을 꾼다. 가위 눌렸다. 온몸에 힘이 들어간 게 느껴진다. 윤진명이 침을 삼킨다. 간신히 가위에서 빠져나온다. 일어나 앉은 윤진명이 한숨을 쉰다.

5. 거실(낮)

씻고 나오는 윤진명. 신발장 옆을 본다.

6. 벨 에포크 앞(낮)

윤진명이 나오는데 그 앞에 그림자가 진다. 160과 180이다.

160	아르바이트?
윤진명	(스윽 볼 뿐) ….
160	아닌데? 목요일은 레스토랑 안 가잖아. 오늘도 이삿짐 옮겨?
윤진명	….
160	내가 학생 쫓아다니느라고 입안이 헐었어. 이렇게 열심히 사는데… 국가가 좀 도와주든가…. 복지가 아주 엉망이야. 에효~ 어쩌겠나? 나라도 도와줘야지. 마지막 한 달 이자는 빼줄게.
윤진명	….
160	어떡할래? 일시불로 갚을래? 아무래도 그게 낫지. 나야 이자 받으면 좋지만 학생 생각해서 그러는 거야. 통장에 있는 8백에 어디서 2백 못 구하나?
윤진명	(쳐다본나) ….

정 없으면 우리가 소개해줄 수도 있어. 이자 싸고 좋은 데로…. (이
크크 피한다)

물이 쏟아진다. 1층 정원. 새빨간 립스틱의 집주인 할머니가 겨냥
하듯 160과 180을 향해 물을 쏜다. 사채업자들의 항의에도 무표정
하다. 한 손엔 커피 잔을 들고 한 손엔 호스를 들고 위풍당당하다.
물줄기는 여전히 그들을 향한다. 그사이 윤진명이 자리를 뜬다.

7. 요양병원 병실(낮)

윤진명이 들어온다. 윤진명의 동생이 가사 상태로 누워 있다.

(송지원)　살해당한 영혼이야.

무기력한 손, 무기력한 호흡, 무기력한 생명! 윤진명이 동생에게 한
발 다가간다. 동생의 목 쪽으로 손을 가져간다. 동생이 웃는다. 그
것은 배냇짓과도 같은 무의미한 행동이다. 그러나 윤진명은 흠칫
놀라 두세 걸음 뒤로 물러서다가 누군가와 부딪친다. 소변 통을 든
엄마다.

윤진명 엄마　여기서 뭐 하는 거야?
윤진명　(심호흡 한 번으로 마음을 가라앉힌다) …엄마는 뭐 하는 거예요?
윤진명 엄마　(침대와 윤진명 사이에 선다) …?
윤진명　지난번 갖다달라던 서류 어디에 쓴 거예요?
윤진명 엄마　(소변 통을 자리에 놓는다) ….
윤진명　전에 말했죠. 난 엄마 빚 다신 안 갚아요.
윤진명 엄마　(아들의 다리를 접었다 폈다 운동시킨다) 그 얘기 하러 왔니?

윤진명	….
윤진명 엄마	너는 수명이 안부는 한 번도 안 묻는구나?
윤진명	죽은 사람 안부도 물어요?
윤진명 엄마	(윤진명을 본다) ….
윤진명	(병실을 나간다) ….

8. 유은재 몽타주

— 유은재, 윤진명의 방
침대의 유은재, 눈을 뜬다. 천장에 보이는 윤종열.

•인서트 – 수컷의 밤 》

| 윤종열 | 좋아한다구…. |

'칫' 유은재가 돌아눕는다. 맞은편 벽에 나타나는 윤종열.

| 윤종열 | 좋아한다구. |
| 유은재 | (밖으로 나가며) 아무한테나…. |

— 거실
유은재가 냉장고 문을 연다. 냉장고 안에 들어 있던 윤종열.

윤종열	좋아한다구.
유은재	누굴 사랑하구?
(송지원)	누구랑 얘기하냐?

돌아보면 송지원이 서 있다.

유은재	정 선배… 방에 있어요? 뭐 해요?
송지원	(물 마시며) 정 여사? 그냥 있던데. 왜?
유은재	물어볼 게 있어서요.
송지원	나한테 물어봐.
유은재	선배는 모르는 건데….
송지원	(발끈한다) 뭐라? 정 여사가 아는 걸 내가 모른다고? 이 시대의 지성을 뭘로 보고….
정예은	(방에서 나온다) 뭔데?
유은재	(송지원 흘깃 보고) 남자친구랑 처음 사귈 때요.
송지원	(자기가 대답해주려고 쫑긋하고 듣다가 좌절한다) ….
유은재	어떻게 시작하게 된 거예요?
정예은	(무슨 질문인지 못 알아들었다) …?
유은재	그러니까 우리 사귀는 거다, 그러고 시작한 거예요? 아니면 그냥 자연스럽게 시작된 거예요?
정예은	왜?
유은재	아니, 그냥….
송지원	(부활한다) 오빠야가 미적지근하구나?
유은재	아뇨. 그건 아닌데….
송지원	너 확실히 해. 요즘 애들은 영악해서 할 거 다 하면서도 사귀자고 안 하면 썸이라고 한대.
유은재	진짜요?
송지원	(정예은과 짧은 시선 교환한다) 너 정식으로 사귀자는 얘긴 들었어?
유은재	(그게 뭐냐?) 정식…이요?
송지원	너랑 나랑 오늘부터 사귀는 거다, 이런 말!
유은재	(진짠가 싶어 정예은을 본다) 선배는 그렇게 했어요?
정예은	그럼!! 꽃다발 주면서 오늘이 연애 첫날이다, 했지.
유은재	(더욱 불안해진다) ….
정예은	좋아한다는 말은 확실히 했어?

유은재	그냥 그날… 여기에서….
정예은	(재밌다) 그건 고백이 아니지!!!
송지원	(추임새 넣듯) 아니! 서로가 서로를 바라보면서. (정예은을 대상으로 시연한다) 나는 널 좋아한다. 너는 날 좋아하니?
정예은	그렇지!! 정식으로 하려면 무릎까지 꿇어야는데.
송지원	그건 그렇지만 시대가 바뀌었잖아.
유은재	(점점 불안해지는데…)
정예은	(깔깔 웃으며) 그만하자. 애 울겠다.
유은재	(어리둥절하다) ….
정예은	이것저것 다 불안하지? 나 좋아한다는 말은 그냥 해본 소리 같고. 나 혼자만 좋아하는 거 같고.
유은재	(안심한다) 선배도 그랬어요?
송지원	(먹을 거 찾아보며) 근데 네 핸드폰 되게 조용하다.
유은재	예?
송지원	시도 때도 없이 까톡까톡 할 때잖아.
정예은	그러네. 보고 있어도 보고 싶고.
송지원	돌아서면 생각나고….
정예은	자고 일어나면 장문의 문자가 와 있구….
유은재	(또 말린다. 시무룩해져서 핸드폰을 들여다본다) ….
정예은	(키득키득대며) 놀려 먹는 재미가 있다니까.
유은재	아우 진짜….

그때 유은재의 핸드폰이 울린다.

송지원	(배뱅이굿의 한 대목처럼) 왔구나!!!!
유은재	(전화 받는다) 엄마!!
송지원	(같은 톤으로) 아니구나.
정예은	(통화를 위해 소파 쪽으로 가는 유은재를 보며) 은순이 쟤, 앞으

유은재	로 엄청 안달복달할 거야. 저런 애들이 연애 처음 하면… (하는데) (단호하게) 엄마!!!

송지원과 정예은이 깜짝 놀라 돌아본다.

유은재	(지금까지와는 전혀 다른 냉정하고 단호한 모습으로) 그렇게 말하면 한마디도 알아들을 수 없잖아. (단호히) 말하지 말고 숨부터 쉬어. (기다렸다가) 됐어? 이제 말해봐. (듣는다) 교통사고가 났고. 지금은? 병원이야? (듣는다) 그럼 지금 택시 타고 병원부터 가. 알았지? 30분 후에 다시 전화할게. (전화 끊고 하메들에게 평소의 톤으로) 저… 집에 일이 있어서… 가봐야 할 것 같은데….
송지원	(아직 놀랐다) 어? 어….
유은재	(방으로 들어간다) ….
송지원	(유은재 방 쪽을 보다가) …놀랐지?
정예은	웅… 완전 다른 사람 같았어.

9. 병원 복도(밤)

엘리베이터에서 유은재가 내린다. 간호사에게 병실을 묻는다.

10. 병실(밤)

유은재가 들어와 4인용 병실을 둘러본다. 가장 안쪽 침대로 다가간다. 40대 후반 여자가 새근새근 잠들어 있다. 겉으로 보기에 다친 것 같지는 않다. 뒤에서 인기척이 들린다. 환자복을 입은 50대 초반의 남자가 편의점 봉지를 들고 있다. 이마에 반창고를 붙였다.

새아빠	(반갑다) 언제 왔어?
유은재	(새아빠를 재빨리 스캔한다) 아저씨가 다친 거였어요?
새아빠	아, 좀 긁혔어. 엄마가 또 오버했구나.
유은재	트럭이랑 부딪쳤다고 해서… 깜짝 놀랐어요. 다행이에요.
새아빠	(조심조심 엄마를 깨운다) 정희 씨. 정희 씨.
엄마	(잠결에 눈을 뜬다) 응….
새아빠	은재 왔소.
엄마	(눈을 가늘게 뜨고 웃는다. 그녀는 잘 웃고 웃는 게 어울리는 사람이다) 은재야!!
유은재	(물끄러미 엄마를 바라본다) ….
엄마	(우물쭈물 변명한다) 아까는 진짜 큰일 난 줄 알았단 말이야. 머리에서 피가 철철 나고….
새아빠	피가 철철 나긴 무슨…. 쫌 까진 거 갖고….
엄마	(태생인 듯 코맹맹이 소리가 절로 난다) 전화할 때 머리에서 피 난다고 한 게 누군데…. 내가 놀란 생각을 하면….
새아빠	(엄마가 마냥 귀엽다) 알았소. 알았소. 내가 잘못했소. 아이스크림 먹어요. (아이스크림을 까서 엄마에게 준다) ….
엄마	(당연한 대접을 받듯 아이스크림을 받으며 눈을 마주치고 웃는다) ….
유은재	(아이스크림을 먹으며 웃는 엄마를 물끄러미 본다) ….
새아빠	(은재의 시선을 눈치챈다. 자기 몫의 아이스크림을 주면서) 은재 먹을래?
유은재	(황급히 시선을 거둔다) 아뇨. 괜찮아요. 손 좀 닦고 올게요.

유은재가 병실을 나가다가 뒤를 돌아본다. 엄마는 새아빠 아이스크림 맛을 본다. 두 사람은 행복해 보인다.

11. 중국집(밤)

강이나가 애인 김명준과 물 잔을 사이에 두고 앉아 있다.

김명준 …뭐, 그렇게 됐다.

강이나 할 수 없죠. (지갑에서 카드를 꺼내 건넨다) …그동안 즐거웠어요.

김명준 (카드 집어넣으며) 가끔 연락할게.

강이나 하지 마요.

김명준 (쳐다본다) ….

강이나 (쓸쓸한 척) 그럼 잊기 어렵잖아요. 헤어질 거면 완전히 헤어져야죠.

김명준 그런가?

종업원 주문하시겠습니까?

김명준 (대충 주욱 훑어보고) 짜장면 하나하고 (강이나 본다) ….

강이나 (고개를 숙이며 떨리는 목소리로) 저두요.

김명준 (고개를 숙인 강이나를 본다. 슬퍼서 저러나 보다 강이나의 손을 잡아준다) ….

강이나의 웃음소리가 선행한다.

12. 바(밤)

강이나 (깔깔 웃으며) 남자들은 진짜 단순해요. 꼬실 땐 정식, 코스 막 사주면서, 헤어질 땐 꼭 짜장, 짬뽕. 횟집 가면 동태탕이야. (다시 한번 깔깔 웃는다) ….

오종규 (맞은편에 앉아 술을 홀짝인다) ….

강이나 하긴. 비즈니스니까. 그게 더 깔끔하긴 해요.

오종규	그럼 이제 애인이 두 명인가?
강이나	응, 한 명 더 구해야 돼요. (말을 돌린다) 근데 아저씬 왜 나한테 그렇게 살지 말라고 말 안 해요?
오종규	나? (피식) 누구한테 이래라저래라 할 만큼 잘난 인생도 아니구….
강이나	(턱을 괴고 물끄러미 오종규를 바라본다) ….
오종규	(강이나의 시선을 모르는 척 술을 마신다) ….
강이나	아저씨 뭐 하는 사람이에요?
오종규	….
강이나	나이가 나이니까 결혼은 했을 텐데 왠지 홀애비 냄새가 나는 거 같고… 주말부부? (손뼉을 딱 치며) 이런 거 어때요? 서로 궁금한 거 하나씩 물어보기.
오종규	(순간 매서워진 눈빛을 숨긴다) ….
강이나	나부터! 애인이나 부인 있어요?
오종규	(고개를 흔든다) ….
강이나	에, 왜요?
오종규	내 차례 아닌가?
강이나	(맞다. 어서 하라고 손짓한다) ….
오종규	(뭐부터 물어봐야 할까…. 지나치게 신중해지지 않으려고 노력한다) 아가씨는 왜 그렇게 살어?
강이나	(휴지를 툭 던진다) 뭐야? 좀 전하고 말이 다르잖아요.
오종규	그렇게 살지 말라는 게 아니라, 그냥… 특별한 이유가 있나 싶어서….
강이나	흐음… 뭐 설명하기는 좀 힘든데…. (생각하다가) 횡단보도를 건넌다고 쳐봐요. 초록 불에 건너죠. 손까지 들구, 조심조심. 그치만 음주운전 하는 놈이랑 부딪치면 끝장나요. 안 그래요? 내 얘기는 그러니까… 인생 어느 골목에서 뭔 일을 당할지 모르는데 뭐 하러 열심히 사냐는 거예요. 막 사는 게 최고예요. 난요, 10년 만기 적금 붓는 사람이 제일 신기해요. 10년 후에도 자기가 살아 있을지 어

떻게 안대요? 안 그래요? 이제 내 차례죠? (별거 아닌 것처럼) 아저씨, 그날 왜 울었어요? (그림자놀이 흉내 내며) 이기하면서….

오종규 (들킨 줄 몰랐다. 당황스럽다) …아… 울었다기보다… 어, 그냥… 창피하게… 그냥 옛날 생각이 나서….

강이나 옛날 생각 뭐요?

오종규 딸하고 놀던…. (강이나가 묻기 전에) 죽었어.

강이나 (잠깐 할 말을 잃는다) 어……. 아저씨 차례예요.

오종규 (술을 한 모금 마신다) 아까 같은 생각… 인생 언제 어떻게 잘못될지 모른다던 거… 왜 그런 생각을 하게 됐지? 아직 한참 젊은데….

강이나 (생각해본다) 어… (가볍게) 사실은요. 나 텔레비전 나온 적 있어요. 신문에도 나고…. 고등학교 때 놀러 갔다가 죽을 뻔했거든요. 남들은 죽다 살아나면 인생이 소중해진다는데… 난 아니더라구요. 뭘 해도 현실감이 안 생기고. 미래니 장래 희망이니 웃기지도 않고, 공부도 하기 싫고…. 뭐 공부는 그전부터 하기 싫었지만. (웃는다) ….

오종규 (긴장을 들키지 않으려고 술을 홀짝인다) ….

강이나 내 차례죠? 아저씨는 어떤 여자가 좋아요?

오종규 (전혀 예상치 못한 질문이다. 사레들렸다) ….

강이나 (휴지 건넨다) 어떤 여자가 이상형이에요?

오종규 (당황스럽다) 그런 거 없어.

강이나 에에이… 패스 없어요. 무조건 대답하기! 말해요. 긴 생머리에 청순가련?

오종규 ….

강이나 숏커트에 까무잡잡? 쪽 진 머리에 신사임당? 어느 쪽이에요? 말안 하면 계속할 거예요. 금발에 글래머?

오종규 (할 수 없다) 우리 때는 단발머리가 인기 있었는데….

강이나 아, 단발머리!! …질문하세요.

오종규 그 사고 때… 어떻게 살아났어?

강이나	(역시 예상 밖 질문이다) …그게 왜 궁금해요?
오종규	그냥….
강이나	(으쓱한다) 어떻게고 뭐고 없어요. 그냥 운이죠. 운! 제비뽑기처럼…. (술잔을 흔든다) 인간성이 좋아서도 아니고, 나이순도 아니고….
(송지원)	…살해당한 영혼이야.
강이나	에이, 재미없어. 그만해요. 그냥 술이나 마셔요. (오종규의 잔에 잔을 부딪친다) ….

13. 과수원집 마당(밤)

개가 짖는다. 불빛이 먼저 들어오고 택시가 도착한다. 유은재와 엄마가 택시에서 내린다. 작은 개가 꼬리를 친다. 유은재가 개를 바라본다.

유은재 엄마	(문 열고 들어가며) 뭐 해?
유은재	(따라 들어간다) ….

14. 과수원집 유은재의 방(밤)

유은재가 씻고 들어온다. 핸드폰을 확인한다. 윤종열로부터 문자가 와 있다. '도착했어?' '엄마는 어떠셔?' 유은재가 침대에 앉아 답장하려고 한다. 노크 소리가 들린다. 엄마가 베개를 들고 들어온다.

유은재	(쳐다본다) …?
엄마	(침대 안으로 들어온다) 혼자 잘려니까 잠이 안 와.

유은재	난 누가 있으면 잠 못 자는데….
엄마	괜찮아. 엄마는 꼼짝 안 하고 자니까.
유은재	('나중에 연락할게요' 문자 보낸다)
엄마	(들여다보며) 누구야?
유은재	(핸드폰 전원 꺼서 침대맡에 놓으며) 그냥…. (불을 끄고 눕는다)
엄마	(유은재가 옆에 누우면 끌어안는다) 으응, 좋다.
유은재	(엄마의 응석을 받아준다) 엄마가 응석쟁이라는 거 아저씨도 알어?
엄마	응, 그래서 귀엽대.
유은재	(부엌 한다) ….
엄마	(생각났다) 혹시 고모한테 전화 안 왔니?
유은재	아니. 왜?
엄마	자기네 이사 가는데 돈이 부족하다고… 좀 도와줬으면 하는 눈친데…. (유은재 눈치를 본다)
유은재	….
엄마	어떡하지?
유은재	뭘 어떡해? 모르는 척해.
엄마	그치만… 니네 아빠 보험금 탄 거 얼만지, 얼마 남았는지 다 아는데 모르는 척하기도 그렇구…. 얼마쯤 보낼까?
유은재	(단호하다) 하지 마. 한 번 보내면 자꾸 달라고 할 거야.
엄마	그치만…
유은재	그거 엄마 돈 아니야!
엄마	(주눅 든다) 알았어. (툴툴댄다) 넌 가끔 무섭더라.

• 점프 》

엄마가 유은재를 끌어안고 잠들었다. 쌕쌕 숨소리가 고르다. 유은재가 엄마의 옷소매를 걷어 올린다. 팔뚝 안쪽, 화상 자국이 보인다.

15. 들판(은재의 꿈)

다섯 살쯤 여자아이를 향해 개가 짖는다. 여자아이는 개가 무섭다. 꼼짝도 못 한다. 너무 무서워 울지도, 소리 지르지도 못한다. 개는 아이가 겁에 질린 걸 알고 있다. 그래서 더욱 맹렬하다. 개가 물려고 달려드는 순간, 아이를 번쩍 안아 올리는 손, 30대 남자가 개를 걷어찬다. 개가 깨갱거리며 꼬리를 말고 도망간다. 남자가 여자아이를 토닥인다. '괜찮아. 괜찮아' 여자아이가 '아빠!!'를 부르며 울음을 터트린다. 아빠의 목을 꼭 끌어안는다.

16. 과수원집 유은재의 방(아침)

유은재가 꿈에서 깬다. 땀이 흥건하다. 악몽이다.

17. 과수원집 마당(아침)

유은재 엄마가 개에게 아침밥을 준다. 그냥 시골 개다. 유은재가 엄마를 바라본다.

유은재   엄마!
유은재 엄마 (은재가 거기 있구나 그때서야 돌아본다. 웃는 걸로 인사를 대신한다) ….
유은재   엄마는… 아빠 생각나?
유은재 엄마 그럼. 가끔 나지.
유은재   언제?
유은재 엄마 (개를 마지막으로 쓰다듬어주고 일어난다) 그냥 불쑥불쑥 생각나.

길 가다가 비슷하게 생긴 사람 보면 생각나고, 니네 아빠가 좋아하던 음식 보면 생각나고. 저번 날에 장에 갔다가 복숭아를 봤는데. 니네 아빠 생각나더라. 니네 아빠가 복숭아 좋아했잖아. (아련해진다) 살아 있으면 복숭아 실컷 먹을 텐데…. 뭐 천국에서 먹고 있겠지.

유은재　　천국?

유은재 엄마　　좋은 사람이니까 천국에 갔을 거야.

유은재　　(물끄러미 엄마를 볼 뿐) ….

유은재 엄마　　그치?

유은재　　(불쑥) 엄만 나한테 고마워해야 돼.

유은재 엄마　　(못 들었다) …응? (안으로 들어간다) ….

유은재　　(엄마의 뒷모습을 보다가 혼잣말한다) 엄만 진짜 나한테 고마워해야 돼….

18. 도서관(낮)

윤진명이 공부 중이다. 핸드폰이 진동한다. 문자가 왔다. 윤진명이 가만히 핸드폰 액정의 발신자 이름을 노려본다. 액정 화면이 서서히 어두워지다가 꺼진다.

19. 교문 앞(낮)

윤진명이 걸어온다. 가까이 올수록 걸음이 느려진다. 기다리고 있던 매니저에게 꾸벅 인사한다.

매니저　　학교 오랜만이네.

윤진명	무슨 일로…?
매니저	일단 타. (차에 탄다) ….
윤진명	(어쩔 수 없다. 차에 탄다) ….

20. 새로 생긴 레스토랑(낮)

매니저와 윤진명이 들어온다. 레스토랑 직원이 윤진명을 위해 의자를 잡아준다. 윤진명이 잠깐 망설인다. 익숙하지 않은 상황이다. 윤진명이 의자에 앉는다.

매니저	(실내를 스윽 둘러본다) 새로 생겼다길래 한번 와봐야지 했는데…. (메뉴판을 펼친다) 뭐 먹을래?
윤진명	(직원으로부터 메뉴판을 받지만 펼치지는 않는다) ….
매니저	메뉴는 우리랑 대충 비슷하고…. (조금 떨어져 기다리고 있는 종업원을 부른다) 셰프 추천 메뉴가 뭐죠?

•점프 》
매니저와 윤진명이 식사를 한다.

매니저	우리 오너 돈 많은 사람이야. 몇십억 수준이 아니야. 몇백억이지. 그런 사람이 왜 레스토랑 하겠어? 요리 몇 접시 팔아서 돈 벌려구? 시장을 보는 거야. 큰 그림을 그리면서. 생산, 유통, 최종 판매까지…. 조만간 사업을 확장시킬 계획인데 내가 체인사업 쪽을 맡게 될 것 같아. 사업부를 꾸려야 되는데…. (윤진명을 흘깃 본다) …현장 경험도 있고, 경영에 관한 전문 지식도 있고….
윤진명	(집중하느라 칼질을 멈췄다) ….

매니저	(문득) 대기업을 목표로 하고 있나? 그렇다면 성에 안 차겠지만.
윤진명	아닙니다.
매니저	그렇지? 옛날이나 대기업 쳐줬지…. 그럼 그건 됐고. 내가 널 오랫동안 봐왔고, 어떤 사람인지도 알겠고…. 알겠는데 네가 내 사람인지 아닌지 그걸 모르겠다.

매니저가 윤진명을 똑바로 본다. 윤진명은 뭐라고 대답해야 할지 모르겠다. 그때!

| (주방장) | 매니저님! |

주방장과 박재완이 다가온다. 순간 윤진명은 당황한다. 나쁜 짓을 하다 들킨 기분이다.

매니저	(아무렇지도 않다) 어쩐 일입니까?
주방장	근처에 새로 생겼다길래 어떤가 싶어서….
매니저	생각하는 게 다 비슷하군요. (지나가는 웨이터를 신경 쓰면서 목소리를 낮춘다) 남자끼리 와서야 무슨 시장조사가 되겠어요?
주방장	(윤진명 쪽을 슬쩍 보며) 우리야 주방 실력만 보면 되니까. 그럼….

주방장과 매니저가 이야기하는 동안 박재완과 윤진명은 서로를 외면한다. 박재완이 매니저에게 꾸벅 인사하고 자리를 잡는다. 윤진명이 박재완을 슬쩍 보지만, 박재완은 한 번도 시선을 돌리지 않는다. 우연이라도 볼 것 같은데 고집스럽다.

• 점프 》
박재완은 맛도 모르면서 음식을 입에 집어넣는다. 주방장은 고기의 굽기, 냄새, 향신료 등을 분석하며 먹는다.

주방장	어떤 거 같냐?
박재완	그지 같아요.
주방장	에? 그 정도는 아닌데…. (다시 맛을 본다) ….

21. 새로 생긴 레스토랑 화장실(낮)

화장실 부스에서 나온 윤진명이 손을 씻는다. 오래오래 손을 씻는다. 옆에 선 여자는 거울 속 자신을 보며 머리를 가다듬고, 립스틱을 덧바른다. 윤진명은 한 번도 거울 속 자신을 보지 않는다.

22. 새로 생긴 레스토랑 화장실 입구(낮)

남녀 화장실의 입구가 하나다. 안에서 나오던 윤진명이 들어가려던 박재완과 마주친다. 박재완은 마치 모르는 사람처럼 예의바르게 비켜선다. 윤진명이 지나가기를 기다렸다가 자기 길을 간다. 윤진명의 마음 한구석이 싸해진다.

23. 강이나의 방(낮)

신나는 음악을 틀어놓고 강이나가 청소 중이다. 화장대를 정리한다. 보석함을 정리하다가 이상을 느낀다. 여기저기 뒤져보는데 없다. 핸드폰의 음악을 끈다. 어디 갔지?

24. 거실(낮)

강이나가 여기저기 찾아본다. 화장실도 들여다본다. 없다. 이상하
다….

25. 캠퍼스(낮)

유은재가 걸어온다. 족구를 하고 있는 윤종열을 발견한다. 윤종열
은 밝고 환하고 정상적인 사람이다. 그런 사람이 자신을 좋아해준
다는 것이 기적 같다. 윤종열이 환호하면 따라 웃던 유은재가 왠
지 불안해진다. 누가 쳐다보고 있는 것 같아 뒤를 돌아보다가 발을
헛디딘다. 발목이 삐끗한다. 유은재가 주저앉는 걸 윤종열이 봤다.

26. 캠퍼스 계단(낮)

계단에 앉은 유은재. 윤종열이 유은재의 신발을 벗긴다.

윤종열   아퍼?
유은재   조금….
윤종열   (발목을 살짝 돌려본다) 많이 아퍼?
유은재   (아프다) ….
윤종열   으이그… 조심 좀 하지. 이제부터 네 몸은 네 몸이 아니야. 절반은
          내 거야. 응?
유은재   (피식 웃는다) ….
윤종열   진짜야! 꼭 집어서 어느 부위가 내 껀지 알려줄 수도 있는데…. (신
          발을 신겨주며) 엄마는 괜찮아?
유은재   (윤종열을 내려다본다) 예.
윤종열   (신발 끈 묶어주며) 참. 어제 연락한다더니 왜 안 했어? 너 나랑 밀

당하는 거냐? 어디서 못된 것만 배워 갖고는….

유은재　(자기도 모르게 윤종열의 머리카락 속에 손을 넣어본다. 그랬다가 깜짝 놀라 손을 뺀다)

윤종열　(옆에 앉는다) 괜찮아. 만져도 돼. 난 다 네 거니까 맘대로 만져.

유은재　…선배!

윤종열　너 나빠. 선배가 뭐냐? 선배가…. 오빠도 있고. 달링도 있고. 하다 못해 종열 씨도 있구만.

유은재　….

윤종열　뭐? 할 얘기 뭔데?

유은재　나 아이스크림 하나만 사줘요.

윤종열　아이스크림?

유은재　어제 누가 먹는 걸 봤는데… 그때부터 먹고 싶었어요.

윤종열　하나 사 먹지 그랬어?

유은재　사달라고 하고 싶어서….

윤종열　(웬일이래. 머리를 쓰다듬는다) 에에… 귀여운 말도 할 줄 아네. 못 난이가. (유은재 손을 잡아 일으킨다) ….

27. 매점 앞(낮)

윤종열이 아이스크림을 가지고 나온다. 하나를 건넨다. 유은재가 포장지를 벗긴다. 언젠가는 이 순간이 끝나겠지 하는 생각에 가슴 이 아프다. 물끄러미 바라본다. 윤종열이 왜 안 먹나 보다가 아이 스크림 위에 뿌려져 있는 땅콩 조각을 본다. 유은재의 손째 붙잡 아 위에 뿌려진 땅콩을 먹어치운다. '됐지?' 윤종열이 눈짓한다. 유 은재가 아이스크림을 조금씩 먹는다. 윤종열이 유은재 어깨에 손 을 얹는다. 유은재가 웃는다. 웃다가 문득 뒤를 돌아본다.

28. 차 안(저녁)

매니저가 운전 중이고, 윤진명은 조수석에 앉아 있다. 창밖이 어두워진다. 윤진명이 시계를 본다.

매니저　약속 있나?

윤진명　편의점 아르바이트가 있어서….

매니저　그런 거 이제 그만해도 돼. 아까 하던 얘기만 잘 되면 아르바이트 같은 건…. (문득) 머리 좀 풀러봐.

윤진명　예?

매니저　(손을 뻗어 윤진명의 머리를 풀어준다) 풀으니까 훨씬 좋구만.

윤진명　(흘러내린 머리카락이 어색하지만 그렇다고 다시 묶을 수도 없다) ….

매니저　가끔은 변신도 하고 그래봐. 늘 같은 모습이면 매력 없잖아. 손 떼. 어울려.

윤진명　(손을 뗀다) ….

매니저　(자신감에 가득 찼다) 자신감을 가져. 여자는 당당할수록 예쁜 거야.

29. 별장(밤)

매니저의 차가 도착한다. 윤진명이 차에서 내려 주변을 둘러본다. 시골의 외떨어진 별장이다.

윤진명　(조금 당황했다) …저는 커피숍 같은 델 가는 줄 알았는데….

매니저　커피숍 같은 데서 중요한 얘길 어떻게 하나? 번잡스러워서 맥락도 안 잡히고…. 여기가 조용해서 얘기하기는 딱 좋아.

매니저가 트렁크에서 와인을 꺼낸다. 윤진명은 어떻게 해야 좋을지 모르겠다. 별장 외등이 켜져 있을 뿐 실내는 어둡다. 어쩔 수 없이 윤진명이 매니저를 따라간다.

30. 별장 거실(밤)

불이 켜진다. 매니저가 슬리퍼를 신는다. 윤진명에게도 슬리퍼를 건네준다. 신발장에 어린이용 슬리퍼가 보인다. 뽀로로다. 윤진명이 현관에 우두커니 서 있다.

매니저   (와인을 따다가) 뭐 해? 들어와?
윤진명   (뽀로로 슬리퍼를 보고 있다) ….
매니저   (직접 와서 윤진명의 손을 잡아끈다) 왜 이래? 여기까지 와서 촌스럽게….
윤진명   뽀로로네요.
매니저   (윤진명이 뭘 말하는 건지 본다) 아….
윤진명   (손을 뺀다) 저거 우리 집에도 있었어요.
매니저   그래? 흔한 거잖아.
윤진명   그러니까요. 흔한 거죠. 별것도 아닌 거…. 생각해보면 나랑 그렇게 다른 사람도 아닌데… 이상하게 어렵고, 겁먹고…. (매니저를 똑바로 본다) 마치 엄청난 권력을 갖고 있는 사람인 것처럼…. 사람한테도 가위가 눌리나 봐요.
매니저   (윤진명의 분위기가 달라졌다고 생각한다) 무슨 소리 하는 거야?
윤진명   가위 눌렸었다구요. 매니저님한테….
매니저   무슨 소린지…. 서서 이럴 거야?
윤진명   할 얘기 있으면 여기서 듣겠습니다.
매니저   (강압적으로) 중요한 얘기를 어떻게 서서 하나? 이제껏 내 얘기 뭐

	들었어? 네가 내 사람인지 아닌지 허심탄회하게….
윤진명	(말 끊는다) 매니저님의 사람이란 게 뭔데요? 이런 데서 단둘이 술 마시는 거요? 그런 거라면 저는 매니저님의 사람이 될 생각이 없습니다.
매니저	너 아직… 덜 절박하구나.
윤진명	아뇨, 절박합니다. 절박하니까 가위에 눌리고, 절박하니까 여기까지 온 거겠죠.
매니저	….
윤진명	하실 말씀 없으면 돌아가겠습니다.
매니저	(유치해진다) 가고 싶으면 가. 네가 알아서 가.
윤진명	알겠습니다. (꾸벅 인사하고 나간다) ….
매니저	(와인 병을 든 채 닫히는 문을 바라본다. 어이없고 짜증 난다) ….

31. 시골길(밤)

2차선 지방 도로다. 윤진명이 걸어온다. 드문드문 가로등이 있을 뿐 지나다니는 차도 없다.

32. 버스 정거장(밤)

윤진명이 시계를 본다. 아홉 시가 가까운 시간이다. 자동차 불빛이 다가온다. 봉고차다. 지나갔던 봉고차가 후진해 돌아온다. 윤진명이 긴장한다. 차 안에서 아저씨가 얼굴을 내민다.

아저씨	버스 끊겼는데….
윤진명	….

아저씨	어디 가요? 타요. 가는 데까지 데려다줄 테니까.
윤진명	(단호한 얼굴로) 괜찮습니다.
아저씨	(그러든가 하는 얼굴로 가버린다) ⋯.

윤진명이 긴장을 푼다. 사방을 둘러본다. 걷기 시작한다.

33. 거실(밤)

유은재가 설거지를 한다. 칼이 싱크대에 들어 있어 왠지 위험한데
유은재는 모르는 것 같다. 송지원이 냄비에 물을 올려놓는다. 라면
을 끓여 먹을 참이다. 유은재가 칼을 닦아 꽂이에 꽂는다. 무사히
설거지를 끝낸다. 냄비의 물이 끓는다.

유은재	(송지원을 부르며 냄비 뚜껑을 연다) 선배. 물 끓어요. (하다가 비명을 지른다. 냄비에 손이 닿았나 보다. 수돗물에 손등을 식힌다. 손등이 빨갛게 변한다) ⋯.
송지원	뎄어?
유은재	예. 조금 (절뚝이며 움직인다) ⋯.
정예은	(소파에 앉아 팩 중이다) ⋯너 요새 악운 들었나 봐. 여기저기 막 다친다.
송지원	(라면 끓이며) 나는 그 이유를 알고 있지. 정신이 온통 오빠야한테 쏠렸으니까. 아무튼 연애하는 것들이란. (갑자기 니킥을 날린다)
유은재	(엉덩이를 문지르며) 왜요?
송지원	선배를 놔두고 지가 먼저, 고이얀 것. (헤드락 건다) 비결이 뭐야? 어떻게 꼬리 쳤어. 네 어디가 좋대? 강아지 같은 얼굴? 우울한 성격? 빈약한 가슴?
유은재	(놀리는데도 배실배실 웃음이 난다) ⋯.

송지원	웃어? 울어도 시원찮은데 웃어? 어떻게 꼬셨는지 바른대로 고하지 못할까?
유은재	(바둥거리며) …웃는 거요.
송지원	응?
유은재	나 웃는 게 귀엽다고….
송지원	웃는 거? 웃는 거라면 나도…. (이상하게 웃는다) ….
정예은	웃지 마!! 꿈자리 사나워.
송지원	(굴하지 않고 이상하게 웃는다) ….
강이나	(베란다에서 빨래 걷어 들어온다) 근데 은순이는 딴 선배 좋아했잖아?
송지원	그래 여학우!! 쌍팔년 마초.
강이나	왜 마음이 바뀌었어?
유은재	….

•인서트 – 거실 》

윤종열	어, 좋아해.

강이나	뭐야 그게?
송지원	그러니까… 너 좋다고 해서 너도 좋아졌단 말이야?
유은재	(그럼 안 되는 건가…. 눈치를 보며 고개를 끄덕인다) ….
송지원	이거이거… 그렇게 수동적인 자세로 연애를 해서 되겠어? 당장 헤어져!!
유은재	예?
송지원	그 오빠가 싫다면 어쩔 거야? 너도 싫어할 거야? 헤어져. 헤어져…. 독립적인 여성. 주체적인 연애. 21세기에 그런 연애를 해야지 말이야.
유은재	(자기가 뭔가 잘못한 거 같다) ….
정예은	(개던 빨래 집어던지며) 시끄러! 모쏠 주제에….

송지원	꼭 해봐야 압니까? 똥인지 된장인지 꼭 쌈 싸 먹어봐야 아는 겁니까?
강이나	됐구… (유은재에게) 연애할 땐 하나만 명심하면 돼.
유은재	…?
강이나	그쪽이 널 좋아하는 것보다 네가 더 좋아하면 안 돼.
정예은	더 좋아하게 되면?
강이나	숨겨야지. 덜 좋아하는 척.
유은재	꼭 그래야 돼요?
정예은	그래!! 꼭 그래야 돼?
강이나	(으쓱한다) …맘대로 해. 질질 끌려 다니는 연애를 하고 싶으면.
정예은	됐어. (유은재에게) 그냥 좋아하는 만큼 좋아해. 마음이 가는 만큼 실컷!! 그게 최고야. 좋아하는 사람이 있다는 거, 그건 축복이야. 근데 그 사람이 날 좋아하기까지 해? 그건 기적이구.
송지원	할렐루야!!
정예은	(송지원의 등짝을 후려친다) ….

34. 버스대합실(밤)

윤진명이 들어온다. 매표소의 직원이 막 자리에서 일어나려고 한다.

윤진명	(서두른다) 서울 가는 버스 있나요.
매표소	벌써 끊겼는데.
윤진명	….
매표소	(망연자실한 윤진명을 두고 창구 안의 불을 끈다)

35. 거실(밤)

되는 대로 편하게 앉은 강이나, 정예은, 송지원, 유은재가 수다 중이다.

강이나   (놀랐다) 에? 아직 한 번도 못 봤단 말이야?

유은재   예….

송지원   얘. 큰일 났네. 너 혹시 애기가 배꼽에서 나온다고 생각하고 뭐 그런 건 아니지? 황새가 물어다 준다거나….

유은재   (또 놀리는구나 입 내밀다가 정예은에게) 선배도 그거… 봤어요?

정예은   어, 고 1때….

송지원   (노트북을 두드리며) 쯧쯧… 이렇게 준비 안 된 것은 필드에 나가고, 오래전부터 준비된 나는 만년 벤치에 앉아서…. 에효. 할 수 없구만. 내 지빠구리를 여는 수밖에….

강이나, 정예은이 송지원 뒤로 모여든다. 유은재도 쭈뼛대며 다가간다.

송지원   (유은재를 보며) 잘 봐둬. 앞으로 네 인생은 이 시간 이전과 이 시간 이후로 나뉠 테니까.

강이나   빨리 틀어봐.

송지원   (엔터 키를 누르는 척 뒤돌아보며) 하나하나 내가 직접 보고 엄선한 것들이야.

정예은   (등짝을 때려 재촉한다) 됐으니까 쪼옴…!!

송지원   (엔터 키를 누르려다가 뒤돌아보며) 음양의 조화가 막 엎치락뒤치락…. (하는데 핸드폰이 울린다. 버럭) 뭐야? 이 중요한 때…. (곧바로 다정하게 전화 받는다) 윤 선배!! (듣는다) 이천? 거긴 왜 갔어? (듣는다) ….

36. 버스대합실(밤)

윤진명은 간판 불빛 아래서 통화 중이다.

윤진명   미안하다. 부탁 좀 할게. (전화를 끊는다)

버스대합실은 텅 비다시피 했다. 노숙자일까? 새벽차를 기다리는 걸까? 아저씨 한 명이 대합실 의자에 앉아 중얼중얼 혼잣말을 한다. 윤진명이 모자를 뒤집어쓴다.

37. 벨 에포크 앞(밤)

강이나, 송지원, 유은재까지 준비하고 나온다.

정예은   (소파에 있다가) 너도 갈 거야?
유은재   예.
정예은   다리도 아픈데 뭐 하러? 가지 마.
유은재   왜요?
정예은   다 가고 나만 안 가면… 나만 나쁜 년 같잖아.
송지원   뭘 새삼스럽게….
정예은   다 갈 거면 나도 가. 기다려.
강이나   됐어. 나쁜 년이라고 안 할게.
정예은   갈 거야. (방으로 들어가기 전 신발장 옆을 보며) 쟤랑 둘이 있기 싫단 말이야.

38. 편의점(밤)

남자 알바생이 입 벌린 채 눈을 깜빡인다. 유은재, 송지원, 정예은, 그리고 깅이나가 말똥말똥 처다본다. 남자 알바생은 이게 뭔 일인가 싶다.

정예은   (테이블을 톡톡 치며 주의를 환기시킨다) 저기요?

알바생   (깨어난다) 아… 바코드 찍는 건 아세요? 여길 누르면… 띡 하고… (시범 보이면서) 이렇게 하면 서랍이 열리거든요. 그럼 그냥 밀어서….

깅이나   (오호… 들여다본다. 가슴이 쏟아진다) ….

알바생   (또다시 할 말을 잃고 멍해진다) ….

송지원   (깨어나라고 손가락을 튕긴다) 레드썬!!

39. 편의점 앞(밤)

남자 알바생이 나온다. 돌아본다. 네 명의 하메가 알바복 냄새를 맡으며 진저리를 친다. 뭐 좋은 거라고 돌아가면서 한 번씩 냄새를 맡아본다. 남자 알바생 자기도 모르게 한숨 쉬면서 자리를 뜬다.

40. 편의점(밤)

가위바위보를 한다. 유은재가 꼴찌다.

유은재   꼭 입어야 돼요?

송지원   (입기 편하도록 잡아주며) 그럼!! 유니폼인데 입어야지. 남의 돈 버는 게 쉬운 줄 알어? (입은 거 보고) 딱 좋네. 너 학교 갈 때도 이거 입어라.

유은재	(끔찍하다) ….
강이나	자, 뭐부터 하지?

• 점프 》
유은재가 카운터를 맡았다.

41. 편의점 앞(밤)

강이나가 테이블을 치운다. 김치 국물이 눌어붙어 지워지지 않는
다. 벅벅 닦는다. 종이컵을 치우려는데 담뱃재들 사이에 가래가….
'우욱'

42. 건물 쓰레기장(밤)

송지원이 바퀴 달린 커다란 쓰레기통을 달달 끌고 온다. 음식물 쓰
레기통을 비우려는데, 옷에 튄다. 냄새 맡아본다. 히익!!

43. 창고(밤)

정예은이 낑낑대며 박스를 옮긴다. 음료수 박스는 생각보다 엄청
무겁다. 비닐은 두꺼워서 잘 뚫어지지 않는다. 억지로 뜯다가 손톱
이 부러진다.

44. 편의점(밤)

쓰레기통을 든 송지원과 마대 걸레를 든 강이나가 들어온다. 음료 냉장고 뒤쪽에서 음료수를 채워놓은 정예은이 나온다.

정예은   (창고에서 나오며) 망했어. 손톱 나갔어. (하다가 냄새 맡는다) 이 게 무슨 냄새야?

송지원이 자기 옷을 정예은 코에 갖다 댄다. 정예은이 하지 말라고 떠민다. 그때 문소리가 난다. 엄청 놀게 생긴 여고생 세 명이다.

여고생1   (하메들을 스윽 보며 혼잣말처럼) 사람 존나 많네.

하메들, 움찔한다. 눈이 마주칠까 봐 스윽 고개를 돌린다.

• 점프 》

바에서 여고생 세 명이 컵라면과 삼각 김밥을 먹는다. '씨바' '존나' '패죽일라다가'… 살벌한 단어들…. 카운터 뒤에 옹기종기 모여선 하메들. 눈이 마주치지 않도록 조심하면서 그들을 경계한다.

정예은   (소근소근) 화장한 것 봐봐. 쟤네 진짜 학생이야?
송지원   (소근소근) 교복 입었으니까 학생 맞겠지.
정예은   (소근소근) 학생들이 이 시간에 왜 저러고 다닌대?
유은재   (소근소근) 야자 끝난 거 아닐까요.
정예은   (소근소근) 저 얼굴이 공부할 얼굴이야?
여학생   (버럭) 야, 이 미친년아!!

하메들 움찔한다. 뭔가 하는 척 이것저것 만지작거리며 딴짓한다.

여학생1   질질 아주… 싸라 싸! 너 혼자 처먹냐?

여학생2	지랄발광. 먹기 싫음 먹지 마.
여학생3	병신들 또 싸워.

• 점프 ≫

유은재	(공손히) 안녕히 가세요.

구호에 맞춘 듯, 네 명의 하메가 공손히 인사한다. 세 명의 여고생
들 사라지자 한숨이 절로 난다.

정예은	(역시 안도하는 강이나 보며) 강 언니도 무서웠어?
강이나	왜? 난 무서우면 안 돼?
정예은	과거 자신의 모습 아니야?
강이나	(바 치우며) 뭔 소리야? 나 얌전한 학생이었어.
정예은	어딜 봐서?
강이나	(고양이 같은 눈 하며) 눈.
정예은	(아까 여학생들이 쓰던 말이지만 전혀 다른 귀여운 말투로) 지랄 발광.
송지원	그게 아니잖아. 따라해봐. (리얼하게) 지랄발광.
정예은	(따라한다) 지랄발광.
유은재	(구석에서 조용히 따라해본다)
송지원	턱을 치켜들고… 옹, 뱉듯이. 지랄발광. (침 뱉는 시늉한다)
정예은	(따라한다) 지랄발광. (깔깔 웃다가) 오빠한테 한번 해볼까?
강이나	(깔깔 웃는 정예은을 본다) ….

• 인서트 – 술집 ≫

고두영이 강이나의 손 위에 손을 올려놓는다.

정예은	(강이나와 눈이 마주친다) 왜?

강이나	(쓰레기를 치우며 말을 돌린다) 윤 선배는 어떻게 이걸 혼자 했대?
정예은	그치? 나도 아까 그 생각했는데.

45. 편의점 앞(밤)

오토바이가 멈춘다. 박재완이 편의점 안을 본다. 카운터를 지키고 있는 건 유은재다. 즉 윤진명은 아르바이트를 빼먹은 것이다. 핸드폰의 윤진명 연락처를 불러낸다. 전화해볼까? 포기하고 가버린다.

46. 버스대합실(밤)

윤진명이 핸드폰 속 연락처, 박재완의 이름을 본다. 쿵 하는 소리. 의자에 누워 자고 있던 노숙자가 굴러 떨어졌다. 핸드폰 액정의 빛이 사라진다. 윤진명이 다시 빛을 불러낸다. 마치 부적처럼 박재완의 이름을 응시한다.

•점프 》
빗자루가 윤진명 발을 툭 친다. 윤진명이 깨어난다. 청소 아줌마가 청소를 시작했다. 첫차를 타려는 사람들이 몇 명 보인다.

47. 편의점(새벽)

카운터에 앉은 강이나가 하품을 한다. 눈 주변을 꾹꾹 누르는데, 문소리가 난다.

강이나	어서오세….
윤진명	(들어온다) 네가 있었어?
강이나	나만 있는 건 아니구….

•점프 》
창고 문이 열리면 유은재, 정예은, 송지원이 신문지 등을 깔고 누워 있다가 불빛에 꿈틀댄다.

송지원	벌써 교대야?
유은재	(억지로 눈을 뜬다) 윤 선배?!

48. 편의점 앞(새벽)

송지원, 강이나, 유은재, 정예은이 나란히 앉아 밝아오는 아침을 보고 있다. 하품을 하기도 하고 피곤하다. 윤진명이 다섯 개의 음료수를 테이블 위에 놓는다.

송지원	(쳐다본다) 에에, 윤 선배가 쏘는 거야?
정예은	우와, 감격. 윤 선배한테 뭐 처음 얻어먹어봐. 혹시 유통기한 지난 거 아니야? (살펴본다)
윤진명	내 돈 주고 계산한 거야. 많이 먹어.

하메들이 웃는다. 유은재도 웃는다.

강이나	(음료수 먹으며 지나가는 말처럼) 뭐 하러 왔냐? 그냥 집으로 가지. 피곤하게….
윤진명	그러게 말이야. 그럴걸.

아무려나 다섯 명의 하메들이 같은 곳을 보며 음료수를 마신다. 아침이 밝아진다.

49. 버스 안(새벽)

다섯 명의 하메들이 맨 뒷자리에 조르륵 앉아 졸고 있다. 윤진명도 마음 놓고 존다.

50. 벨 에포크 앞(새벽)

다섯 명의 하메들이 나란히 걸어온다. 힘들고 지쳤는데도 뭔가 흐뭇한 느낌이다.

51. 거실(새벽)

문이 열리고 하메들이 들어온다.

정예은　(현관의 거울 보며) 아우 잠 못 자서 뾰루지 났어. 나 오늘 데이트 있는데…. (두 손으로 얼굴 가리며) 망했다.
송지원　(똑같이 따라하며) 다행이다. 난 하루 종일 아무 일도 없어.

강이나, 윤진명, 나중엔 정예은까지 깔깔 웃는다. 유은재가 따라 웃는다. 웃음 끝이 애매하거나 눈치 보며 웃는 것 같던 지난 느낌하고는 다르다. 마음 놓고 웃는다.

송지원	(유은재 웃는 걸 본다) …그 얼굴이구먼?
유은재	예?
송지원	웃는 얼굴에 넘어왔다며? 너의 그 오빠가….
유은재	(들켜서는 안 되는 걸 들킨 것 같다. 당황해서 얼른 웃음 끝을 접는다)
송지원	뭐야? 왜 웃다 말어? (유은재 헤드락 걸며) 그 얼굴은 오빠야 전용이다 그거냐?

'아침부터 기운도 좋다(강이나)' '뾰루지 어떡해(정예은)' 윤진명은 화장실로 들어간다….

52. 벨 에포크 앞(낮)

정예은이 나온다. 짧은 경적 소리. 고두영이 차 안에서 기다리고 있다. 정예은이 치마를 나풀거리며 차에 탄다.

53. 커피숍(낮)

정예은이 연거푸 하품을 한다. 정예은이 하품할 때 고두영이 손가락을 집어넣는다. 정예은이 고두영의 어깨를 때리며 앙탈한다. 고두영이 낄낄 웃는다. 고두영이 화장실에 간 사이, 정예은이 거울을 보며 화장을 점검한다. 아이라인이 번졌다. 면봉으로 고치는데(혹은 뾰루지의 상태를 점검한다) 핸드폰이 진동한다. 자기 게 아니다. 고두영의 것이다. 보면 '황동식'이다. 미리보기 창에 '뭐 하나?' 정예은이 고두영 핸드폰의 비밀번호를 손쉽게 풀고 답장한다. '세상에서 제일 예쁘고 귀엽고 섹쉬한 예은이랑 데이트' 하트 이모티콘

까지 보낸다. 카톡방을 빠져나온다. 바로 밑에 '그녀'라는 이름의
카톡방이 있다. 누구지? 문자를 확인하지만 누군지 알 수 없다. 그
녀라는 카톡명의 프로필 사진을 키워본다. 빨간색 매니큐어가 칠
해진 손가락이다. 고두영이 나온다. 정예은이 화면을 꺼서 테이블
에 뒤집어놓는다.

고두영	저녁 뭐 먹을까?
정예은	만두.
고두영	맨날 만두냐?
정예은	(응석 부리듯) 으응… 만두 먹자. 웅?
고두영	그래 먹자. 먹어….

54. 레스토랑 뒷문(저녁)

윤진명이 걸어온다. 문 앞에서 심호흡을 한다. 안으로 들어가려면
어떤 각오가 필요하다.

55. 레스토랑 홀(저녁)

윤진명이 들어와 홀을 둘러본다. 다른 사람들 틈에 매니저의 모습
이 보이지 않는다. 일단 안도하고 오피스로 들어간다.

56. 레스토랑 주방(저녁)

주방은 저녁 장사 준비로 한창이다. 재료를 체크하고 손질하고 육

수를 확인한다.

주방장　　　(누군가의 칼을 보며) 이거 누구 거야?

주방 보조　접니다.

주방장　　　언제 갈았어?

주방 보조　갈아두겠습니다.

주방장　　　(뭐라고 하려다가 그만두고 돌아선다) ….

주방 보조　(안도하며 박재완에게) 칼갈이 좀 빌려줘요.

박재완　　　없어.

주방 보조　에에이, 있잖아요.

박재완　　　잃어버렸어.

박재완이 주방 밖으로 나오는데, 윤진명이 앞치마를 두르며 서 있다. 박재완이 윤진명을 스쳐 창고로 들어간다.

57. 레스토랑 홀(저녁)

윤진명이 카운터 쪽으로 간다. 카운터에는 모르는 직원이 서 있다.

윤진명　　　(모르는 직원을 본다) ….

모르는 직원　(윤진명을 본다) …?

(매니저)　　손톱 다 나았지?

윤진명　　　(돌아본다) ….

매니저　　　원래 자리로 돌아가도록 해.

윤진명　　　….

매니저　　　할 말 있나?

윤진명　　　(공적인 얼굴이 된다) 아닙니다. (깍듯이 인사하고 자리를 뜬다)

•점프 》

윤진명이 두 손 가득 접시를 들고 이동한다. 조현희를 비롯한 홀 직원들은 고소하다는 생각을 숨기지 않는다. 자기들끼리 눈짓하고 웃음을 흘린다. 윤진명이 빈 접시를 주방에 내려놓는다. 박재완은 윤진명과 눈을 마주치지 않는다.

58. 고두영 차 안(밤)

고두영이 운전하고 정예은이 운전석에 앉아 있다. 정예은이 귤을 까서 고두영 입에 넣어준다. 평소의 정예은이다.

59. 벨 에포크 앞(밤)

정예은이 차에서 내린다. 운전석 창을 통해 입 맞춘다. 고두영의 차가 멀어질 때까지 손을 흔든다. 손을 내릴 때쯤 정예은 얼굴은 전혀 즐겁지 않다.

60. 고두영 차 안(밤)

신호에 걸린다. 카톡이 온다. 황동식이 '지랄'이라고 문자했다. 고두영이 카톡 창을 여는데 맨 앞에 그녀의 프로필 사진이 뜬다. 좀 전의 일이 생각난다.

•인서트 》

화장실에서 나올 때 보았다. 정예은이 핸드폰을 내려놓는 모습을.

고두영은 쯧! 혀를 찬다. 신호가 바뀌고, 차가 출발한다.

61. 벨 에포크 앞(밤)

정예은이 이미 짐작하고 있던 것을 확인한다. 빨간색 매니큐어를
칠한 손가락. 카톡 이름은 강이나다.

62. 강이나의 방(밤)

빨간색 매니큐어를 칠한 손이 화장을 한다. 강이나가 외출 준비를
끝냈다. 잔뜩 들뜬 모습이다. 팔찌를 하는데 한쪽 손으로 하기가
힘들다. 그냥 들고 나간다.

63. 거실(밤)

방에서 나오는 강이나와 현관으로 들어오는 정예은이 마주친다.

강이나	이제 오는 거야? 체력도 좋다.
정예은	(신발을 벗는다) ….
강이나	(팔찌 내밀며 채워달라고) 이것 좀.
정예은	(무표정한 얼굴로 팔찌를 채워준다) ….
강이나	혹시 내 팔찌 가져갔어?
정예은	(쳐다본다) ….
강이나	파란색 플라스틱 팔찌거든. 네 취향이 아니긴 한데….
정예은	(아침과는 너무 다르고 평소와도 다르다) 근데 왜 나한테 물어봐.

강이나	(정예은의 이상을 느낀다) 어?
정예은	(착 가라앉았다) 네 걸 왜 나한테 물어보냐구?
강이나	(뭐야…) 네가 가끔 내 거 손대잖아.
정예은	나 아니야.
강이나	(기분 상했다) 아니면 됐어.
정예은	(팔찌를 다 채우고 강이나 손목을 잡는다) 너나 내 거 손대지 마.
강이나	뭐?
정예은	안 그럼 죽여버릴 테니까. (뿌리치듯 손을 놓고 방으로 들어간다) ….
강이나	야!! (뭐라고 한마디 해주고 싶지만 늦었다. 정예은은 방문을 노려보고 밖으로 나간다) ….

64. 정예은, 송지원의 방(밤)

정예은이 창문을 통해 강이나를 본다. 강이나가 막 택시를 잡아탄다.

65. 바(밤)

강이나가 오종규와 마주 앉았다. 정예은에 대해 성토 중이다.

강이나	그 새끼가 뭐라고 했는지 모르겠는데 난 진짜 요만큼도 잘못한 거 없거든요. 저 혼자 지랄하는 걸 내가 뭘 어떡한대?
오종규	….
강이나	아, 짜증나. 미친년. 그딴 새끼 저나 좋아 죽지. 난 트럭으로 갖다 줘도 됐거든요. (술을 원샷한다)
오종규	(강이나가 자작하려는 걸 병을 빼앗아 따라준다) 그… 팔찌…. (눈

	빛을 숨긴다) 중요한 건가?
강이나	싸구려예요. 그냥 길거리에서 파는 거. 별거 아니긴 한데….
오종규	근데?
강이나	(뭐라고 해야 할지 모르겠다) 그러니까 그건… 부적 같은 거예요. 왜 한 번 벼락 맞은 나무엔 다시 벼락이 안 떨어진다면서요. 그런 것처럼… 죽다 살아난 기념품 같은 거.
오종규	(자기도 모르게 주먹을 움켜쥔다) ….

66. 호프집(밤)

심리학과 회식이다. 20여 명쯤 모였다. 유은재는 구석에 앉아 입구 쪽을 본다. 윤종열이 들어온다. 유은재와 눈이 마주치자 윤종열이 씨익 웃는다. 유은재도 마주 웃으려다가 문득 주변을 둘러본다. 불안한 것처럼. 누가 보고 있는 것처럼.

(유은재) 처음이라 불안한 줄 알았어.

유은재 쪽으로 오려는 윤종열을 여학생 무리가 억지로 잡아 앉힌다. 윤종열이 유은재를 보지만 유은재는 시선을 돌린다.

(유은재) 누가 나를 좋아하는 게 처음이라. 내가 좋아하는 사람이 나를 좋아해주는 게 너무 신기해서. 그래서 불안한 줄 알았어.

여학생들의 웃음소리. 윤종열이 그들과 함께 웃는다. 유은재는 쓸쓸해진다. 혼자 술을 마신다.

(유은재) 그게 아니야. 행복해서 불안한 거였어.

67. 거실(밤)

송지원이 기지개를 켜며 방에서 나온다. 정예은이 소파에 앉아 신발장 쪽을 지켜보고 있다. 송지원이 냉장고에서 물을 꺼내 마시고 컵을 씻어놓는 동안에도 정예은은 한 지점을 바라본다.

송지원   정 여사! 어디 아파? 왜 이렇게 조용해?

정예은   (턱짓하며) 저거 말야. 살해당한 영혼이랬잖아.

송지원   (또 그 이야기야) 예. 예. 홍시 맛이 나서 홍시 맛이 난다고 했는데 왜 홍시 맛이냐고 물으시면 대략 난감입니다요. 그런 느낌이 들어서 그런 느낌이 든다고 했는데 왜 그런 느낌이냐고….

정예은   (말 끊으며) 예지몽 같은 걸 수도 있어. (자리에서 일어난다) ….

송지원   (못 알아들었다) …?

정예은   앞으로 살해당할 영혼이 미리 나타난 걸 수도 있다구. (방으로 들어간다)

송지원   (왠지 섬찟하다. 몸을 부르르 떤다) 뭐야… 무섭게….

68. 호프집(밤)

다들 즐겁다. 삼삼오오 떠들고, 웃고, 건배한다. 구석 자리의 유은재만이 조용히 술을 마신다.

(유은재)   알아.

윤종열을 물끄러미 바라본다. 여학생이 뭔가를 이야기하는데 시끄럽다. 윤종열의 귀에 대고 속삭인다.

(유은재)　너무 많은 걸 바라면 안 된다는 거. 너무 좋은 걸 바라면 안 된다는 거. 너무 행복하면 안 된다는 거 알아.

윤종열이 깔깔 웃는다. 유은재가 조용히 일어난다. 다른 사람들의 시선을 피해 가방을 들고 밖으로 나간다.

69. 화장실(밤)

오종규가 세면대 앞에 선다. 주머니에서 파란색 플라스틱 팔찌를 꺼내 본다. 진정하기 위해 숨을 몰아쉰다. 오종규가 세수를 한다.

70. 바(밤)

강이나는 어느 정도 취했다. 술에 취한 강이나는 슬퍼 보인다. 오종규가 돌아와 맞은편에 앉는다.

강이나　(혼자 있을 때의 표정에서 벗어난다) 어디 갔었어요? 간 줄 알았잖아요.
오종규　잠깐 화장실에….
강이나　(물끄러미 오종규를 보다가) 아저씬 좀 이상해요.
오종규　돈도 없는데 이런 데 와서…?
강이나　아니. 그런 거 아니구… 날 보는 눈이 다른 사람이랑 달라요.
오종규　어떻게?
강이나　색기가 없어요.
오종규　(부지불식간에 웃음이 난다) ….
강이나　(진지하다. 오종규의 뺨에 손을 댄다) ….

오종규	(움찔 피한다) ⋯.
강이나	(깔깔 웃는다) 완전 츤데레⋯. 아저씨 나랑 연애할래요? 마침 빈자리도 났는데⋯.
오종규	(천천히 의자 등받이에 몸을 기댄다. 강이나에게서 떨어지려는 듯) ⋯.
강이나	아저씨 돈 없는 거 아니까 싸게 해줄게요. 용돈은 안 줘도 되구. 가끔 같이 밥 먹고 술 먹고⋯ 얘기 들어주고⋯.
오종규	(농담을 들은 것처럼 웃는다) ⋯.
강이나	기분 나빠. 왜 웃어요?
오종규	⋯.
강이나	아저씬 가난하고 늙었죠. 나는 걸레구, 못됐구⋯. (하! 한숨을 쉰다) 사람을 죽였구⋯.
오종규	(순간적으로 눈을 감는다) ⋯.
강이나	그러니까 서로 통쳐요. 예? (취한 사람이 그렇듯 실실 웃으며 술을 홀짝인다) ⋯.
오종규	(잠긴 목을 푼다) ⋯잠깐 나랑 어디 좀 갈까?
강이나	어디요?
오종규	(먼저 자리에서 일어난다) ⋯.
강이나	(가자면 뭐⋯. 따라 일어난다) ⋯.
(유은재)	나는 행복하면 안 되는 사람이야. 나는 웃으면 안 되는 사람이야.

71. 호프집 앞(밤)

유은재가 계단을 올라온다. 버스 정거장 쪽으로 걸어간다.

(유은재)	(고개를 숙인다) 알아. 나는 남들처럼 살 수 없다는 거. 살면 안 된다는 거. 그치만⋯.

누군가 유은재의 손을 잡는다. 유은재는 고개를 들지 않고도 윤종열이란 걸 알 수 있다

윤종열	벌써 가?
(유은재)	그치만 남들처럼 살고 싶어.
유은재	(고개를 숙인 채) 예.
윤종열	왜?
(유은재)	누군가를 좋아하고.
윤종열	기다려. 가방 갖고 올게. (다시 안으로 들어가려는데)
(유은재)	그 사람이 날 좋아해주기를 바라고.
유은재	왜요?
윤종열	어? 데려다줄려고.
(유은재)	그 사람이 다른 사람을 보고 웃으면 질투하고.
유은재	(슬프다) 왜 데려다주냐구요?
윤종열	….
(유은재)	좀 더 좋아해달라고 화를 내고. (고개를 든다. 눈물이 가득하다) ….
유은재	헷갈리게 하지 마요. 난… 촌스러워서 누가 조금만 잘해주면 날 좋아하는 줄 안다구요.
윤종열	(말했잖아) 좋아해.
유은재	(즉각적이다) 거짓말!
윤종열	(뭐야. 이 반응은) 왜에?
(유은재)	염치없지만 남들처럼 살고 싶어.
유은재	나 같은 애 좋아할 리 없잖아요. 나같이 이상한 애 좋아할 리 없잖아요. 나같이 촌스럽고 답답하고 음침하고….
윤종열	(유은재를 물끄러미 본다) ….
(유은재)	너무 염치없는 거 아는데….
유은재	…진짜예요?

윤종열   (소년처럼 고백한다) 응, 나 너 좋아해.

유은재가 두 손으로 얼굴을 가리고 운다. 윤종열은 당황한다. 어찌해야 좋을지 모르겠다. 지나다니는 사람이 흘깃거린다. 윤종열이 반쯤 유은재를 끌어안고 어설프게 등을 토닥인다.

윤종열   야, 울지 마. 왜 울어?

72. 도로(밤)

낡은 용달차가 달린다. 짐칸에는 공사현장에서 쓰는 도구들이 보인다.

73. 용달차 안(밤)

조수석의 강이나가 운전하는 오종규를 바라본다. 어디 가는 거냐고 묻고 싶지만 오종규가 너무 심각한 얼굴을 하고 있어서 포기한다. 창밖을 바라본다. 잠이 쏟아진다. 강이나는 모르지만 '충주'라는 표지판이 지나간다.

74. 호수 주차장(밤)

오종규의 차가 도착한다. 늦은 시간이라 주차장은 텅 비어 있다. 강이나가 차에서 내리면서 맑은 공기를 들이마신다. 오종규가 차에서 내린다.

강이나   (아직 들떠 있다) 여기가 어디예요?

오종규   (말없이 주변을 둘러본다) ….

강이나   (따라 보다가 얼굴이 굳는다) ….

어둠 속에서 반짝이는 검은 호수가 보인다.

강이나   (이해할 수가 없다) 여긴 왜…?

오종규   (주머니에서 파란색 팔찌를 꺼낸다) 이거… 이게 네 부적이라는 말
         이 무슨 뜻이야?

강이나   (공포가 몰려온다. 그만큼 오종규에게서 물러선다) 왜 아저씨가 그
         걸 갖고 있어요?

오종규   (강이나가 멀어진 만큼 다가온다) 사람을 죽였다는 말, 그게 무슨
         뜻이야?

강이나   아저씨 누구예요?

오종규   원래 이걸 갖고 있던 아이, 그 아이의 아버지다.

강이나가 도망가기 시작한다. 그러나 곧 오종규에게 잡힌다. 강이
나가 쓰러진다. 오종규가 강이나를 깔고 앉는다.

오종규   말해. 그날 무슨 일이 있었던 거야? 왜 네가 내 딸의 팔찌를 갖고
         있어?

강이나   (오직 오종규에게서 벗어나려 할 뿐이다) 놔! 놔! (비명을 지른다)
         아아아아악!!!!

그러나 주차장은 텅 비어 있다. 강이나가 지쳐서 소리 지르는 걸
멈춘다. 오종규의 눈빛이 무섭다.

오종규   (착 가라앉았다) 내 딸, 네가 죽였어?

강이나	(숨을 헐떡이며 오종규를 바라본다) ….
오종규	(강이나의 목을 조른다) ….
강이나	(괴롭다) ….
(소리)	거기 누구요?

손전등 불빛이 먼저 다가온다. 오종규가 돌아보는 사이, 강이나가
밀치고 도망간다. 정신없이 도망가던 강이나가 돌아본다. 멀리 오
종규가 경비원과 실랑이를 벌인다. 강이나가 뒷걸음질 친다. 바로
옆은 검은 물. 호수다!!

※ 에필로그
　　INTERVIEW 주변 남자들

　　윤종열이 스툴 의자에 앉아 있다.

　　유은재의 매력이 뭐라고 생각하나?
　　— (히죽 웃는다) 이쁘잖아요.

　　답답한 성격이라는 의견도 있는데?
　　— 좀 그렇긴 한데… (웃는다) 이쁘잖아요.

　　유은재에게 가끔 어둠이 느껴지지 않나?
　　— 맞아요. 가끔 얘 왜 이러나 싶을 때가 있는데… (웃는다) 이쁘잖아요.

수컷의 밤 행사 때 '비밀을 갖고 있을 것 같은 사람'으로 송지원을 지목했다. 이유는?

— 아. 그게요…. 사람은 뭔가 숨기는 게 있을 때 두 부류로 나뉘거든요. 아예 말을 않든가. 무지하게 오버하든가. 그 사람은 오버하는 쪽인 거죠. 자꾸 야한 얘기하는 것도 아마 뭔가를 억누르려다 보니까 반작용으로 나타난 증상이지 않을까 싶은데…. (이 사람들이 안 믿나?) 에. 진짜예요. 나 심리학곱니다. 학점 4.2.

다섯 명의 하메 중 유은재 말고 다른 한 사람을 사귄다면?

— (단호히) 난 오직 은재뿐입니다.

비밀은 절대 보장된다.

— (안 믿는 듯) 에에이… (해놓고는) 강이나?

박재완이 스툴 의자에 앉아 있다.

현재 레스토랑에서의 직위는?

— 세컨쿡입니다. 샐러드와 수프를 담당하고 있습니다.

이 일을 한 지 얼마나 됐나?

— 군대 2년 빼면 7년쯤.

한때 레스토랑 오너의 숨겨진 아들이라는 소문이 있었다던데….

— 헛소문입니다. 우리 부모님은 양평에서 비닐하우스 하세요.

부잣집 아들이라는 소문이 돌았을 때 주변 반응이 어땠나?

— 뭐 예상대로죠. 엄청 친절하고, 갑자기 말 시키고… 영화 보러가자 그
러고…. 진명 씨만 그대로구나 싶었는데. 나중에 그러더라구요. 부잣집
아들이라는 얘길 들었을 때 일부러 더 쌀쌀맞게 대했다고. 잘해주고
싶은 자기 마음이 창피해서 그랬다고. 자기가 더 속물이라고…. 진명
씨답죠?

윤진명에 대한 감정이 정확히 무엇인가?

— 불쌍해요. 불쌍해서 잘해주고 싶어요.

동정인가?

— (생각해본다) 사랑인 것 같습니다.

윤진명과 매니저가 레스토랑에 간 날, 편의점 아르바이트에 윤진명이 나
타나지 않았다. 그날 일에 대해 나중에 들었나?

— 아뇨. 묻지도 않았습니다. 솔직히 잠깐 의심하긴 했지만 진명 씨는 그
럴 사람이 아니라는 걸 나는 알고 있습니다.

윤진명의 상황이 점점 안 좋아지는 것 같다.

— (한숨 쉰다) 어떻게든 해주고 싶은데… 내가 할 수 있는 게 없어요. 이
럴 땐 내가 진짜 부자였으면 좋겠어요. 학비도 내가 다 내주고…. 진명
씨가 받지도 않겠지만….

다섯 명의 하메 중 윤진명 말고 다른 사람과 사귄다면?

— 없습니다.

비밀 보장된다.

— (진지하게 곰곰이 생각한다) …강이나? 아뇨. 잠깐만요. 유은재도 괜찮
고….

8회

희망, 그 빌어먹을 희망

1. 프롤로그

— 1층 할머니 집(안 되면 1층 정원)

어둠 속에서 들리는 탱고 음악, '포르 우나 카베사' (간발의 차이로) 탁! 성냥 켜는 소리. 향초에 불이 붙는다. 뽁! 코르크 마개가 뽑힌다. 잘 닦인 와인 잔에 3분의 1 정도 차오르는 레드 와인. 앤티크한 라디오에서 흘러나오는 탱고 음악을 들으며 주인집 할머니가 와인을 마신다. 와인 잔에 새빨간 립스틱이 그대로 묻어난다. 음악에 맞춰 가끔 고개를 휙휙 돌린다. 그릴에 삼겹살을 올려놓는다. 다시 고개를 휙휙 돌리는데, 누군가 지켜보는 그림자, 할머니의 고갯짓에 휙 숨는다. 할머니는 못 봤나 보다. 하던 일을 계속하는 듯…. 갑자기 와인드업. 와인 병이 날아온다. 스핀을 먹은 와인 병이 빙글빙글 어둠 속으로 사라지는가 싶더니, '아얏' 소리가 들린다. 남자의 목소리다.

— 벨 에포크 앞

주인집 할머니가 뛰쳐나온다. 예리하게 좌우를 둘러본다. 아무도 없다. 뭘까? 누구였을까?

— 벨 에포크 현관

1층 현관 유리문에 '알림 종이'가 붙었다. '최근 수상한 남자가 집 주변을 배회합니다. 문단속에 만전을 기하고, 늦은 시간 외출은 삼갑시다. 자기 몸은 자기가 지킵시다.

— 언제나 부모마음 집주인 백 —

2. 타이틀 이미지 몽타주

워터하우스의 그림 〈판도라의 상자〉(다른 그림이어도 된다). 희망의 우울함에 관한 노래와 함께…. (혹은 신나는 노래가 쿵짝대다가 테이프가 늘어지듯 늘어진다)

타이틀 제8회 — 희망, 그 빌어먹을 놈의 희망 (부제: 수상한 남자)

3. 현관(낮)

'알림 종이!'…. 윤진명이 나오다가 알림 종이를 보는데 빵 하는 경적 소리. 길 건너, 차창이 스윽 내려간다. 160이 손을 흔든다. 윤진명이 무시하고 걸어간다. 골목 반대쪽. 다섯 살쯤된 꼬마 아이가 뛰어오다가 넘어진다. 넘어진 채로 윤진명과 눈이 마주친다. 여자 아이는 울려고 입을 삐죽거린다. 그러나 윤진명이 모르는 척 외면하자 눈이 말똥말똥해진다.

(윤진명) (아이를 무시한 채 걸어간다) 저 아이는 혼자 일어날 것이다.

아이가 일어난다. 묻지도 않은 흙을 탁탁 털고 손바닥을 본다. 조금 까졌나 보다. 윤진명을 다시 힐끗 본다.

(윤진명)　울어도 소용없을 땐 어린아이도 울지 않는다.
(아이 엄마)　지영아!

어디 있었을까? 아이 엄마가 달려온다. 엄마 목소리를 듣자마자 우에에엥 울기 시작한다.

아이 엄마　(아이를 달래준다) 지영이 넘어졌어? 어디 다쳤어? 많이 아퍼?
아이　(희미하게 까진 손바닥을 전리품처럼 보여주며 더 크게 운다) ….
(윤진명)　아이가 우는 것은 아팠냐고 물어봐줄 사람이 있을 때.
아이 엄마　(안고 토닥인다) 괜찮아. 괜찮아.
(윤진명)　괜찮다고 달래줄 사람이 있을 때.
아이 엄마　으응. 됐어. 이제 됐어. 울지 마.
(윤진명)　'울지 마'라고 말해줄 사람이 있을 때.
아이　(더 크게 운다) ….

윤진명이 아이와 엄마를 돌아본다. 아이 엄마가 아이를 데리고 가는데 손을 다친 아이는 웬일인지 다리를 절뚝인다. 엄마는 다 알면서도 아이를 안아준다. 엄마에게 안겨 멀어지는 아이와 윤진명의 눈이 마주친다. 아이와 윤진명이 한동안 서로를 바라본다.

(윤진명)　(다시 가던 길 간다) 아이는 자기편이 있을 때만 운다.

4. 레스토랑 홀(저녁)

윤진명이 차렷 자세로 고개를 들고 있다. 홀 직원들을 상대로 매니저가 복장 점검 중이다. 조현희 앞치마의 얼룩을 지적한다. 손톱 길이를 확인하고 흘러내린 머리카락을 주의시킨다. 지금까지는 가벼운 주의였다. 드디어 윤진명 앞에 선다. 긴장감이 돈다. 조현희가 곁눈질한다.

•인서트 – 주방 》
주방 식구들도 매니저와 윤진명의 대치를 눈여겨본다. 박재완은 채소를 썰 뿐이다. 매니저가 매의 눈으로 쳐다보지만 얼룩도, 손톱 길이도, 머리카락도 지적할 게 없다. 매니저가 윤진명을 중심으로 반 바퀴 돈다. 윤진명 뒤에 서서 목덜미에 대고 냄새를 킁 맡는다. 윤진명은 미동도 하지 않는다.

•인서트 – 주방 》
박재완의 칼질이 점점 빨라진다.

매니저	무슨 냄새야? 네 주제에 향수를 뿌렸을 리는 없고.
조현희	(입을 삐죽인다)
매니저	(다시 한 번 냄새를 킁 맡더니, 목덜미 옷깃을 잡아당겨 들여다본다)

•인서트 – 주방 》
그 순간 박재완의 칼이 도마에 탕 하고 꽂힌다.

매니저	(목덜미 속으로 손을 뻗어 '촤악' 소리가 나도록 파스를 뜯어낸다) 이게 뭐야?
윤진명	(돌아보는데) ….
매니저	(파스를 구겨 윤진명 얼굴에 집어던진다) 파스든 향수든 냄새나는 건 안 된다! 그것도 모르나?

윤진명	(냉정한 눈으로 매니저를 쳐다본다)
매니저	(도발하듯) 뭐 할 말 있어?
윤진명	(거의 노려본다) ….

모두들 윤진명을 응시한다.

•인서트 – 주방 》
주방 식구들도, 박재완도 윤진명을 본다.

윤진명	죄송합니다.
홀 직원	(긴장을 털어내듯 소리 없이 한숨을 쉰다) ….
매니저	(이겼다고 생각해 만족스럽다. 시계를 보고 손뼉을 짝짝 친다) 자, 5분 후에 오픈합니다.

매니저 가버린다. 윤진명이 바닥에 떨어진 파스를 줍는다. 잠깐 박재완과 시선이 엇갈린다. 박재완은 필요 이상 윤진명을 바라보지는 않는다.

| 조현희 | (지나가며 들으라는 듯) 누구 땜에 맨날 뭐야? 사랑싸움은 지들끼리 하든가…. |
| 윤진명 | (표정 변화 없다) …. |

•점프 》
우아한 음악이 흐른다. 윤진명이 양손 가득 빈 접시를 들고 온다. 조현희가 마주 가며 윤진명을 툭 친다. 윤진명이 간신히 균형을 잡는다. 손님에게 물을 따라주며 조현희가 영업 미소를 짓는다. 주방으로 돌아온 조현희가 주전자에 찬물을 받는다. 순간 윤진명이 조현희 손을 낚아채 뜨거운 물의 버튼을 누른다. 조현희가 순간적으

로 '악' 비명을 지르다가 입을 막는다.

윤진명   다음에 또 그러면 끓는 기름에 집어넣을 거야. (진심이라는 걸 보여주기 위해 조현희를 똑바로 본다)

조현희   (처음엔 지랄하려다가 겁먹는다)

윤진명   (뿌리치듯 손을 놓아준다. 지켜보던 사람들이 서둘러 할 일을 한다)

조현희   (빨갛게 부어오른 손등을 찬물에 적시며 윤진명을 본다. 겁먹었다) 저 미친 게….

5. 벨 에포크 앞(밤)

현관에 붙어 있는 '알림 종이'. 길 건너 오종규가 3층 창문을 바라본다. 커튼이 쳐진 방이다. 오종규는 계속해서 강이나에게 전화를 걸고 있다.

6. 강이나의 방(밤)

강이나가 손톱을 물어뜯으며 핸드폰을 노려본다. 진동하는 핸드폰. 발신자는 '아저씨'다. 부재중 전화가 11통. 전화가 끊긴다. 강이나가 커튼을 살짝 들고 밖을 본다. 오종규와 눈이 마주친 깃 같다. 강이나가 몸을 숨긴다. 불안하다. 그때 초인종 소리 들린다.

(유은재)   누구세요?

강이나   (설마. 뛰쳐나간다) 열지 마!!!!

7. 거실(저녁)

막 문을 열던 유은재가 다급한 소리에 놀라 돌아본다. 화장실에서 나오던 송지원, 식탁에 있던 정예은도 뭔 일인가 돌아본다. 문밖에 있는 사람은 택배 아저씨다.

택배	송지원 씨?
송지원	전데요.

• 점프 》

상자에 밑반찬, 된장, 고추장, 김치, 호박, 가지, 복숭아가 들어 있다.

송지원	(복숭아를 씻는다) 그때 왔던 (손가락으로 비둘기 만들어 보이며) 이 아저씨?
강이나	어.
유은재	(칼과 포크를 가져온다) …?
송지원	그럼 할머니가 봤다는 수상한 남자도 그 아저씬가?
강이나	아마도….
정예은	(쌀쌀맞다) 결국 그렇게 됐네. 그런 사이 아니라더니….
강이나	그런 사이 아니야.
정예은	근데 왜 쫓아다녀?
강이나	(설명하기는 곤란하다) 아무튼… 혹시 모르니까 문 열어주고 그러지 말라구.
유은재	(그사이 복숭아를 깎아 잘라놓았다) ….
송지원	(복숭아 먹으며) 더러운 세상. 빈익빈부익부도 정도껏 해야지. (강이나 얼굴에 얼굴 들이대며) 봐봐! 대충 비슷하잖아. 근데 왜? 이유가 뭐냐구?
성예은	(눈 내리깐 채로) 쉬워 보이면 돼.

유은재	(놀라서 쿨럭 기침한다) ….
강이나	(얘가 왜 이러지 쳐다본다) ….
정예은	(강이나 빤히 보며) 남자들은 쉬운 여자 좋아하잖아.
강이나	(싸울 듯 노려보다가 씨익 웃는다) 정답!!

정지 화면이 풀리듯 하메들 복숭아를 먹는다.

강이나	적당히 웃어주고. 눈도 적당히 풀어주고. 단추도 적당히 풀고 ….
송지원	그래!! 그거였어. 그동안 내가 너무 철옹성이었어. (눈 풀고 빙구 웃음 웃는다) 어때? 헤퍼 보여?

유은재, 강이나가 깔깔 웃는다.

정예은	(강이나에게) 좋아?
강이나	뭐가?
정예은	남자가 좋다고 하면 아무나 다 좋냐구?

분위기 다시 싸해진다.

송지원	(두 개 남은 복숭아 한꺼번에 입에 집어넣고는) 다 먹었다아! 먹을 거 다 먹었으면 그만 일어납시다. (정예은을 잡아끌며) 정 여사, 컨디션 안 좋다며? 얼른 들어가 자. 푹 자자.
강이나	(이번에는) 너 왜 그래?
정예은	(송지원이 잡아끄는 대로 끌려가다가) 뭐가?
강이나	할 말 있으면 똑바로 해. 괜히 빙빙 돌리지 말구.
정예은	할 말 뭐? 나 할 말 없는데…. 나한테 할 말 있어?
강이나	….
정예은	(방으로 들어간다) ….

강이나 　　(방으로 들어간다) 병신 같은 게!!

쾅!! 쾅!!! 화답하듯 양쪽에서 들리는 문소리에 유은재가 움찔한다.

8. 벨 에포크 앞 골목(밤)

차 안의 오종규. 현관문을 바라본다. 순찰차가 다가오다가 속도를 줄인다. 주목받는 걸 느낀 오종규가 자리를 뜬다.

9. 도로 건설 현장(낮)

오종규가 아스팔트를 해체하고 있다. 드릴이 굉음을 내며 아스팔트를 뚫는다. 먼지가 일고, 파편이 튀고, 땀이 뚝뚝 떨어지고. 위험하다. 멀리 차 안에서 서동주가 오종규를 지켜본다.

10. 고시원 골목길(밤)

오종규가 올라온다. 고시원 건물 안으로 들어가면 멀리서 쫓아오던 차가 멈춘다. 서동주가 창에서 내려 고시원을 올려다본다. 막다른 골목길엔 대출 전단지가 깔려 있고, 어둡다. 막장이란 이런 느낌일 게다.

11. 기실(밤)

정예은이 식빵을 먹는다. 버터와 잼을 듬뿍 발라 기계적으로 먹는
다. 하나, 둘… 꾸역꾸역 먹는다. 강이나가 방에서 나온다.

강이나   (기계적으로 먹어대는 정예은을 보다가) 엄청 먹어댄다. 너 요요
         오나 보다.
정예은   그래서? 내가 요요 와서 좋아?
강이나   (정수기에서 물 받으며) 네가 뚱뚱해지는데 내가 좋을 게 뭐냐?
정예은   (당연한 거 아니야) 네가 더 돋보이니까.
강이나   (뭐라고 한마디 해주려는데 문자가 온다. 밖으로 나간다) ….

정예은, 그러거나 말거나 마지막 빵에 잼을 바르다가 문득 어떤 생
각에 미친다. 베란다로 뛰어간다.

12. 베란다(밤)

정예은이 창밖을 내다본다. 건물에서 나온 강이나가 좌우를 둘러
보더니 주차되어 있는 차에 탄다. 자세히 보이지는 않지만 고두영
의 차와 비슷하다. 정예은이 고두영에게 전화를 건다. 통화 연결음
을 들으며 손톱을 물어뜯는다. 잠시 후 들려오는 '전화를 받을 수
없다'는 기계음. 정예은이 뛰쳐나간다.

13. 서동주 차 안(밤)

서동주가 강이나에게 오종규에 관한 이야기를 하고 있다.

서동주   그 아저씨 원래는 목수였대. 절이나 한옥 같은 옛날 집 있잖아. 그

런 거 짓는…. 감옥 갔다 오고 나서 노가다로 돌기 시작했다는
데….

강이나　감옥?

서동주　응, 폭행치사로 10년. 7년 만에 가석방.

강이나　폭행치사가 뭐야?

서동주　사람을 때려죽였다는 얘기야…. 나오자마자 너한테 접근했다는 얘
기인데… 너 어쩌다가 그런 사람이랑 엮였냐?

강이나　(불안해서 손가락을 비틀며 창밖을 본다) ….

서동주　신고해. 경찰 뒀다 뭐 해?

강이나　좀 있다가….

서동주　너 요새 일도 못 나가지?

강이나　….

14. 계단, 현관(밤)

우당탕 계단 내려오는 소리. 정예은이 무서운 속도로 내려온다. '알
림 종이'가 붙어 있는 현관문을 열어젖힌다.

15. 골목(밤)

정예은의 시선은 오직 길 건너 차에 가 있다. 무작정 뛰어 건넌다.

16. 서동주 차 안(밤)

서동주　뭔 일이야? 뭔 일인지 알아야 도와주든가, 대책을 찾든가….

그 순간, 끼이익 급정거하는 소리. 정예은을 향해 차가 달려든다.

17. 골목(밤)

차가 아슬아슬하게 멈춘다.

운전자 (차에서 내린다. 너무 놀라 다리가 후들거린다) 괜찮아요?
강이나 (다가오며 정예은을 붙잡는다) 뭐야? 괜찮아!!
정예은 (서동주를 확인한다. 멍할 뿐이다. 운전자에게 꾸벅 인사하고 자리를 뜬다) ….
서동주 누구야? 아는 애야?
강이나 (멀어지는 정예은을 본다) ….

18. 레스토랑 홀(밤)

윤진명이 주문을 받는다. 주문서를 집어넣는다. 세 개의 접시를 들고 테이블로 향한다. 손님 앞에 내려놨다가, 손님이 뭐라고 하자 다시 집어 든다. 매니저가 쳐다본다.

•점프 – 주방 입구 ≫
윤진명 (접시를 다시 내려놓으며) 3번 테이블 오더 미스 났습니다.
주방장 맞는데…. (오더 종이를 확인하고) 글씨가 이게…. (짜증 내려다가 윤진명인 걸 알고 그만둔다) 에에이….

19. 레스토랑 밖(밤)

오픈 팻말이 뒤집어진다.

20. 레스토랑 홀(밤)

홀 직원들이 뒷정리를 한다.

매니저   윤진명!!
조현희   (작은 소리로) 또야….
윤진명   (테이블에 의자를 올려놓고 매니저 쪽으로 다가간다) ….
매니저   3번 테이블 컴플레인 뭐야?
윤진명   오더가 잘못 들어갔습니다.
매니저   잘못 넣은 거야? 잘못 나온 거야?
윤진명   …곧바로 시정했습니다.
매니저   곧바로? 재료값은? 손님 기다리는 시간은? (다른 사람들에게) 다른 사람은 퇴근해요!

직원들 꾸벅 인사하고 가버린다. 박재완을 비롯한 주방 식구들도 가버린다. 윤진명은 등을 꼿꼿이 하고 매니저 앞에 서 있을 뿐이다. 매니저는 윤진명을 쉽게 보낼 생각이 없다.

21. 버스 정거장(밤)

윤진명이 버스를 놓친다. 막차 시간을 확인한다. 좀 전의 버스가 마지막 버스다. 심야버스를 검색한다. 오토바이 소리가 들린다. 박재완이다.

박재완	(여분의 헬멧을 건넨다) 타요.
윤진명	(쳐다볼 뿐이다) ….
박재완	(냉정하다) 막차 놓쳤잖아요. 택시 탈 거 아니면 타요.
윤진명	….

22. 도로(밤)

박재완의 오토바이가 달린다. 뒷자리에 윤진명이 타고 있다.

23. 벨 에포크 앞(밤)

오토바이가 도착한다. 윤진명이 헬멧을 벗어 돌려준다.

박재완	(헬멧을 받는다) 그만둬요.
윤진명	…?
박재완	(윤진명을 본다) 레스토랑 그만둬요. 어차피 알바고, 거기 아니어도 그 정도 일자리는 많잖아요.
윤진명	….

박재완이 가버린다. 윤진명이 멀어지는 오토바이를 지켜본다.

24. 거실(밤)

유은재가 방에서 나온다. 냉장고 문을 열려다가 냄새를 맡는다. 싱크대 안, 음식물 쓰레기봉투가 꽉 찼다. 날파리들이 날아다닌다.

25. 계단, 현관(밤)

유은재가 계단을 내려오다가 윤진명을 발견한다. 쭈그리고 앉은 윤진명의 어깨가 축 처졌다. 발소리에 윤진명이 돌아본다. 눈이 마주치면 유은재가 괜히 미안해서 외면하게 된다. 윤진명이 눈으로 인사하고 안으로 들어간다. 유은재가 윤진명을 돌아본다. '알림 종이'가 붙은 유리문이 흔들린다. 유은재가 쓰레기 집하장 쪽으로 이동한다. 어떤 시선이 유은재를 따라간다.

26. 쓰레기 집하장(밤)

유은재가 음식물 쓰레기를 버리고, 재활용 쓰레기를 분리한다. 깡, 깡, 깡… 빈 맥주 캔을 던져 넣을 때마다 경쾌한 소리가 난다. 인기척이 난다. 유은재가 돌아본다. 그림자가 홱 숨는다. 분명하다. 골목은 조용하다. 오늘따라 지나다니는 사람도 없다. 깡, 깡, 깡, 좀 전에는 경쾌하던 소리가 신경질적으로 들린다. 서둘러 쓰레기를 처리하고, 유은재가 걷는다. 발자국 소리가 따라온다. 유은재가 빨리 걸으면 발자국 소리도 빨라진다. 유은재가 뛰다시피 건물 쪽으로 달려간다. 문손잡이를 잡는 순간, 누군가 유은재의 어깨를 잡는다. '아아아아아악!!!' 유은재가 비명을 지르며 주먹을 뻗는다.

27. 거실(밤)

화장실에서 씻고 나오던 윤진명. 비명 소리를 듣는다.

28. 정예은, 송지원의 방(밤)

열린 창문을 통해 들려오는 비명 소리!!! 침대에 앉아 뒤척대던 정예은, 책을 읽던 송지원이 반응한다.

29. 강이나의 방(밤)

유은재의 비명 소리. 잠옷으로 갈아입던 강이나가 뛰쳐나간다.

30. 벨 에포크 앞(밤)

내지른 유은재의 주먹에 안면을 강타당한 수상한 남자가 고개를 든다……. 윤종열이다.

유은재 선배……?
윤종열 그래. 네 선배다!!! 넌 도대체….

그 순간, 윤종열이 휘청한다. 윤진명이 날라차기를 한 것이다. 비틀거리는 윤종열에게 송지원과 정예은이 더블 크로스라인을 성공시킨다 쓰러져 뒷구는 윤종열을 강이나가 한쪽 무릎으로 찍는다.

강이나 (범인의 머리카락을 잡아 올리며 유은재에게) 괜찮아?
유은재 (어떡해) ….
송지원 (그 앞에 쭈그리고 앉아 얼굴을 들여다본다) 이거 어디서 많이 본 얼굴인데….

여기저기서 '뭐야?' '어디야?' '도둑이야?' 고함 소리. 창문 여는 소리. 경찰차 소리가 가까워진다. 윤종열, 눈을 감는다. 차라리 사라지고 싶다.

31. 벨 에포크 앞 골목(밤)

가로등 밑 화단. 유은재는 미안해서 고개를 푹 숙이고 있다. 침묵의 두 사람.

유은재   (맞다! 벌떡 일어난다) 약! …사올게요.

윤종열   (아파서 화났다) 무슨 약!!!?

유은재   (그러고 보니 딱히 살 약이 없다) 진통제…?

윤종열   됐어!!

유은재   밴드라도….

윤종열   밴드는 무슨….

유은재   (고개를 푹 숙인다) 미안해요.

윤종열   (툴툴댄다) 서프라이즈 두 번 했다가는 변사체로 발견되겠다.

유은재   갑자기 나타나니까….

윤종열   서프라이즈가 서프라이즈지 그럼? 나 나가요, 그러고 나가냐?

유은재   ….

윤종열   (너무 툴툴댔나 싶다. 고개 푹 숙이고 서 있는 유은재에게 퉁명스럽게) 앉어!

유은재   (옆에 앉는다) ….

윤종열   바짝 앉어!!

유은재   (당겨 앉는다) ….

윤종열   (자기도 조금 움직이려는데 등이 아프다) 아우… 날라차기 한 사람 누구냐? F1에 보내.

유은재	(윤종열 등을 문지르며) 많이 아파요?
윤종열	나니까 살아남았지⋯. (이르듯) 그 아래도 맞았어⋯ 거기.
유은재	(문질러주다가 술 냄새 맡는다) 술 마셨어요? 어디서 마셨어요?
윤종열	(기분 풀어진다) 홍대 앞에서⋯.
유은재	누구랑?
윤종열	고등학교 친구. 놈들이 너 부르라고 난리쳤는데 안 불렀어.
유은재	왜요?
윤종열	왜는? 내 거니까? 나만 볼 거니까⋯.
유은재	(부끄럽고도 기분 좋다) ⋯.
윤종열	(멍든 뺨을 가리키며) 여기가 제일 아퍼. 너한테 맞은 데⋯.
유은재	빨개요.
윤종열	내출혈 있을지도 몰라. 내출혈이 얼마나 무서운데⋯.
유은재	(다친 데를 가만가만 만져주며 '호' 해준다) 멍들면 안 되는데⋯.

'호' 하느라 유은재가 입술을 내미는 순간, 윤종열이 입을 맞춘다. 유은재가 당황해서 고개를 숙인다. 윤종열이 기다린다. 유은재가 고개를 든다. 윤종열이 이번엔 제대로 입을 맞춘다.

32. 베란다(밤)

지켜보던 송지원이 휘파람을 불려는 걸 강이나가 입을 틀어막고 강제 연행한다.

강이나	쫌⋯.
송지원	(바둥대며 끌려간다) ⋯.

혼자 남은 정예은이 물끄러미 유은재와 윤종열을 본다. 좋아하는

감정이 최고일 때의 두 사람을….

(송지원) 왜에? 이럴 땐 휘파람도 불어주고… 그러는 게 예의 아닌감?
(강이나) 어디서 그런 아저씨 같은 것만 보고 배웠어?
(송지원) 지금 아저씨 비하하는 겁니까? 사과하십시오!!

정예은은 창밖, 유은재와 윤종열을 통해 자신의 과거를 본다.

33. 벨 에포크 앞(밤, 겨울)

고두영과 정예은이 걸어온다. 시작한 지 얼마 안 됐을 때의 두 사람이다. 정예은은 꽃다발을 들었다. 벨 에포크 앞에 도착한 두 사람. 고두영이 대신 들고 온 케이크를 건넨다. 쭈뼛대는 두 사람, 고두영이 문을 잡아준다. 비껴 들어가는 정예은에게 입을 맞춘다. 양손에 물건을 든 정예은은 우물쭈물 받아들인다. 두 사람의 첫 키스다.

34. 베란다(밤)

정예은이 돌아선다. 창밖. 첫 키스를 해낸 윤종열과 유은재는 어색해졌다.

35. 현관 앞(아침)

'알림 종이'가 반쯤 떨어졌다. 집주인 할머니가 다시 잘 붙인다. 문득 휙 돌아본다. 아무것도 없다. 오버였나? 목덜미를 긁적긁적 한다. 집주인 할머니가 들어가면 어떤 시선이 우편함을 뒤진다.

36. 강이나의 방(낮)

강이나   (전화 받는 중이다) 지금요? (창밖을 본다. 오종규는 보이지 않는다) 아니, 괜찮아. 어디로 가면 돼요?

37. 엄청 고가의 한정식 집(낮)

창밖으로 정원이 보이는 방이다. 황대중과 강이나, 황대중과 비슷한 또래의 남자와 강이나보다 조금 어려 보이는 여자가 반주를 곁들여 식사 중이다. 남자와 황대중은 격의 없는 사이다.

황대중   (강이나에게) 아팠다더니 얼굴이 쏙 빠졌다.
강이나   응, 그래서 오늘 많이 먹을려구.
황대중   잘됐네. 오늘은 오 대표가 사는 거니까 맘껏 먹어.
강이나   (상대편 남자에게) 잘 먹겠습니다.
여자   (남자의 잔에 술을 따르며) 왜 오빠가 사?
오 대표   인격적으로 내가 좋은 사람이니까.
황대중   (상을 붙잡으며) 이거 확 엎어버릴까부다.

　•인서트 ≫
정원에서 본 방. 네 사람이 깔깔깔 웃는다.

38. 주차장(낮)

경치 좋은 곳에 위치한 식당 주차장이다. 황대중과 강이나 일행이
나온다. 외제차 두 대가 삑 하며 소리를 낸다.

황대중   연습 좀 했나 부지.

남자   (스윙하는 시늉을 하며) 점심 값 벌어야지.

강이나   (조수석 쪽으로 가며 미소 짓다가 얼굴이 굳어버린다. 외제차 고급
          차 일색의 주차장에 어울리지 않는 썩금썩금한 용달차가 서 있다)

(오종규) (갑자기 뒤에서 강이나 팔을 잡는다) …얘기 좀 해.

강이나   (짧은 비명을 지른다)

황대중   (남자와 농담하며 차에 타려다가) 뭐야?

오종규   (강이나를 끌고 가려 한다) 잠깐이면 돼.

강이나   (벗어나려 애쓰며) 무슨 얘기를 하라는 거예요. 난 할 얘기 없어
          요. 놔요.

황대중   (오종규를 막아서며 강이나에게) 누구야? (오종규에게) 너 뭐야?

오종규   (강이나를 잡은 손을 놓지 않는다. 강이나에게만 집중한다) 날 피
          하는 이유가 뭐야? 그날 무슨 일이 있었길래? 말해!! 제발 말해.
          말해줘.

강이나   없어. 난 할 얘기 없다구!! 이거 놔. 아저씨가 뭔데!!

오종규   난 아버지니까!!! 아버지니까 알아야겠어!! 내 딸이 왜 죽었는
          지?!!!! 어떻게 죽었는지?!!!!

강이나   ….

그 순간 황대중이 주먹을 날린다. 황대중과 남자가 오종규를 패기
시작한다. 오종규가 반항해보지만 두 사람을 당할 수는 없다. 남자
가 데려온 여자가 새된 비명을 지른다. 강이나는 손가락을 비틀며
얻어맞는 오종규를 바라본다. 주차장 경비원이 달려온다.

39. 차 안(낮)

황대중　(운전 중이다. 오종규를 때린 주먹이 아프다. 손목을 턴다) 어디서 그런 질 낮은 놈을 만난 거야?

강이나　미안해요.

황대중　뭐냐 이게? 스케줄 다 꼬이고.

강이나　….

40. 벨 에포크 앞(낮)

강이나가 차에서 내린다. 황대중의 차를 배웅하고 돌아서는데 정예은이 보고 있다. 강이나가 무시하고 안으로 들어간다. 정예은의 핸드폰이 울린다. '오빠'다.

정예은　(받는다) 응. (듣다가) 아니야. 올 거 없어. 내가 나갈게. (듣다가 버럭) 오지 말라구!! (우물쭈물) 골목이라 운전하기도 힘들고… 오빠 힘들잖아. 내가 나갈게.

41. 길가(낮)

멀리서 오던 정예은이 고두영을 발견한다. 고두영이 차에서 내려 기지개를 켜는 모습을 지켜본다. 고두영이 고개를 돌려 시선이 마주치려는 순간, 정예은이 달려와 와락 안긴다. 고두영의 몸이 휘청할 정도다.

고두영　(놀랐다) 야! 놀랐잖아.

정예은   (좀 전의 심각함은 간데없이 강아지처럼) 그래도 귀엽지? 사랑스럽지?

고두영   (차에 탄다) 허리 나가는 줄 알았다.

42. 고두영 차 안(낮)

정예은   (신났다) 내가 스케줄 다 짜 왔어. 맛집도 알아놨구. 일단 부암동 주민센터 쪽으로 가. 주민센터 뒤쪽으로 걸어가면 흙길이 나오는데, 동네 사람들만 아는 산책로래. 좋겠지?

고두영   (운전 중이다) 왜 이렇게 기분 좋아?

정예은   난 오빠만 있으면 행복한데… 오빠 안 그래?

     • 인서트 ≫
     언젠가 자신의 카톡을 들여다보는 정예은.

고두영   (자기가 잘못 봤나 싶다) ….

43. 부암동 산책로(낮)

산책로를 걷는 사람들, 늙었거나 젊었거나 죄다 커플이다. 고두영과 정예은도 그중 하나다. 하나의 아이스크림을 나눠 먹고, 손을 깍지 껴 잡고, 얼굴을 가까이 하고 셀카를 찍는다. 정예은이 활짝 웃는다.

44. 이탈리안 레스토랑(저녁)

종업원이 촛불을 켜준다. 정예은이 스테이크를 썰어 고두영에게 놓아준다. 고두영은 장난으로 파슬리를 건넨다. 두 사람이 웃는다.

45. 이탈리안 레스토랑 화장실(밤)

정예은이 화장을 고친다.

46. 이탈리안 레스토랑(밤)

화장실에서 정예은이 나온다. 행복한 얼굴로 테이블을 향해 가다가, 고두영이 문자하는 걸 발견한다. 정예은의 표정이 굳어버린다. 고두영이 쳐다봐도 정예은은 웃지 않는다.

정예은   (자리에 앉는다. 눈을 내리깔아 시선을 피하며) 누구야?
고두영   동식이.
정예은   왜?
고두영   그냥… 술 먹자고.
정예은   (굳은 얼굴로 남은 와인을 홀짝 마신다) ….
고두영   그 새낀 알콜릭이야. 일주일에 여덟 번은 술 마실걸. 잘 마시지도 못하는 새끼가…. (남은 와인을 마시고는) 와인 한 잔 더 할래? (웨이터를 부르려고 손을 든다) ….
정예은   (갑자기 일어난다. 의자가 밀리는 소리가 드르륵!! 귀에 거슬린다) 그만 가!
고두영   뭐?

웨이터가 다가오지만, 정예은은 벌써 가방을 들고 자리를 떴다.

47. 이탈리안 레스토랑 앞(밤)

정예은을 따라 고두영이 나온다.

고두영   (정예은을 잡는다) 왜 그래 갑자기? 내가 뭐 잘못했어?

정예은   아니.

고두영   근데 왜?

정예은   (크게 숨을 몰아쉰다) …몸이 안 좋아. 체했나 봐.

고두영   (기분 상했다) 그럼 그렇다고 말을 하든가. 쯧!! …많이 안 좋아?

정예은   응.

고두영   (할 수 없다) 데려다줄게.

정예은   아니… 버스 탈게.

고두영   (이상하다) …?

정예은   (고두영에게서 팔을 빼며) 한 번에 가는 버스도 있으니까… 그게
         편해. 나 갈게. (가버린다. 뒤를 돌아보기는커녕 걸음을 재촉한다)
         ….

고두영   (쳐다본다) …?

48. 버스 안(밤)

정예은이 강이나에게 전화한다. '전원이 꺼져 있다'는 기계음 들린
다. 정예은이 고두영에게 전화 중이다. 안 받는다. 정예은은 초조해
진다. 손톱을 물어뜯는다.

49. 벨 에포크 앞(밤)

정예은이 뛰어온다. 계단을 뛰어올라가는 소리가 요란하다.

50. 강이나의 방(밤)

강이나가 침대에 누워 있다.

• 인서트 – 주차장 》

주차장 경비원에게 끌려가는 오종규가 끝까지 자신을 바라보며 소리친다. '말해!! 말해줘, 제발'

강이나가 핸드폰의 전원을 켠다.

강이나　(서동주에게 전화한다) …난데. 지난번 그 아저씨 고시원 산다 그랬지. 다른 가족은 없어?

정예은　(문을 벌컥 열고 들어와 다짜고짜 강이나 핸드폰을 빼앗아 귀에 대본다) ….

(서동주)　…모르지. 내가 뭐 흥신소냐? 알아봐줘?

정예은　(자기도 자기가 바보 같은 줄 안다. 숨을 헐떡이며 핸드폰을 돌려준다) ….

강이나　(뭐야. 저거…)

(서동주)　여보세요?

강이나　(일단 서동주에게) 나중에 다시 할게. (쫓아 나간다)

51. 거실(밤)

강이나　(방에서 나오며) 야!!

정예은	(돌아보지도 않고 방으로 들어가려 한다) ….
강이나	(정예은을 낚아챈다) 너 뭐야?
정예은	(강이나의 팔을 뿌리치며 소리친다. 속상하다) 뭐가?
강이나	너 요새 왜 그러는 건데?
정예은	(그렇잖아도 자괴감으로 울고 싶다. 눈물이 그렁그렁하다) …내가 뭐어?

송지원과 유은재가 각자의 방에서 나온다. 유은재는 어떡해야 좋을지 몰라 안절부절못하고 송지원은 걱정 반 호기심 반이다.

강이나	(정예은의 표정에 한풀 꺾인다) 너…! 네 남친한테 무슨 얘기 들었어?
정예은	(쪽팔리고 화가 난다) ….
강이나	(정예은이 화나면서도 안타깝다) 그 새끼가 뭐라고 했는지 모르겠는데….
정예은	이 새끼 저 새끼 하지 마. 네가 뭔데?
강이나	난 아무 상관없거든. 그 새끼 혼자 흥분한 거야. 똑바로 알고나 지랄해.
정예은	(울고 싶어 소리친다) 네가 먼저 꼬리 쳤잖아.
강이나	(웃기지도 않는다) 그 새끼가 그러대? 내가 먼저 꼬리 쳤다고.
정예은	안 봐도 뻔해. 남자라면 아무나 꼬리 치고 보잖아. 넌!!
강이나	(이 상황이 짜증 난다) 놀고 있네. 내가 맘먹고 꼬셨어봐라. 벌써 넘어왔지.
정예은	(유치하다) 그래. 너 잘났다.
강이나	그래. 너보단 잘났어.
정예은	(달려든다) 이게….
송지원	(정예은을 잡는다) 워, 워, 거기까지….
유은재	(강이나의 팔을 붙잡고 사정한다) 그만해요. 예?

강이나	병신 같은 년, 년놈이 똑같애. 똑같으니까 만나지!! (돌아선다)
정예은	(송지원에게 붙잡힌 채로) 야!! 미친년아!! 너 울 오빠 건드리기만 해봐. 죽여버릴 테니까.
강이나	(방문을 닫기 전에) 줘도 안 가져. 이 등신아. (문을 쾅 닫는다) ….
정예은	(숨을 몰아쉰다. 조용히) …놔. (그래도 놔주지 않자 버럭) 놔!! 아퍼어!!
송지원	(그제야 너무 팔을 꺾었다는 생각을 한다) 어, 미안.
정예은	(팔이 자유로워지자 고개를 푹 숙인 채 방으로 들어가버린다) ….
송지원	(유은재와 눈이 마주치자) 살벌하지?
유은재	(고개를 끄덕인다) ….

현관 앞 거실에 정예은이 벗어던진 신발 한 짝이 널브러져 있다. 급하게 들어오느라 그런 모양이다. 유은재가 정예은 신발을 가지런히 해놓는다.

52. 정예은, 송지원의 방(밤)

정예은이 침대에 누워 이불을 머리끝까지 뒤집어쓴다.

53. 거실(아침)

유은재가 방에서 나오다가 움찔한다. 식탁, 정예은과 강이나가 서로를 무시한 채, 그러나 신경은 곤두세운 채 대각선으로 마주 앉아 밥을 먹는다. 정예은은 찌개와 무침과 반찬을, 강이나는 커피와 빵과 샐러드를 먹는다. 유은재가 살벌한 공기를 느끼며 쭈뼛쭈뼛 다가와 냉장고를 연다.

정예은	밥만 퍼서 앉아. 같이 먹자.
유은재	(그럴까 싶은데) ….
강이나	(혼잣말처럼) 아침부터 밥이 넘어가나…. (유은재에게) 빵 먹어.
유은재	예…?
정예은	(혼잣말처럼) 하얀 빵이 몸에 얼마나 안 좋은데, 칼로리 폭탄에다가….
강이나	(정예은이 말하거나 말거나 혼잣말한다) 칼로리 계산만 하면 뭐해. 살만 디룩디룩 찌는데….
정예은	(강이나가 말하거나 말거나 지지 않기 위해 큰소리로) 배운 게 없으니 아는 게 있어야지. 맨날 연예인 기사나 클릭하고. 쇼핑몰이나 들락거리고. 그렇게 살면 좋을까?
강이나	(자기 얘기한다) 쪘다 뺐다 쪘다 뺐다…. (정예은 말에 말린다. 그렇게 살면 좋을까 라는 말에 순간) 그래 좋다!!
정예은	너한테 물어본 거 아니거든!!
강이나	너한테 대답한 거 아니야!!
정예은	(갑자기 유은재에게 신경질 부린다) 그래서 먹을 거야, 말 거야?
강이나	(유은재에게) 뭐 먹을 거야?
유은재	(어째서 나에게 이런 시련이) ….

그때, 송지원이 외출 준비를 하고 방에서 나온다.

유은재	(구원자를 만난 듯) 선배! 어디 가요?
송지원	어… 목욕탕….
유은재	(급하다) 같이 가요. (변명하듯) 나 때 밀어야 돼요. 요새 때를 못 밀어서 각질이 하얗게…. (방으로 들어간다) 잠깐 기다려요. 금방 나올게요.
송지원	(유은새에서 강이나 정예은에게로 시선 놀리며) 애를 아주 그냥… 눈칫밥을 멕이냐 그렇게….

54. 거리(낮)

송지원, 유은재가 걸어온다.

유은재   예은 선배는 왜 그런 연애를 하나 몰라요.

송지원   (흘깃 본다) ….

유은재   얼굴도 예쁘고 애교 많고 잘 웃고…. 더 좋은 남자 만나면 좋을 텐데….

송지원   예은이 언니 얘기 모르지?

유은재   예은 선배, 언니 있어요?

송지원   어, 지금 독일에 유학 가 있는데 엄청난 수재래. 어려서부터 뭐… 장난 아니었대. 올해 박사 따면 우리나라 최연소라는데….

유은재   (감탄한다) 아… 몇 살인데요?

송지원   예은이랑 동갑. 쌍둥이야.

유은재   에 진짜요? 예은 선배 쌍둥이였어요?

송지원   이란성인데 얼굴도 그쪽이 훨씬 이쁘대. 키도 크고. 얼굴도 예뻐. 공부도 잘해. 쌍둥이가 그래버리니까 뭐. 어려서부터 좀 치였겠나? 모든 관심이 그쪽으로 쏠린 거지. 예은이가 죽을 둥 살 둥 해봐야 넘사벽인 거구. 그런 상황에서 자존감이 싹트겠나?

유은재   (고개까지 끄덕인다) 그렇죠….

송지원   자존감 없는 애들이 연애 잘못하면 그렇게 되는 거야.

유은재   아… 예은 선배는 되게 좋은 집에서 되게 행복하게 자란 줄 알았는데….

송지원   (한숨 쉰다) 그러니까 말이다….

유은재   안됐다…. (하다가) 이상하다. 예은 선배 외동딸이랬는데…?

송지원   (어쩔까 하다가 씨익 웃는다) ….

유은재   뭐예요? 거짓말한 거예요? 선배 진짜… 왜 그런 거짓말을 해요?

송지원   (진지한 얼굴로 쓰윽 보며) 너 방금 내 얘기 듣고 예은이가 그럴

	만도 하다 싶었지?
유은재	….

송지원	그러니까 내말은… 내 얘기가 정답은 아니라도 사람마다 죄다 사정이란 게 있다는 거야. 그 사정 알기 전까진 이렇다 저렇다 말하면 안 된다는 거구…. 예은이뿐만 아니라 강 언니도 그렇구, 윤 선배도 그렇구. 너만 해도 그런 거 하나쯤은 있을 거 아니야. 남들은 도저히 이해 못 해도 너는 그렇게밖에 할 수 없었던 어떤 거.
유은재	(자기도 모르게 걸음을 멈춘다) ….
송지원	그러니까 남의 일에 대해선 함부로 이게 옳다 그르다…. (하다가 유은재가 안 따라오는 걸 알고) 왜?
유은재	….
송지원	내가 너무 잘난 체했냐?
유은재	(즉각적으로) 아뇨!! 그게 아니라 그냥 선배가 되게….
송지원	되게 뭐?
유은재	(진심이다) 멋있어서요.
송지원	(정색하는 칭찬이라니 눈만 끔뻑인다) ….
유은재	(말해놓고 나니 무안하다) 평소와는 달리….
송지원	(음하하하하 웃다가 쫓아간다) 평소엔 내가 어땠는데… 평소엔 우아했는데 지금은 지적이야? 그 뜻이지? 그거지?

55. 시험장(낮)

수험표를 단 윤진명이 입사 시험을 보고 있다.

56. 시험장 앞(낮)

윤진명이 나온다. 수험표를 떼서 곱게 접어 가방에 넣는다.

(160) (건물을 올려다보며) 이야. 이런 덴 월급이 얼만가?

윤진명 (160과 180을 본다) ….

160 3, 4백은 되지 아마.

180 (진짜 놀랐다) 진짜요? 그렇게 많아요?

160 (윤진명을 쫓아 걸으며) 한 달에 3백이라 치고.

180 세 달 반만 일하면 되네.

160 야 인마. 월급 받아 다 빚 갚으면 쟤는 뭐 먹고사냐? 새끼가 인간 미가 없어. 생활비는 빼야 거 아냐? (다시 윤진명에게) 생활비로 백만 원 빼고, 2백씩 다섯 달, 이자까지 여섯 달 갚으면… 딱 좋네.

윤진명 (성큼성큼 걷기만 할 뿐이다) ….

160 (쫓아오며) 고렇게 하겠다는 사인만 하면 우리 서로 행복해질 텐 데…

윤진명 ….

160 어이 학생!! (목소리 스윽 변한다. 무섭다) 진짜 상관없겠어? 엄마 가 어떻게 돼도?

윤진명 (몇 걸음 더 걷다가 마침내 멈춰 선다) ….

160 (천천히 걸어와 윤진명 앞에 선다. 지금까지와는 전혀 다른 얼굴이 다) 아무리 둘러봐도 돈 받을 길은 없고, 하나밖에 없는 딸은 못 갚겠다 그러고… 그럼 우리 식대로 해야 되는데, 그래도 되겠어?

윤진명 (160을 노려보지만…) ….

57. 커피숍 앞(낮)

유리창 너머, 윤진명이 서류에 사인을 한다. 160이 사인할 곳을 일 일이 짚어준다.

58. 레스토랑 주방(저녁)

브레이크 타임이다. 주방 식구들은 적당한 곳에서 낮잠을 자기도 하고, 핸드폰을 들여다보기도 하고, 칼을 갈기도 한다. 홀도 마찬가지다. 외국어로 된 요리책을 보던 박재완이 일어난다.

59. 레스토랑 뒷문(저녁)

박재완이 오토바이 뒷자리에 책을 넣는다.
출근하는 윤진명과 눈이 마주친다.

　•인서트 ≫

박재완　레스토랑 그만둬요. 어차피 알바고, 거기 아니어도 그 정도 일자리는 많잖아요.

윤진명이 고개를 꾸벅하고 안으로 들어간다. 윤진명은 박재완의 충고를 듣지 않았다.

60. 레스토랑(저녁)

뒷문을 열고 들어오던 박재완이 시선을 든다. 작업복으로 갈아입은 윤진명이 서 있다. 박재완을 기다리고 있었나 보다.

윤진명　그만둘 수 없어요.
박재완　….
윤진명　여기는 나한테 한계선 같은 거예요. 땅끝 같은 것.

박재완	….
윤진명	여기서 버티지 못하면 나는 어디서도 못 버텨요. 여기서 버티면 어디서든 버텨낼 수 있어요. 나 혼자 그렇게 결심했어요. 그러니까 난 그만두지 않을 거예요. (돌아선다)
박재완	버티는 겁니까?
윤진명	….
박재완	진명 씨한테 산다는 건 그런 겁니까? 버티는 거!
윤진명	…예.
박재완	맘대로 해요. (윤진명을 지나쳐 주방으로 들어간다)
윤진명	(심호흡한다. 홀로 들어간다)

61. 레스토랑 홀(저녁)

윤진명이 들어온다. 윤진명을 본 직원들 분위기가 무거워진다. '쟤 또 왔어' 하는 얼굴이다. 눈 마주치고 인사해주는 사람 없다. 윤진명이 마치 없는 사람처럼 무시하고 일할 준비를 한다. 룸에서 나오던 매니저가 윤진명을 본다. 윤진명은 꾸벅 인사하고 할 일을 한다. 매니저는 오기가 생긴다.

62. 캠퍼스(밤)

우울한 정예은이 걸어온다. 자기 발끝만 보고 걷는다. 걷고, 걷고….

63. 오피스텔 복도(밤)

발끝만 보고 걷던 정예은이 문득 고개를 든다. 여기가 어딘가 둘러보면 고두영의 집 앞이다. 하!! 한숨이 난다. 돌아선다. 엘리베이터를 타려는데.

고두영 (편의점 봉투를 들고 엘리베이터에서 내린다) 예은아! 언제 왔어? 연락도 없이….

정예은 ….

고두영 (정예은이 안 따라오자) 뭐 해? 안 들어와?

정예은 (타박타박 따라간다) ….

64. 고두영 오피스텔(밤)

고두영이 편의점 봉투를 내려놓는다. 즉석밥, 컵라면, 맥주 등이다. 정예은은 처음 온 집처럼 우두커니 서 있다.

고두영 맥주 마실래?

정예은 (주니까 받는다) ….

고두영 머리 했어?

정예은 아니….

고두영 뭔가 좀 바뀐 거 같은데…. 섹시해진 거 같기도 하고…. 오랜만에 봐서 그런가. (입을 맞추려 한다)

정예은 (슬쩍 피한다) ….

고두영 (목에 입을 맞추며 가슴 쪽으로 내려간다) ….

정예은 (조용히) 하지 마!

고두영 (개의치 않는다) 왜에?

정예은 (밀어낸다) 하지 마!! 하기 싫어.

고두영을 밀어내다가 맥주 캔을 놓친다. 뚜껑이 터지면서 맥주가 분사된다.

고두영 (맥주를 얼른 집어 들며) 에이씨… 뭐 하는 거야. (캔 맥주를 싱크대로 가져가서 수습한 다음) 야! 너 요새 왜 그래?

정예은 (고두영을 본다. 울고 싶다) ….

고두영 (잘못한 건 알지만 짜증 난다) 할 얘기 있으면 해! 괜히 사람 눈치 보게 하지 말구.

정예은 (슬퍼진다) 내 눈치를 보긴 했어?

고두영 뭐?

정예은 (고두영을 본다. 헤어지자는 말이 목구멍까지 치솟는데 차마 그 말이 나오질 않는다) …나 갈게.

고두영 야!!

정예은 (나간다) ….

고두영 (마음에 안 든다. 쯧! 혀를 찬다) ….

65. 클럽(밤)

정예은이 한유경, 송경아와 술을 마신다. 정예은은 폭주 중이다. 친구들이 말리지만 듣지 않는다. 정예은이 맥주병을 들고 홀로 나가 춤을 춘다. 춤추던 남자가 정예은을 눈여겨본다.

66. 클럽 화장실(밤)

한유경, 송경아가 화장을 고친다.

한유경	예은이 남친이랑 뭔 일 있는 거 맞지?
송경아	제발 이 기회에 헤어졌으면 좋겠다.
한유경	못 헤어진다에 5만 원 건다. 그놈이 헤어지자고 해도 달라붙을걸.
송경아	걔는 왜 그런다니 진짜?

67. 클럽(밤)

화장실에서 나오는 한유경과 송경아. 테이블에 정예은이 없다. 송경아가 한쪽 귀를 막고 전화를 건다. 신호가 다 가도록 받지 않는다.

| 송경아 | (전화 끊으며) 안 받어. |
| 한유경 | 아. 짜증, 분명 남친한테 갔어. 이러니 연애를 하면 친구가 없어지지. (문득) 계산도 안 하고 갔지? |

68. 클럽 복도(밤)

술에 취한 정예은이 남자 손에 이끌려 간다. 술 취하면 그렇듯 무의미하게 웃는다. 그들과 스쳐가며 정예은을 돌아보는 남자는 서동주다.

클럽 사장	(손가락을 퉁기며 주의를 끈다) 뭐 해?
서동주	(막 룸으로 들어가는 남자를 가리키며) 쟤, 구속됐다고 들었는데….
클럽 사장	증거 불충분. (사무실로 들어간다) ….
서동주	(따라 들어간다) ….

69. 거실(밤)

강이나가 화장실에서 나온다. 발의 물기를 닦는데, 핸드폰이 울린다. 서동주다.

강이나 (핸드폰을 받는다) 왜? (듣다가) 룸메? 룸메 누구?

70. 클럽 복도(밤)

홀에서 들리는 음악 때문에 시끄럽다.

서동주 (한쪽 귀를 막은 채) 그때 집 앞에서 차에 치일 뻔한 애 있잖아. 통통하고 귀여운 애….

71. 거실(밤)

강이나 예은이가 왜? (듣다가) 그래? (잠깐 생각한다) 됐어. 미성년자도 아니고 뭔 상관이야? (듣다가) 몰라. 끊어. 잘 거야.

72. 클럽 룸(밤)

남자 세 명, 여자 세 명이다. 그 중 한 명이 정예은이다. 정예은은 깔깔 웃고 따라주는 술을 마신다. 남자들이 뭔가 이야기를 한다. 마음에 들면 박수를 치고. 마음에 안 들면 안주를 집어던진다. 두루마리 휴지가 나풀대며 떨어진다. 남자가 정예은의 머리에 붙은 휴지를 떼어내는 척 뺨을 만진다. 정예은은 도발도 아니고 거부도 아닌 시선으로 남자를 물끄러미 바라본다.

남자   (키스를 하려는 듯 다가와서 귀에 대고) 나갈래?

정예은   ….

남자   (일어서서 손을 내민다)

정예은이 남자의 손을 바라본다. 그 손을 잡으려는 순간, 다른 손이 정예은을 채간다. 강이나다. 룸 안의 사람들이 갑자기 등장한 강이나를 바라본다.

강이나   (굽신거리며) 미안합니다. 다들 즐거우신데 죄송합니다. 잠깐만 실례하겠습니다. (얼른 정예은을 끌어내려고 한다)

정예은   (손을 뿌리치려 한다) 뭐야?

강이나   (조용히 윽박지르듯) 일어나. 집에 가.

정예은   싫어!! 네가 뭔데?

강이나   (다른 사람 눈치 보며 좋게좋게) 그러니까 집에 가서 얘기해. 얼른 일어나 좀.

정예은   집에 안 가. 가서 뭐 할 거야? 난 놀 거야. 술 마실 거야.

강이나   (순간 버럭한다) 야! 너 이게 공짜 술인 줄 알아? 얘네들이 그냥 돈이 썩어나서 술 사주는 줄 알아?

강이나가 손가락으로 가리키면 남자들 움찔한다.

정예은   알어!! 공짜 아니라는 거! 나도 알어.

강이나   알어?

정예은   (두발하듯 남자에게 빈 술잔을 내민다) ….

남자   (술을 따른다) ….

정예은	(원샷한다) ….
남자	(강이나에게) 안다는데…? 같이 놀래?
강이나	(남자 한 번 노려봐주고는 정예은을 향해) 안다면 뭐…. (나간다) ….

73. 클럽 복도(밤)

서동주가 기다리고 있다. 강이나가 혼자 나온다.

서동주	그냥 가?
강이나	(버럭) 안대잖아!! (투덜거린다) 괜히 택시비만 버리구.
서동주	(그런가. 쫓아간다) ….

74. 클럽 룸(밤)

남자	(정예은을 일으키며) 가자. 아는 사람들끼리… 아는 얘기하러.

문이 벌컥 열린다. 강이나가 들어오더니 다짜고짜 정예은 머리끄덩이를 잡는다. 정예은이 비명을 지른다.

남자	(강이나 팔을 잡으며) 뭐야? 아까부터 들락날락. 뭔데 이래?
강이나	나? 얘 애인이다.

남자가 움찔하는 사이. 강이나가 정예은 머리끄덩이를 잡고 질질 끌고 간다. 뒤에 남은 여자들 남자들, '뭐야. 레즈였어' 수군댄다.

75. 거리(밤)

강이나가 정예은의 머리끄덩이를 잡고 택시를 잡으려 한다. 택시가 잘 안 잡힌다. 정예은이 계속 '놔. 놔' 반항하고 소리 지르지만 강이나는 들은 척도 하지 않는다. 사람들이 구경한다.

정예은　놔아!!
강이나　시끄러!!!

그 순간 정예은이 토한다. 강이나의 구두에 쏟아진다. 강이나가 비명을 지르며 뒷걸음질 친다.

강이나　야아!! 너! 일부러 그랬지?
정예은　(주저앉으며 힘없이) 그러니까⋯ 아까부터 놓으라고 했잖아.
강이나　아이씨⋯ 아우⋯ 저 드런 년⋯.

강이나가 멀찌감치 떨어져서 구두를 벗어 수습하는 동안, 정예은은 쭈그리고 앉아 계속 토한다. 사람들이 구경하며 인상 쓰고 욕한다. '술 먹을 거면 곱게 처먹지' '아 드러워' '지랄한다' '아이 진짜 싫다!!'

강이나　(듣다가 버럭) 아. 그럼 나오는 걸 삼켜요? 어쩌라구? 술 먹으면 다 그렇지 뭐⋯.

뭐라 하던 사람들, 찔끔한다. 강이나가 성큼성큼⋯ 정예은 옆에 앉아 등을 두드려준다.

정예은　쪽팔려.

강이나	(계속 등을 두드린다) 쪽팔린 줄은 알어?
정예은	그만해.
강이나	이왕 하는 거 한군데다 해. 여기저기 하면 치우는 사람 더 힘들어.
정예은	그만해!! 다 했어.

76. 화단 턱(밤)

저 멀리 토사물이 보인다. 정예은이 혼자 앉아 있다. 강이나가 물과 물티슈를 사 가지고 왔다. 정예은이 입을 헹군다. 강이나가 물티슈로 오물을 닦아준다.

강이나	그 새끼들 질 나쁜 걸로 유명하대. 분명히 술에 뭐 탔을 거야. 그러니까 너 같은 범순이가 발정이 났지.
정예은	상관없어.
강이나	상관없어? 진짜? 너 진짜 원나잇할라 그랬어?
정예은	응.
강이나	(어이없다) ….
정예은	넌 그러고 다니잖어.
강이나	….
정예은	내가 좋아하는 남자는 그런 네가 좋다는데… 나는 그러면 안 돼? (눈물이 차오른다)
강이나	(외면한다) 바보야. 그 새끼들이 원나잇 정도로 끝내는 줄 알어? 네 동영상이 인터넷에 떠돈단 말야. 문란도 좀 봐가면서 하는 거지….
정예은	뭔 상관이야? 이미 다 망가졌는데….
강이나	웃기시네. 넌 기스도 안 났어. 나에 비하면.
정예은	(울먹인다) 난 네가 싫어.

강이나	(한숨 쉬며) 나도 너 싫다.
정예은	네가 젤 나빠.
강이나	니예 니예. 그런 걸로 합시다.
정예은	차라리 네가 잘못한 거였으면 좋겠어. 네가 꼬리친 거면 좋겠어. 그럼 너만 미워하면 되잖아. 그럼 덜 비참하겠어. 내가 좋아한 남자가 그것밖에 안 되는 놈인 것보다는….
강이나	(마음이 짠하다) 아. 병신… 널 어떡하면 좋냐?
정예은	나 참 바보 같지?
강이나	알긴 아네.
정예은	응… (밤하늘을 본다) 나 참 바보 같아.
강이나	(정예은을 보다가 같은 곳을 본다. 자기도 바보라고 느낀다) ….

77. 캠퍼스(낮)

도시락 뚜껑을 열자 샌드위치와 샐러드가 나온다. 유은재는 기대에 차서 쳐다본다.

윤종열	(한 입 크게 베어 먹는다) 우와!!
유은재	(기대로 눈이 초롱초롱하다) 어때요? 맛있어요?
윤종열	짜.
유은재	진짜요?
윤종열	(한 입 먹는다) 어, 확실히 짜.
유은재	(한 입 먹어본다. 괜찮은 것 같은데… 의기소침해진다) ….
윤종열	(한 입 먹을 때마다) 어우 짜. 되게 짜. 엄청 짜.
유은재	먹지 마요.
윤종열	에?
유은재	(골났다. 뺏으려 한다) 짜다면서요.

| 윤종열 | (유은재 손 밀어내며) 됐어. 먹을 거야. 내 몸 안의 염도가 두 배가 되는 한이 있어도 다 먹을 거야. |

한쪽. 심리학과 여학생 한 명이 지나가다가 이 모습을 본다. 그녀의 이름은 김한소영이라고 한다. 유은재는 뺏으려 하고, 윤종열은 안 뺏기려 하다 보니 옥신각신하게 된다. 유은재의 머리를 밀어내고, 목을 끌어안게 되고. 어쩌다 보니 얼굴이 가까워졌는데….

| (김한소영) | (날카롭게) 선배!! |

윤종열, 유은재가 깜짝 놀라 쳐다본다.

윤종열	(쳐다본다) 어? 어…!
김한소영	(단호하게) 당장 그 손 놔요!!
윤종열	(박력에 시키는 대로 한다) …?
김한소영	뭐 하는 짓이에요?
윤종열	뭐가…?
김한소영	선배 지금 하는 거 성희롱이거든요. 아무나 그냥 집적집적. (유은재에게) 너도 똑바로 해. 싫으면 싫다고 말해. 너처럼 어정쩡하게 구는 애가 있으니까 성희롱이 끊이지 않는 거야.
윤종열	야. 성희롱은 무슨….
유은재	(김한소영의 박력에 자기도 모르게) 미안.
윤종열	(유은재를 본다) …미안?

78. 버스 정거장(낮)

앞 신과 똑같은 눈빛으로 윤종열이 유은재를 쳐다본다. 유은재는 고개를 푹 숙인 채 서 있다.

윤종열	(생각할수록 어이없다) 미안?
유은재	(할 말 없다) ….
윤종열	(통탄한다) 아! 미안… 미안이란 말이지…. 뭐가 미안한데? 내 손을 뿌리치지 않은 거? 성희롱이라고 분연히 떨치고 일어나지 않은 거?
유은재	….
윤종열	(어이없다) 왜 말을 못 해? 내가 네 남자다. 이 남자가 내 남자다!
유은재	미안해요. 나도 모르게 그만….
윤종열	너도 모르게 그만 나를 부정했다? 네가 베드로냐? 닭 울기 전 세 번 부인하게? 내일 당장 말해. 우리 사귄다고.
유은재	(난감하다) ….
윤종열	싫어? 왜? 너 혹시 내가 챙피하냐?
유은재	(말도 안 된다) 아뇨. 그런 거 아닌데….
윤종열	그런데?
유은재	(윤종열의 발끝을 본다) 그게요… 아직 실감이 안 나요. 선배가 날 좋아한다는 게 거짓말 같고… 누가 날 좋아한다는 게 꿈 같기도 하고… 누구한테든 다 자랑하고 싶다가도 또 그럼 안 될 것 같기도 하고… 누구를 이렇게 좋아하는 게 처음이라서 좋기도 하고. 불안하기도 하고….
윤종열	(심쿵했다) ….
유은재	어떻게 해야 할지 모르겠어요. 나 되게 답답하죠? (윤종열이 말이 없자 올려다본다) 화 많이 났어요?
윤종열	(한숨이 난다) ….
유은재	(윤종열의 한숨에 불안해진다) …혹시 나 싫어졌어요?
윤종열	너….
유은재	(긴장한다)

윤종열	사실은 고수지?
유은재	예?
윤종열	나랑 밀당하는 거지. 지금?
유은재	아닌데….
윤종열	(헤드락 걸듯 유은재를 끌어당기며) 이 요물 진짜….

버스가 온다.

유은재	버스 왔어요.
윤종열	다음 거 타!
유은재	예.

79. 거실(낮)

숙취로 괴로운 정예은이 나온다. 일단 물부터 벌컥벌컥 마신다. 쏟아지는 햇빛에 머리가 띵하다. 어디선가 음악소리가 들린다. '라 비 앙 로즈'다.

80. 베란다(낮)

정예은이 노래 소리가 들리는 곳을 찾는다. 1층 정원, 주인집 할머니가 앤티크한 라디오에서 들려오는 노래를 들으며, 반쯤은 따라 하며 장미꽃을 꺾는다. 역시나 새빨간 립스틱. 하얀 머리. 남의 시선을 의식하지 않는 자유로움. 정예은이 오래도록 주인집 할머니를 바라본다. 주인집 할머니는 정예은을 의식 못 하는 것 같지만, 정예은이 사라지고 나면 곧 그곳을 올려다본다.

81. 정예은, 송지원의 방(낮)

정예은이 화장대 앞에 앉는다. 화장을 시작한다. 아주 공들인 화장이다.

82. 커피숍(낮)

노천 카페다. 최고로 이쁘게 꾸민 정예은이 들어와 앉는다.

• 점프 》
정예은이 커피를 마신다. 그때, 고두영이 온다.

정예은　(아무렇지 않은 말투로) 오늘도 늦었네.
고두영　갑자기 연락하니까 그렇지.
정예은　(고두영을 보더니 미소 짓는다) ….
고두영　왜? 할 얘기 뭔데? 해!
정예은　커피 마시고….
고두영　너 요새 마음에 안 들어. (종업원에게) 아이스 커피요.
정예은　(고두영을 아련한 눈으로 바라보며 커피를 마신다) ….

• 점프 》
햇빛은 찬란하고, 꽃은 피었다. 정예은은 커피를 다 마셨다.

정예은　(눈을 가늘게 뜨고 햇빛을 보다가) 오빠!
고두영　(쳐다보지도 않고) 왜?
정예은　우리 헤어져.
고두영　(마침 커피를 마시는 중이다. 눈만 들어 정예은을 본다) ….

정예은 (고두영을 향해 미소 짓는다) 우리 헤어지자.

고두영 (커피 잔을 내려놓고 정예은을 본다) 장난하니?

정예은 아니… 오빠… 그동안 고마웠어. …안녕! (일어선다)

고두영이 차마 잡지도 못하고 정예은을 눈으로 쫓는다. 정예은은
끝까지 미소 지으며 고두영 시야를 벗어난다. 그렇다. 정예은은 웃
고 있다.

83. 거실(저녁)

윤진명은 빨래를 널고 유은재와 강이나는 저녁 준비를 한다. 송지
원은 소파에 누워 책을 보고 있다. 정예은이 들어온다. 고개를 푹
숙이고 방으로 들어가려다가….

정예은 나 남친이랑 헤어졌어. (고개를 든다. 웃으려는데 눈물이 난다) 나
잘했지?

강이나, 송지원, 유은재가 정예은에게 다가온다. '잘했어(송지원)'
'괜찮아. 괜찮아질 거야(강이나)' '선배(유은재)' 한마디씩 한다. 그
순간 정예은이 '흐흐흐흑' 흐느끼며 운다. 울음을 주체할 수가 없
다. '라 비 앙 로즈'가 흐른다.

(윤진명) 소리 내 울고 싶을 때가 있다. 누군가 내 울음소리를 들어줬으면
싶을 때가 있다. 듣고서 괜찮다, 라고 말해줬으면 좋겠다. 내 잘못
이 아니라고 토닥여줬으면 좋겠다.

윤진명이 말없이 정예은의 어깨를 토닥인다. 네 명의 하메가 정예

은을 달랜다.

84. 베란다(밤)

윤진명이 캔 맥주 하나를 들고 베란다 소파에 앉는다. 일주일에 단 한 번 맥주 한 캔의 사치를 부린다. 핸드폰이 드륵 진동한다. 문자…. 잔액 부족으로 카드 결제가 되지 않았다는 내용이다.

(윤진명) 응석 부리고 싶을 때가 있다. 사람에게든 운명에게든. 이제 그만하라고. 이 정도 했으면 되지 않았냐고. 제발 나 좀 봐달라고.

윤진명이 캔을 목에 갖다 댄다. 통증을 줄이려는 듯…. 다시 문자가 온다. 윤진명이 문자를 본다.

(윤진명) 그리고는 또다시 희망을 찾아 매달린다.

윤진명의 핸드폰의 문자는 '필기 시험에 합격했음을 알려드립니다. 면접일은…' 베란다… 창턱에 빈 캔 맥주가 놓여 있다.

85. 에필로그1(오종규의 고시원 방, 밤)

오종규가 문을 연다. 문 앞에 강이나가 서 있다. 예상 밖이라 반응하지 못한다. 강이나가 부딪힐 듯 밀고 들어온다. 오종규가 물러선다. 말했다시피 방은 좁다. 두 사람이 간신히 비낄 정도다. 책상 앞, 강이나와 사건 현장의 사진들, 파란색 팔찌. 강이나가 액자를 집어 든다. 열두 살쯤 여자아이의 사진이다.

강이나	(사진을 보면서) 아저씨 딸 이름이 뭐예요?
오종규	솔. 외자야. 오솔.
강이나	오솔… 뭔 이름이 그래…. (액자를 내려놓는다) 아저씨!
오종규	….
강이나	(등을 보인 채로) 내가 아저씨 딸 죽였어요.
오종규	….

86. 에필로그2(물속, 밤)

물을 차는 소리. 숨소리만 들릴 뿐이다. 강이나가 허우적댄다. 여러 가지 물건들이 주변에 떠다닌다. 가라앉았던 강이나가 다시 솟구친다. 물에 뜬 구명조끼를 움켜쥔다. 바로 옆에서 어떤 여자애가 허우적대며 다가온다. 강이나가 여자애를 잡아끈다. 여자애가 필사적으로 강이나와 구명조끼를 잡는다. 두 명을 버티기에 구명조끼는 무리다. 두 사람이 같이 가라앉는다. 물에 빠진 여자애가 강이나의 손을 잡는다. 강이나가 사방을 둘러본다. 깜깜하다. 아무것도 없다. 아이의 무게 때문에 자꾸만 가라앉는다. 강이나가 물을 먹는다. 악착같이 자신을 잡으려는 여자애가 무섭다. 강이나가 여자애의 손을 뿌리친다. 여자애를 밀어버린다. 여자애가 물속으로 떨어진다. 물에 솟구친 순간, 바로 앞에 구명보트가 다가온다. 강이나가 자기 손에 남아 있는 여자애의 파란색 팔찌를 바라본다. 아!!

87. 에필로그3(오종규의 방, 밤)

강이나   (등을 보인 채로) 그러니까 내가 솔이를 죽인 거예요. (오종규를

마주본다)

오종규   ….

강이나   (미안하다고 말하고 싶다) 아저씨… 나 죽일 거예요?

※ 에필로그

   INTERVIEW 주변 남자들

   임성민이 스툴 의자에 앉는다.

   송지원과의 관계를 설명해달라.

   — 관계요? 그냥 학보사 동긴데요.

   썸 타는 것처럼 보이기도 하던데….

   — 에에이. 아니에요. 즈얼대.

   한 번도 여자로 생각해본 적 없나?

   — (잠깐 생각한다) 여자라… 미친년? 하하하하.

   송지원 정도면 괜찮지 않나?

   — 얼핏 보면 괜찮아요. 아주 얼핏. 조금만 자세히 보잖아요? 확 깨요. 1학
     년 때 술자리에서 게임하다가 벌칙으로 뽀뽀한 적 있거든요. 갑자기 혀
     가 들어오는데…. 아, 미친. 걔 남자로 태어났으면 벌써 쇠고랑 찼어요.

다섯 명의 하메 중 한 사람과 사귄다면?

— 송지원 빼고라면 다?

이상형은?

— 말이 통했으면 좋겠고. 그럴려면 책도 좀 읽고, 뉴스도 좀 보는 애면
좋겠고. 유머 코드. 중요하죠. 너무 여자인 척, 애교 부리고 그러는 건
별로구요. 너무 대놓고 섹시한 것도 싫구….

송지원하고 비슷한 느낌인데.

— (버럭) 어디가요? 완전 다르구만!!

서동주가 스툴 의자에 앉는다. 서비스 미소 날려준다.

강이나와는 어떤 관계인가?

— 직장 동료? 정보도 주고받고….

정보라고 하면?

— 어디 바에 가면 물이 좋다. 요새 시세가 얼마다 이런 거? 직업적 발전
을 위해 섹스에 대한 정보를 주고받기도 하고…. 예를 들면 남자들은
이런 말 해주면 좋아한다. 여자들은 쓰다듬는 스킨십을 더 좋아한다든
가 남녀의 성감대나…. (삑삑삑 음성 처리된다)

강이나에 대한 감정이 복잡해 보인다.

— 복잡할 거 없어요. 그냥 잘됐으면 좋겠죠. 친구로서.

친구인가?

— (스스로 다짐한다) 그럼요. 친구예요. 친구… 친구죠.

왜 이 일을 하게 됐나?

— (피식) 뭣 때문이겠어요?

돈 벌어서 어디에 쓰나?

— (별로 말하고 싶지 않다) 그냥 여기저기 써요. (으쓱한다)

어렸을 때 장래 희망이 뭐였나?

— (뭔가 대답하려다가 씁쓸하게 웃는다) ….

다섯 명의 하메 중 강이나 말고 다른 사람과 사귄다면?

— 안 사겨요. 이나한테 죽을라고. (씁쓸하게 웃는다) ….

9회

제자리에 서 있으면
길을 잃지 않는다

1. 프롤로그(거실)

장엄한 음악이 흐른다. 닐 암스트롱이 달에 첫발을 디딜 때 흐를 것 같은…. 이하 고속 촬영이다. 유은재가 기도하듯 두 손을 꼬옥 쥔다. 강이나는 침을 꿀꺽 삼키고, 송지원은 바짝 마른 입술을 핥는다. 그러고 보면 윤진명도 긴장한 것 같다. 정예은이 긴 숨을 토해내며 손가락을 뻗는다. '삭제하시겠습니까?' 정예은의 손가락이 마침내 오빠의 연락처를 삭제한다!!! 이예!! 함성이 터진다. 송지원이 뿌우~ 장난감 피리를 분다. 강이나가 휴지를 날리고, 유은재가 폭죽을 터트린다. 송지원이 음악을 튼다. 콩그레츄레이션!! 음악에 맞춰 다 같이 춤을 춘다. 뭐, 윤진명은 고개만 까딱거린다. 음악 뚝 끊긴다.

송지원   (근엄하게) 다음은 사진 삭제식이 있겠습니다. 장내에 계신 귀빈 여러분은 착석해주십시오. 레이디스 앤 젠틀맨 싯다운 플리즈!!

강이나, 유은재 자리에 앉는다. 역시 근엄하게. 정예은이 사진을 호출한다. 앨범 중 '님과 함께' 터치. 주르륵 뜨는 고두영과의 사진, 사진들. 어마어마한 양이다.

정예은이 입술을 꾹 다문 채 휴지통을 누른다. '이예!!!!! 휴지통, 이예!!!! 휴지통, 이예!!! 휴지통, 이예!! 휴지통, 이예! 휴지통'

강이나 (지쳤다. 기계적으로 '이예' 하면서 작은 소리로) 저거 한꺼번에 안 돼?

송지원 (역시 지쳤다. 열정이라고는 요만큼도 없이 '이예' 하면서) 몰라….

유은재 (지쳤다) 완전히 삭제할려면 휴지통을 비워야…. (정예은과 눈이 마주치자) 이예!!

윤진명 (하품한다) ….

정예은 (다 지웠다!!) 또 뭐 있지?

•점프 》

카톡 대화방 나가기!!! 터치. 정예은이 제일 큰소리로 '이예!!' 환호한다.

•점프 》

식빵으로 급하게 만든 케이크. 케첩으로 '축 실연'이라고 썼다. 굵은 향초가 타고 있다. 정예은이 있는 힘껏 분다.

정예은 (좌중을 둘러보며) 여러분! 징글징글한 연애는 끝났습니다. 그는 이제 나에게 과거가 되었습니다. 흘러간 강물은 배를 띄우지 못합니다. 나 정예은!! 더 이상 뒤돌아보지 않겠습니다. 무소의 뿔처럼 뚜벅뚜벅! 오직 앞만 보며 걸어가겠습니다. (턱을 치켜든다. 결단의 콧김을 뿜어낸다)

하메들, 기립 박수친다.

타이틀 제9회 — 제자리에 서 있으면 길을 잃지 않는다 (부제: 구두)

2. 타이틀 이미지

미로 찾기….

3. 거실(밤)

빌리 진 음악에 맞춰 송지원이 문워크를 춘다. 재간둥이 같으니라구! 강이나, 정예은은 환호하고 유은재는 존경심까지 생긴다. 윤진명까지 웃게 만드는데, 결정적인 순간 초인종이 울린다. 모니터 화면에 얼굴을 들이민 것은 빨간 립스틱의 주인집 할머니!! 순간 얼음이 되어버린 다섯 명의 하메들. 윤진명이 음악부터 끈다. 정적이 흐른다.

4. 현관(밤)

문이 열리면 주인집 할머니가 서 있다.

송지원 (세상 착한 얼굴로 환하게 웃으며) 할머니!!
할머니 왜 이렇게 시끄러!!!
송지원 예?!
할머니 (고개만 빼서 안을 보며) 뭐 하느라고 그렇게 그냥….

거실, 아무도 없다. 식탁도 깨끗하다. 문에서 보이지 않는 사각지대. 캔 맥주, 안주 그릇을 든 강이나, 정예은, 유은재, 윤진명이 더 바짝 숨는다.

송지원	저 혼잔데요?
할머니	무슨 소리야. 좀 아까까지 이예~ 하면서 떠들었잖아.
송지원	아닌데요. 저 혼자 공부하고 있었는데요. (강아지처럼 순한 눈을 깜박인다) ….
할머니	이상하다…. 이예~ 그랬는데… 못 들었어?
송지원	저는 공부하느라…. 제가요, 한번 책을 폈다 하면 누가 업어 가도 몰라서….
할머니	(갸웃한다) 어디서 난 소리지….
송지원	(돌아서는 할머니 등에 대고) 살펴 가십시오!!

송지원은 문을 닫으려 하고, 하메들은 안도하며 나오려는데….

| 할머니 | (닫히려는 문틈에 발을 집어넣는다) 잠깐만!! |

하메들, 다시 후다닥 숨는다. 그 바람에 강이나 뒤통수에 윤진명의 얼굴이 부딪친다. 윤진명은 아파 죽겠는데도 아얏! 소리도 못 낸다. 그걸 본 유은재는 웃음을 참느라 입을 꾹 다문다.

할머니	(다시 등장하며) 혼자 있다고?
송지원	예. 저 혼잡니다.
할머니	지금 시간이 몇 신데? …수상한 남자 댕긴다고 경고까지 했으면 좀 일찍일찍 다녀야지. 어떻게 된 게 여봐란 듯이 더 늦어? 그러다 무슨 일 생기면 어쩔 거야?
송지원	(맞장구) 그러게 말입니다.
할머니	일 터지고 후회해봤자 아무 소용없어.
송지원	(즉각적 맞장구) 그럼요. 소용없습니다.
할머니	내 집에 사는 사람이 무슨 일 생겨봐. 내 마음이 어떻겠나?
송지원	찢어질 겁니다.

할머니	말은…. 좀 전에도 요 앞에서 수상한 남자가 왔다 갔다 하더구만.
송지원	아이구 저런….
할머니	문단속 잘하고.
송지원	명심하겠습니다. (돌아서는 할머니 등 뒤에 대고) 안녕히 가십시오. 살펴 가십시오. (문 닫는다) 오케이!!!!

하메들. 주춤주춤 나온다.

송지원	다들 들었지? 수상한 남자 오늘도 출몰했대.
정예은	(창 쪽을 본다. 혹시나 싶다) ….
송지원	(그 마음 읽었다) 왜? 혹시나 싶어? 한 번만 봐달라고 싹싹 빌러 온 것 같아?
정예은	(들켰다) 아아니!! 싹싹 빈다고 뭐…. 그리고 그럴 사람도 아니야.
송지원	그놈시키 아니면 (강이나를 본다) ….
강이나	나는 정리됐는데….

•인서트 – 고시원 쪽방 》
강이나와 오종규가 마주 서 있다.

| 윤진명 | 나도 해결했는데…. |

•인서트 – 커피숍 》
윤진명이 서류에 사인한다. 160이 사인할 자리를 알려준다.

유은재	우리 선배는 예비군 훈련 갔어요.
송지원	안 물어봤어!!
유은재	그냥 그렇다구요.
송지원	(쯧, 심통 한 번 부리고는) 어디까지 갔냐? 지난번에 '쪽' 하는 것

까진 관람했고. 넘지 말아야 할 선은 넘었냐?

유은재   (송지원 등짝을 때리며) 아우 선배!!

송지원   (생각보다 몹시 아프다) ….

강이나   아직도? 걔 고자 아냐?

유은재   (강하게) 아녜요!!!

강이나   아닌 걸 네가 어떻게 알아? 봤어?

유은재   (당황했다) 아뇨… 그건 아닌데….

강이나와 송지원이 하이파이브를 한다. 그제야 놀림당한 걸 안 유은재가 '왜 그래요, 진짜' 퉁퉁댄다.

송지원   조만간 있을 우리 은순이의 소중한 그날을 위해 에로계의 석학!! 남녀상열지사의 산 지식인. 강이나 선생님을 모시겠습니다. (박수 친다)

강이나   (일어나 손 인사하더니 갑자기 송지원을 벽에 밀어붙인다)

송지원   (두 팔을 벽에 붙인 채로) 엄마야!

이것은 그 유명한 가베동!! 강이나가 송지원의 엉덩이를 움켜쥐자 송지원이 '아앙' 소리 낸다. 정예은은 식탁을 두드리며 웃는다. 유은재는 웃기고도 무안한데, 강이나와 송지원이 합이 안 맞아서 바닥에 쓰러진다. 두 사람도 깔깔대며 웃는데… 그때 다시 울리는 초인종!! 큰났다!! 하메들 아까처럼 일사불란하게 숨는다. 이번엔 송지원까지 숨었다.

정예은   (밀어내며 작은 소리로) 야, 너도 숨으면 어떡해.

송지원   (파고들며) 왜 맨날 나만!!

강이나   (밀어내며) 네가 우리 집 대변인이잖아.

유은재, 윤진명까지 힘을 합쳐 송지원을 밀어낸다. 튕겨져 나오는 송지원. 모니터 화면을 확인하고는 갑자기 좋아라, 달려간다.

송지원   (반갑게) 네, 네, 나갑니다. 나가요!!

모니터 화면에 보이는 얼굴은 젊은 남자다!!!

5. 현관(밤)

20대 후반 볼이 통통한, 귀엽게 생긴 남자다. 문이 벌컥 열리자 움찔 놀라 뒷걸음질 친다.

송지원   (반갑게) 안녕하세요!!
수상한 남자   (너무 반기자 당황했다) 예?
정예은   (얼굴 내밀며) 이 남자야? 할머니가 봤다는 게….
수상한 남자   예?
강이나   귀엽다. 몇 살이에요?
남자   (얼떨결에) 스물아홉…. 아니 그게 아니라…. (이 여자들 무섭다. 땀을 닦는다) ….
윤진명   무슨 일이죠?
남자   (얼이 빠졌다) 예… 그게….
윤진명   (경계한다) 뭐 하는 사람이에요?
남자   (명함을 꺼내느라고 들고 있던 가방을 놓친다) 저기 저는….

송지원이 명함을 받는다. 강이나, 윤진명, 정예은이 명함을 본다. 유은재는 제일 뒤에 있어서 못 봤다.

남자   (가방을 다시 집어 들며) 여기 유은재라고….

하메들, 유은재를 돌아본다. 그제야 유은재와 남자가 마주 본다.

6. 거실(밤)

명함에 적힌 타이틀 '보험조사관!!' 유은재를 제외한 네 명의 하메들이 명함을 바라본다.

강이나   보험조사관이 뭐야? 보험설계사하고는 다른 거지?
정예은   당연히 다르지. 보험설계는 설계하는 거고, 조사는 조사하는 거구.
강이나   그러니까 뭘 조사하는데?
정예은   (자세한 건 자기도 모른다) 어? 그냥 이것저것….

보험조사관이 뭔지 송지원은 알고 있다. 문득 윤진명과 눈이 마주친다. 윤진명과 송지원은 유은재를 걱정한다.

7. 동네 커피숍(밤)

유은재와 보험조사관이 마주 앉았다. 긴장한 유은재가 물을 마시려고 하는데, 더 긴장한 보험조사관이 자기 컵의 물을 꿀꺽꿀꺽 다 마셔버린다.

보험조사관   (종업원에게) 여기요. 물 좀 ….

종업원이 물을 따라준다. 보험조사관은 초짜다. 손을 어떻게 해야 좋을지 모른다. 물 잔을 잡았다가 무릎에 놨다가 괜히 수첩을 뒤적거리다가….

유은재 　(결국) 저기… 무슨 일로….

보험조사관 　아… 저기… 그게… 저희 회사가 이번에 자체 조사를 했는데….
(숫자가 나올 때마다 움찔움찔 손가락을 펴 보이며) 그게 한 사람이 10년 동안 세 번 이상 보험금을 받았을 때… 그걸 다시 조사하라고 그래서… 안정희 씨… 그러니까 유은재 씨 어머니가 그 경우에 해당돼서…. (땀을 닦는다) 죄송합니다.

유은재 　예? 뭐가요?

보험조사관 　아뇨, 그게… 그냥 이 상황이…. 금방 끝내겠습니다. (수첩을 찾는데 긴장해서 원하는 페이지가 안 나온다)

유은재 　(상대적으로 느긋해진다. 물을 천천히 마신다) ….

보험조사관 　그러니까 7년 전 유동범 씨… 아니, 씨는 빼고 유동범 군… 그러니까 오빠 되시는 분이 돌아 가셨을 때는 가게가 잘 안됐을 때구… 4년 전에 아빠가 돌아가셨을 때는 거액의 채무 관계가…. (유은재와 눈이 마주치자 당황한다) 그래서… 그게… 그러니까…. (차를 마셨다가 뜨거워서 혼자 소란을 피운다) ….

유은재 　(휴지를 집어준다) ….

보험조사관 　이번에 조사하다가 새로 알게 된 건데… 17년 전에 시어머니가 돌아가셨을 때도….

유은재 　시어머니요?

보험조사관 　아, 그러니까 엄마의 시어머니. 유은재 씨 할머니죠. 할머니…. 유은재 씨 할머니가 돌아가셨을 때도 보험금을 수령했더라구요.

유은재 　저는 잘….

보험조사관 　그렇죠. 모르시죠. 두 살 때니까… 세 살 땐가…. (혼자 손가락을 꼽아보는데) ….

유은재 　저기….

보험조사관	예?
유은재	그래서 저한테 무슨 말씀을 하고 싶은 건지….
보험조사관	잘 모르시겠죠? 그런 말 많이 들어요. 하하…. 제가 말이 두서가 없어서…. 그러니까 그게… 이번에 새아버지가 교통사고 났잖아요.
유은재	얼마 안 다치셨는데요.
보험조사관	아, 그렇죠. 천만다행으로… 천만다행인지는 모르겠지만…. 아버지도 교통사고였죠?
유은재	(테이블 위에 놓았던 손을 밑으로 숨긴다) ….
보험조사관	사고 장소가… 어떻게 이런 데서 사고가 났나 싶게… 커브 길이긴 했지만 탁 트인 데다가… 사고가 날 만한 데가 아닌데…. 혹시 가보셨어요?
유은재	…아뇨.
보험조사관	아, 안 가보셨구나……. (불쑥) 엄마가 좋아요? 아빠가 좋아요?
유은재	예?
보험조사관	(또 혼자 당황해 횡설수설한다) 아니… 그게… 엄마를 따르자니 아빠를 배신하는 거 같고… 엄마를 믿자니 아빠가 억울할 거 같고……. 죽느냐 사느냐 그것이 문제인 것처럼………. 근데요. 유은재 씨 앞으로도 거액의 보험이 들어 있던데… 그거 알고 있었어요?
유은재	(몰랐다. 표정을 숨기면서 차를 마신다) ….

8. 거실(밤)

강이나는 다리의 털을 뽑고, 정예은은 핸드폰을 만지작거리고, 송지원은 소파에 누워 책을 본다. 윤진명은 노트북을 두드린다. 하지만 모두의 신경은 온통 현관문에 가 있다. 문소리가 나자 홱 돌아본다. 유은재가 들어온다. 반사적으로 유은재를 봤던 하메들, 얼른 자기 할 일을 하는 척한다.

유은재	(화장실로 들어가려다가) 별일 아니에요. 그냥 새아버지 교통사고 때문에 연락할 일이 있는데 연락이 안 된다고…. 두 분이 해외여행 가셨거든요.
윤진명	어….
정예은	(툴툴댄다) 그럼 전화를 할 것이지. 괜히 사람 놀라게….
송지원	아, 졸려. 자야겠다.
강이나	(주섬주섬 방으로 들어가는 중이다) ….

유은재를 기다리고 있었던 듯, 하메들이 죄다 철수한다. 거실은 텅 비었다. 유은재가 화장실로 들어간다.

9. 화장실(밤)

유은재가 세수를 한다.

•인서트 – 커피숍 ≫

보험조사관	솔직히 지금 조사한 것만으로는… 뭘 더 어떻게 할 수가 없어서…. 근데 유족이 원하면 부검을 할 수가 있거든요.

세수한다.

•인서트 – 커피숍 ≫

보험조사관	다행히 매장했더라구요. 아버지 시신…. 화장했더라면 방법이 없었을 텐데….

세수한다.

보험조사관   이런 말하면 남들은 웃던데…. (진지하다) 저는요. 진실은 반드시
　　　　　밝혀진다고 믿습니다.

유은재가 고개를 숙인다. 마치 죄지은 사람처럼.

10. 거실(밤)

화장실에서 나온 유은재. 신발장 옆을 바라보다가 방으로 들어간
다.

11. 정예은, 송지원의 방(새벽)

다섯 시에 맞춘 알람이 울린다. 2층 침대에서 송지원이 '끄웅' 하며
뒤척인다. 알람이 계속된다.

송지원   (잠이 그득한 목소리로) 정 여사!!
정예은   (잠꼬대처럼) 응으으응….

정예은이 더듬더듬 핸드폰 알람을 끈다. 못 일어나는구나, 싶은 순
간 벌떡 일어난다. 부시럭부시럭 나갈 준비를 한다. 성경책을 가방
에 넣는다. 카메라는 정예은의 책상 달력으로 이동한다. 스케줄이
빽빽하다. 수요일 새벽 기도.

•인서트 − 교회 ≫
정예은이 새벽 기도 중이다.

목요일 중학교 동창 모임.

•인서트 – 카페 》
정예은을 비롯한 여자들 다섯 명이 모였다. 엄청 시끄럽다. 정예은
이 손뼉까지 치며 깔깔 웃는다.

친구   너 뭐 좋은 일 있어?
정예은   나? (쾌활 명랑하게) 남자친구랑 헤어졌어.

월, 수, 금 영어 학원.

•인서트 – 학원 》
외국인 강사가 씨부렁댄다. 정예은이 깨알같이 메모하며 중얼댄다.
'I dumped him. I am availble'

토요일 봉사 활동.

•인서트 – 보육원 》
정예은이 어린아이들을 목욕시킨다.

교회 갔던 정예은이 통화하며 들어온다. 송지원은 그제야 일어난
다.

정예은   (통화한다) 그러니까… 오랜만에 얼굴이나 보자고. 언제가 좋아?
(달력을 본다) 토요일? 토요일은 내가 좀 그렇고 일요일 다섯 시
어때? (듣는다) 오케이.

정예은이 달력에 메모한다. 일요일, 두 개의 약속에 세 번째 약속

이 추가된다.

12. 거실(낮)

강이나가 방에서 나온다. 송지원이 화장실에서 나온다. 강이나가 들어가려고 하자,

송지원   좀 있다 들어가.
강이나   (이미 들어가며) 왜? (곧바로 코를 틀어막고 다시 나온다) 야아!!
송지원   난 미리 경고했다.

정예은이 방에서 나온다. 운동복 차림이다.

송지원   또 나가?
정예은   (모자를 쓴다) 응… 갔다 올게.
송지원   (걱정스럽게 쳐다보다가 정예은이 돌아보면 환하게 웃으며 손까지 흔들어준다)
강이나   (역시 환한 얼굴로 배웅하다가 문 닫히면 환한 얼굴 지우며) 무리 하는 거 같지?
송지원   (역시 환한 얼굴 지우며) 응, 필사적이야. 잠시도 가만히 못 있겠나 봐.

13. 공원(낮)

날씨가 좋아 사람들이 많다. 젊은 아빠가 어린 아들한테 자전거 타는 법을 가르쳐주고 있다. 보조 바퀴를 떼고 타는 법을 익히는

중이다. 아빠는 자전거를 잡고 달리느라 죽을 지경이다. 모자를 쓴 정예은이 달려온다. 이어폰을 꽂았다. 앞쪽에 손을 잡은 커플이 걸어가며 꽁냥거린다. 정예은이 속도를 내서 그들을 추월한다.

14. 바(밤)

40대 마담이 손님 자리에서 돌아온다. 화장을 고치다가 눈가의 주름을 확인한다. 한숨이 난다. 와인 잔을 닦던 바텐더가 돌아본다. 문소리. 강이나가 들어온다.

마담	오랜만이네.
강이나	(스툴 의자에 앉는다) 응.
마담	가게 옮긴 줄 알았다.
강이나	(부정한다) 으으응!! 그냥 일이 있어서….
마담	일? (가리키며) 이 자리 앉던 남자랑?
강이나	(어떻게 알았지. 쳐다본다) ….
마담	처음 왔을 때부터 사연 있구나 싶었어. 무슨 일이야?
강이나	그냥 좀…. 이제 다 끝났어.
마담	(말하기 싫다면야) ….
강이나	사연 있는 남자 말구 돈 있는 남자 좀 찍어봐. 나 한 자리 비었거든.
마담	(안주 나온 거 들고 테이블로 향하며) 네가 찾아봐.

강이나가 앉은 채로 몸을 돌려 손님들을 쭈욱 스캔한다. 바에는 남자 손님들뿐만 아니라 강이나와 같은 목적을 갖고 온 젊은 여자들도 몇몇 보인다. 30대 남자가 들어온다. 돈도 있어 보이고, 생긴 것도 괜찮고, 느낌도 나쁘지 않다. 강이나를 비롯한 여자들의 목표

가 정해졌다. 남자가 스윽 여자들을 본다. 한 여자가 팔짱을 끼는 척 가슴을 모은다. 강이나가 픽 웃는다. 한 여자는 머리를 쓸어 올리는 척 목덜미를 보여준다. '어이구야' 강이나가 어이없이 바라보다가 스윽 남자를 쳐다본다. 남자와 눈이 마주치자 스윽 외면한다. 무시인 듯 유혹인 듯 그 애매한 눈빛! 남자가 일어난다. 바를 향해 온다. 여자들이 긴장한다.

남자   한잔 사도 될까요? (강이나 앞에 섰다)
강이나   (남자를 본다) ….

    • 점프 》
패배한 여자들이 강이나와 남자를 흘깃거린다. 남자와 강이나가 마주 앉았다. 남자가 뭔가를 이야기하고 웃는다. 강이나는 눈을 내리깔고 남자의 이야기를 듣는 것 같다. 뭐 중요한 건 아니지만 남자는 회계사다. '종합소득세… 금융소득에 관한 소득세… 원천징수영수증…' 같은 말들을 쏟아낸다. (손님이 손님을 물어오더라구요. 그러다 보니까 그쪽 사람들만 알게 되는데 이쪽 사람들이 현실을 너무 몰라요. 원천징수가 뭔지도 모르는 사람들이 세금만 줄여달라는데… 4월부터 두 달 동안 주말에 쉰 게 네 번인가? 아무튼…)

남자   …5월 달까지 죽어라 고생하고 좀 놀아줘야 또 충전이 되지. 몰디브 갔다 왔어요. 몰디브 좋더라구. 한 번 또 가야지 싶었는데…. 몰디브 갔다 온 적 있어요?

하필 그때 하품을 하던 강이나와 남자의 눈이 마주친다. 강이나는 아뿔싸 싶고, 남자는 당황스럽다. 한쪽에서, 마담이 고개를 살살 젓는다. '저런 말도 안 되는 실수를 하다니…'

• 점프 ≫

남자가 다른 여자와 마주 앉았다. 젊은 여자는 남자와 눈을 마주치며 방긋방긋 웃는다. 강이나가 막 가게를 빠져나간다.

15. 거리(밤)

강이나가 택시를 잡기 위해 손을 흔든다. 빈 택시가 없다. 거리 한쪽, 할머니가 '채소'를 팔고 있다. 쭈글쭈글한 얼굴. 거친 손. 2천 원을 받고 냉이를 가득 담아 손님에게 건넨다. 강이나와 눈이 마주친 할머니가 냉이 살 거냐고 들어 보인다. 강이나는 왠지 그 시선이 부끄러워 견딜 수가 없다. 당황해서 고개를 돌린다. 서둘러 자리를 뜬다.

16. 거실(밤)

정예은이 뭔가 요리를 한다. 냉장고를 탈탈 털어 할 수 있는, 예를 들면 채소볶음 같은 거…. 송지원, 유은재가 식탁에 앉아 기다린다. 정예은이 프라이팬째 식탁에 놓는다.

송지원   (양손에 숟가락 젓가락을 들고 기다리다가 물개 박수 친다) 우와… (먹어보고 감동한다) 마싯다아!!!

윤진명이 화장실에서 씻고 나온다.

유은재   윤 선배, 얼른 와요.
윤진명   (발의 물기를 닦는다) 응….

송지원	(한입 가득 우물거리며 정예은 어깨에 기댄다) 정 여사가 실연해서 난 참 좋아.
정예은	(어깨를 움직여 송지원 머리를 툭 털어낸다) ….
윤진명	혹시 내일 시간 되는 사람 있어? (하메들 쳐다보면 왠지 머쓱해한 다) 내가 옷을 사야 되는데… 좀 봐줬으면 싶어서….

세 명의 하메들 놀란다. 옷!!!

송지원	(잘못 들었나 싶다) 오옷! 옷이라면 혹시 그 옻나무 할 때 옻?
윤진명	(피식 웃고는) 면접 보러 오래.
정예은	(흥분했다) 전에 거기?
윤진명	응.
송지원	(오버하며 윤진명을 격하게 끌어안는다) 윤 선배애애애!!!
정예은	(두 사람을 끌어안으며) 잘됐다!! 진짜 잘됐다.
유은재	(윤진명 등에 얼굴을 묻으며) 진짜 축하해요.
윤진명	(하메들 떼어내며) 하지 마…. 아직 면접 남았어.
송지원	(버럭) 싫어!! (강아지처럼 엉기며) 난 축하할 거야. 축하할 수 있을 때 마음껏 축하해야지. 축하해. 축하해. 축하해.

강이나. 언제 들어왔는지 모르겠다. 현관에 서서 물끄러미 한 덩어 리가 된 네 명의 하메들을 바라보고 있다.

송지원	(뒤늦게 강이나를 발견한다) 윤 선배 면접 본대. 서류 필기 다 통과 했대.
강이나	(신발 벗으며) 잘됐네….
정예은	(떨어지며) 거기 공기업이잖아. 일단 합격하면 정년 보장! 흐응… 좋겠다. 연봉이 얼마야?
윤진명	아직 합격 아니라니까….

송지원	3천 5백은 넘을걸.
정예은	우와… 3천 5백!!!
송지원	그때 가서 나 모른 척하면 안 돼. 승진할 때마다 밥 사줘야 돼.
윤진명	(무시하고 먹는다) ….
정예은	서류 필기 통과했으면 거의 다 된 거지 뭐. (갑자기 손뼉 친다) 우리 10년 후에 동창회 같은 거 하자. 재밌겠지?
송지원	10년 후면 서른둘. 그건 좀 곤란한데. 그때쯤엔 내가 기자 출신 작가가 돼서 방송이다, 출판이다 엄청 바쁠 예정이라 시간이 날려나 모르겠네.
정예은	그럼 방송국에서 만나면 되겠네. 푸드 칼럼니스트, 정예은!! 아우 그때까지 쿡방의 인기가 계속돼야 할 텐데…. (유은재에게) 넌 뭐 하고 있을 거야?
유은재	(생각해본다) …심리상담사?
송지원	(켈켈 웃으며) 상담사가 더 낯가리면 되게 웃기겠다. (시선 마주치지 못하는 유은재 흉내 내며 우물쭈물) 어어떻게 오셨어요?
유은재	(입 내민다) ….
정예은	10년 후에도 넌 서른이잖아. 만으로 스물아홉. 좋겠다. (하다가 강이나를 본다) 강 언니는….

모두의 시선이 강이나에게 쏠렸다가 왠지 당황해 흩어진다.

| 강이나 | (물 마신 컵을 헹궈 올려놓으며) 10년 후를 어떻게 아나? 당장 내일 무슨 일이 일어날지도 모르는데…. (방으로 들어간다) …. |

분위기 싸해졌다.

17. 강이나의 방 (밤)

강이나   (귀걸이를 떼는데 잘 안 된다. 짜증 난다) 별게 다….

18. 벨 에포크 앞(낮)

빨간 립스틱의 집주인 할머니가 집 앞에 물을 뿌린다. 소란스러움
에 돌아보면 하메들이 나온다.

송지원   (뒤를 돌아보며) 빨리 와.
정예은   (뛰어온다) 강 언니는?
송지원   약속 있대.
유은재   옷 같은 건 강 언니가 잘 볼 거 같은데….
송지원   걱정하지 마. 패피가 있잖아.
윤진명   (쳐다본다) ….
송지원   (못 알아들었나) 패션 피플.
윤진명   그건 아는데… 그게 혹시 너야?
송지원   (움찔했다가 음하하하 웃는다) 윤 선배!! 요 익살꾸러기.

19. 베란다, 거실(낮)

베란다. 강이나가 골목을 빠져나가는 하메들을 보다가 돌아선다.
우르로 몰려다니는 그녀들을 비웃는 것도 같다. 거실로 들어온 강
이나가 공간을 둘러본다. 텅 빈 것처럼 조용하다. 왠지 버림받은
기분이 든다. 핸드폰 연락처를 쭉쭉 넘긴다.

강이나   (전화한다) 뭐 해? 바빠? (듣다가) 그냥 얼굴이나 볼까 해서…. (듣
         다가) 부산? 부산까지 어떻게 가냐? 됐어. (끊고. 다른 곳으로 연

락한다) 경수 오빠? 왜 일케 속삭여? (듣다가) 알았어. 끊어. (전화 끊고는 혼잣말한다) 곤란하면 전화를 받지 말든가…. (방으로 들어간다) ….

20. 백화점 숙녀복 매장(낮)

화사한 정장들, 정예은이 가격표를 본다. 어마어마하다. '정 여사!' 매대에서 송지원이 손짓한다. 달려간다. 매대에 걸린 정장의 가격표를 본다. 하메들이 가능하겠냐고 윤진명을 본다. 윤진명이 고개를 흔든다. 유은재가 어딘가를 가리킨다. '지하 1층 창고 세일'이라는 플래카드가 걸려 있다.

21. 거실(낮)

강이나가 소파에 누워 패션 잡지책을 들여다본다. 재미없다. 할 일도 없다. 천장을 멀뚱멀뚱 보다가 벌떡 일어선다.

22. 창고 매장(낮)

전년도 상품을 파는 곳이다. 디피도 제대로 안 되어 있고, 매대에 수북이 쌓아놓은 옷들이 대부분이다.

>   •인서트 – 백화점 앞 ≫
>   택시가 도착한다. 택시에서 내린 강이나가 백화점 안으로 들어간다.

하메들이 흩어져서 옷을 고른다. 밑의 옷을 고르기 위해 위의 옷들을 치우기도 한다. 겨울옷들 사이에서 여름옷을 발견하기도 한다.

•인서트 – 숙녀복 매장 》

강이나가 들어온다. 직원이 달라붙는다.

강이나	(눈에 띄는 거를 가리키며) 이거, 이거, 이거. 입어봐도 되죠?
정예은	(옷을 들고 오며) 윤 선배!!

•점프 》

피팅룸에서 윤진명이 나온다. 분홍색과 레이스의 향연. 러블리하지만 윤진명에게 안 어울릴 뿐더러 면접룩으로서는 좀…. 다른 하메들 고개를 흔든다.

정예은	(불만이다) 왜? 이쁜데.
유은재	(조심스럽게 옷을 내밀며) 저기 이거 한번….

•점프 》

피팅룸에서 나오는 윤진명. 단정단정하다. 어떠냐는 듯 하메들을 보는 유은재.

송지원	교복도 아니구!! 이거 입어봐.

송지원이 내미는 옷. 윤진명, 어쨌거나 피팅룸으로 들어간다. 송지원 기대하는데, 기대하는데, 기대하는데, 안 나온다.

송지원	(피팅룸 앞에서 입으로) 똑똑!

윤진명	잠깐만…. (나오며) 이거 팔이 어디야?

팔이 어딘지 모를 만큼 참… 아방가르드하다.

•인서트 – 백화점 숙녀복 매장 》
강이나가 이것저것 다 입어본다. 이 옷도 입어보고 저 옷도 입어보고….

유은재, 송지원, 정예은이 피팅룸을 바라보며 이야기 중이다.

유은재	윤 선배. 진짜 합격했으면 좋겠어요.
송지원	합격할 거야.
정예은	(얼른) 그치? 나두. 이번엔 분명해.
유은재	(그랬으면 좋겠다) 왜요?

23. 피팅룸(낮)

윤진명이 단추를 잠그는 중이다.

(송지원)	타이밍상 그렇잖아. 인생이란 게 왜 오르락내리락 그런대잖아. 윤 선배는 계속 이랬는데… 이제 올라갈 때가 된 거지.
(정예은)	오르막 내리막 그런 건 모르겠고… 내가 사장이야. 일 잘할 사람 뽑을 거잖아. 윤 선배보다 더 잘할 것 같은 얼굴 있어?
(송지원)	없지.
(유은재)	없어요.
(정예은)	그치? 나이랑 스펙 때문에 서류에서 떨어질 수는 있어도 면접까지 갔으면 끝난 거야. 합격이야.

단추는 오래전에 다 잠갔다.

24. 창고 매장(낮)

송지원   (하품을 하며) 그 시키 연락 없어?

정예은   그 시키? 아… 없어.

송지원   다행이네. 다시 만나달라고 들러붙어도 골치 아프잖아.

정예은   그렇긴 한데…. (이르듯) 짜증 나.

송지원   하긴. 다시 만날 생각 없어도 좀 달라붙구 그래줘야 제맛인데….

유은재   (감탄한다) ….

피팅룸에서 윤진명이 나왔다. 자기 옷을 찾았다.

•인서트 – 백화점 숙녀복 매장 》

강이나가 카드를 내민다.

윤진명이 돈을 센다.

송지원   (직원의 오른팔 잡으며 애원조다) 현금 디씨해줘요.

정예은   (왼팔 잡으며) 직원가 할인도 해줘요.

점원   (난처하다) ….

유은재   (달리 할 건 없고 꾸벅 인사하며) 부탁드립니다.

25. 버스 안(낮)

윤진명, 정예은, 유은재, 송지원이 타고 있다. 손님이 밀려든다. 윤진명은 쇼핑백이 찌그러지지 않도록 앞으로 한다.

26. 골목(낮)

강이나가 쇼핑백을 들고 또각또각 걸어온다. 쇼핑으로 기분이 좀 나아졌다. 축구공이 통통거리며 굴러온다. 강이나가 축구공을 멈춘다. 공원 한쪽에서 축구를 하던 아이들….

아이	…아줌마!
강이나	(아줌마?) ….
아이	(손 흔들며 다시 한 번) 아줌마, 여기요!!
강이나	(빠직한다. 공을 반대쪽으로 툭 차버린다)
아이	아이씨… 마귀 할멈!!

서동주의 웃음소리가 선행한다.

27. 커피숍(저녁)

강이나	웃지 마!!
서동주	애들 눈으로 보면 아줌마지 뭘….
강이나	너도 아저씨 소리 들어봐?
서동주	(아무렇지도 않다) 난 고등학생 때 이미 아저씨 소리 들었어. 그것도 아줌마한테.
강이나	짜증 나….
서동주	뭘 그렇게 신경 써? 애들이 한 말 갖고.
강이나	(어딘가를 보며) 언젠가 진짜 아줌마가 될 거 아냐.

좀 떨어진 테이블, 꽤 젊어 보이는 여자가 핸드폰 문자를 들여다보는데 거리 조정을 한다. 노안인가 보다.

강이나   (그 모습에서 시선 돌리며) 그러다 보면 할머니도 될 거구.
서동주   그럼 넌 안 늙을라고 그랬냐? 영원히 늙지 않는 괴물이 될 거야?
강이나   알게 뭐야.

에어컨 때문에 춥다. 가방에서 카디건을 꺼내 입는데, 창밖에서는 공사 중이다. 새카맣게 탄 노동자들이 땀을 뚝뚝 흘리며 일하고 있다.

서동주   (강이나의 시선을 쫓다가 문득 생각났다) 그 아저씬 어떻게 됐어?
강이나   (자기 손을 바라본다. 노동이라고는 해본 적이 없는 손이다) …․

28. 고시원 쪽방(밤)

강이나가 자기 손을 바라본다.

강이나   그러니까 내가 죽인 거예요. (돌아선다. 오종규의 손을 바라본다. 굵고 상처가 있고, 위험해 보이는 손)
오종규   (주먹을 움켜쥔다. 손마디가 불거진다) …․
강이나   아저씨… 나 죽일 거예요?
오종규   (손이 움직인다. 마른세수를 하며 침대에 주저앉는다) …가!
강이나   (죄인처럼 그 앞에 서 있다)
오종규   제발 가라구….
강이나   …아저씨.
오종규   (버럭) 꺼지라구. 이씨…. (뭔가 집어 던질 것을 찾는데 없다. 눈에

핏발이 섰다) …당장 사라져!!

강이나   (자기도 모르게 뒷걸음질 친다. 무섭다. 방을 나온다) ….

29. 고시원 골목(밤)

강이나가 쫓기듯 뛰쳐나온다. 서둘러 걷다가 뒤를 돌아본다.

(강이나)   잘 해결됐어.

30. 커피숍(저녁)

강이나   (왠지 우울한 얼굴이다. 빨대로 얼음을 달그락거린다) 이제 볼 일 없을 거야.

서동주   근데 얼굴이 왜 그래?

강이나   내 얼굴이 뭐? (기분 바꾼다) 저녁 먹으러 가자.

서동주   안 돼. 나 일하러 가야 돼.

강이나   에이 씨… 그럼 진작 말을 해야지.

31. 택시 안(저녁)

뒷자리. 강이나 옆에 서너 개의 쇼핑백이 놓여 있다.

32. 벨 에포크 앞(저녁)

택시가 도착한다. 강이나가 쇼핑백을 들고 내린다. 막 건물에서 나오는 윤진명과 마주친다. 왠지 쇼핑백이 부끄럽다.

강이나　　(차마 쇼핑백을 뒤로 숨기지도 못하고 시선을 애매한 곳에 둔 채) 어디 가?

윤진명　　(시선이 잠깐 쇼핑백에 머무는 것도 같다) 어… (가버린다) ….

33. 거실(밤)

노트북을 사이에 두고 정예은, 송지원, 유은재가 얼굴을 맞대고 뭔가를 상의 중이다. 유은재의 리포트를 정예은과 송지원이 봐주는 중이다. 강이나가 들어온다.

송지원　　도입부가 밋밋해. 임팩트가 없잖아. 도입의 생명은 임팩트야.

정예은　　이 표는 주석 처리해. 중간에 끼면 읽기 힘들어. (돌아본다) 쇼핑했어?

강이나　　어….

정예은　　구경하자.

강이나　　됐어!! 피곤해. (방으로 들어가버린다)

정예은　　(입을 삐죽한다) ….

34. 강이나의 방(밤)

쇼핑백을 되는 대로 옷장에 쑤셔 넣고 옷장 문을 쾅 닫는다.

35. 취업정보실(밤)

윤진명이 면접 상담을 받는 중이다. '지나치게 눈을 빤히 쳐다보는 것'에 대해 지적을 받는다. '미소를 띨 것'이라는 주문도 받는다.

36. 유은재, 윤진명의 방(밤)

유은재가 들어온다. 잘 준비를 하다가 벽에 걸린 윤진명의 정장을 본다. 실밥을 집어 창밖에 날려버린다. 유은재가 엄마에게 문자 보낸다. '엄마 내일 몇 시 와? 문자 보는 대로 연락해' 밤하늘을 본다.

37. 공항(낮)

의상에서부터 하와이 냄새를 풍기는 유은재 엄마와 새아빠가 귀국한다. 유은재 엄마가 핸드폰의 전원을 넣는다. 카트를 미는 새아빠의 팔짱을 끼고 걷는다. 핸드폰이 작동되자마자 울리는 핸드폰 문자음, 문자음, 문자음…. 유은재에게서 부재중 전화와 문자가 엄청 와 있다. 마지막 문자. '엄마 어디야? 도착했어?'

엄마   (계속되는 문자와 부재중 전화 콜을 보며 걱정된다) 뭐야?
새아빠   왜? 무슨 일 있소?
엄마   은재한테 무슨 일 있나 봐? (전화하려는데) ….
(보험조사관) 저기….
엄마   (돌아본다) ….
보험조사관   (땀을 닦으며 서 있다)

38. 문과대 앞 (낮)

적당한 곳. 한쪽에서 유은재가 엄마랑 통화 중이다.

유은재   그래서? 엄마 뭐라 그랬어? (듣다가) 그랬더니 뭐래? (심각해진다)

윤종열이 안으로 들어가려다가 통화하는 유은재를 보고 장난쳐주려고 살금살금 다가온다.

유은재   (화를 낸다) 그런 얘긴 왜 했어? 아빠 죽기 전부터 새아빠 알고 있었다면 그 사람들이 무슨 생각할 것 같해? (듣다가) 그게 무슨 거짓말이야. 얼굴만 아는 게 뭘 아는 사이야?

윤종열   (이게 뭐지 싶다) ….

유은재   (화낸다) 그러게 나한테 전화부터 하랬잖아. 보험금 받자마자 해외여행이나 가고. 도대체가… (말을 말자 싶다) …알았어. 화내서 미안한데… (듣다가) 그건 엄마가 알아서 해야지, 일일이 내가 뭐라 그래? 그러게 보험을 누가 그렇게 많이 들어놓으래? (억누른 채) 지금 해약하면 더 의심받지. (답답해서 돌아보다가 윤종열과 눈이 마주친다) ….

윤종열   (자기가 들은 내용이 뭔가 싶다) ….

유은재   (당황을 숨긴 채 핸드폰에 대고) 엄마 나 수업 들어가야 돼. 응. (끊고 윤종열을 본다) ….

윤종열   (가볍게) 되게 심각하네. 무슨 일 있어?

유은재   …아뇨… 저기 강의 시간이…. (꾸벅 인사하고 건물로 들어간다) ….

윤종열   (유은재를 바라본다. 저런 유은재는 처음이다) ….

39. 디저트 가게(낮)

작고 예쁜 디저트가 나온다. 떠먹으려는 손을 정예은이 찰싹 때린다. 정예은이 몇 장의 사진을 찍는다. 꽃병과 어울리도록 이리저리 움직여본다. 정예은이 sns에 사진을 올리는 동안 한유경, 송경아가 디저트를 먹는다.

한유경	누구 보라고 그렇게 열심이신지.
정예은	기록이야. 기록! 내 청춘의 한 페이지!
송경아	대문 글 좀 바꾸면 안돼?

•인서트 – 카톡 대문 》
낙타 사진과 함께 '사막을 걷는 낙타처럼 그렇게'

정예은	그게 왜?
한유경	(부엌 한다) ….
송경아	그렇게가 어떻겐데?
정예은	뚜벅뚜벅 내 길을 가겠다 그거지. 흔들리지 않고.
송경아	그런 걸 쓰는 순간부터 흔들린 것 같은데….
정예은	내일은 경리단길 가자. 거기 우리나라에서 두 번째로 맛있는 모카 케이크 판대.
한유경	(한숨이 난다) 도장 깨기도 아니구….

그러거나 말거나 정예은의 핸드폰이 진동한다. 누군가 '좋아요'를 눌렀다.

40. 고두영 오피스텔(밤)

정예은의 sns 사진… '맛집 깨기 3탄—신사동 디저트 카페' 다음 사진은 영화 티켓, '대애박. 너무 웃으면 진짜 눈물나옴' 다음 사진은 파닭 사진, '솔로라서 좋은 것 네 번째. 입 냄새 따위' 고두영이 피식 웃으며 사진을 넘겨본다.

41. 거실(아침)

자신이 올린 사진과 글에 '좋아요'가 35개. 정예은은 행복하다. 흥얼흥얼 노래하며 화장실로 들어간다.

•점프 》
송지원이 나온다. 유은재가 화장실 앞을 서성인다. 초조하다.

강이나	(방에서 나오며) 아직도야?
송지원	(냉장고 문 열다가) 왜? 누가 있어?
유은재	(짜증 난다) 정 선배요.
강이나	(문을 두드린다) 그만 하고 나와. (조용하다. 다시 문 두드리며) 야. 대충하고 나오라고. 나 싼다구. 변기 막혔어?

대꾸 없다.

송지원	언제 들어갔어?
유은재	30분쯤 전에….
송지원	(놀란다. 그렇게나 오래) ….
유은재	나 늦었는데….
강이나	아, 진짜 뭐 하는 거야?
송지원	(갑자기 무서운 생각이 난다) 설마!! (문을 마구마구 두드린다) 정

여사, 정예은!! 문 열어!!

강이나　(같은 생각을 했다) 아, 이 미친 게….

유은재　(두 사람의 생각을 읽었다) 어떡해요? 좀 아까까지 기분 좋았는
　　　　데….

강이나　(숟가락을 갖고 와 문을 딴다) ….

송지원　그러니까 이상한 거지. 실연했는데 기분이 좋다는 게 말이….

그 순간 문이 열린다. 눈이 퉁퉁 부은 정예은이 나온다. 벙찐 세
사람.

송지원　괜찮아?

정예은　(다시 눈물이 흐른다) ….

송지원　(다정하게) 왜 그래? 지금까지 잘 견뎠잖아.

정예은　(오열하며) 겨털이….

송지원　(다정) 응, 겨털이 왜?

정예은　겨털이 무성해…. (흐흑 흐느끼며 방으로 들어간다) ….

송지원과 유은재 그게 뭐? 싶다.

송지원　겨털이 왜?

강이나　(화장실로 들어가며) 솔로의 상징이잖아.

송지원　(그런가? 옷깃을 들어 자기 겨드랑이를 보고 유은재를 본다) ….

유은재　(자기도 모르게 겨드랑이를 붙인다) ….

42. 벨 에포크 앞(아침)

늦었다. 유은재가 뛰어간다. 그 뒤를 송지원이 따라간다. 그 뒤를

정예은이 코를 훌쩍이며 뛰어간다.

43. 미용실(아침)

윤진명이 머리를 한다. 긴 머리를 다듬는 정도다.

44. 유은재, 윤진명의 방(낮)

윤진명이 들어온다. 벽에 걸린 의상을 내리다가 책상을 본다. 손수건이 보인다. 그 위에 포스트잇 '윤 선배 파이팅해요' 향수가 있다. 포스트잇 '면접관을 홀려보려. 빠이아!!' 귀걸이 한 쌍과 포스트잇 '나의 행운 아이템이야. good luck(하트가 세 개)' 이름은 없지만 누가 썼는지 알 것 같다.

45. 거실(낮)

강이나가 방에서 나온다. 냉장고를 여는데. 문소리, 윤진명이 나온다. 면접 의상을 입고, 귀걸이를 했다. 화장도 했다. 강이나가 힐긋 봤다가 다시 본다.

강이나 오늘이… 면접이야?
윤진명 어….

윤진명이 신발을 신는다. 의상과는 전혀 어울리지 않는 색이다. 신발까진 신경 쓰진 못한 거다. 강이나는 냉장고에서 과일을 꺼내며 윤진명 신발을 흘깃 본다. 눈에 거슬린다.

윤진명　(강이나 시선을 의식한다) 왜?
강이나　아니야. 잘하고 와.
윤진명　어… (나간다) ….

강이나가 과일을 닦는다. 더 이상 닦을 것도 없는데 계속 사과를 문지르다가 수도꼭지를 '탁' 잠근다. 신발장에서 윤진명의 의상과 어울릴 것 같은 힐을 들고 뛰어나간다.

46. 버스 정거장(낮)

윤진명이 버스에 오른다. 조금 있다가 강이나가 달려온다. 한발 늦었다. 손에 든 구두를 쳐다보는데 핸드폰이 울린다. 장선호다.

강이나　(돌아오며 통화한다) 오빠…? (듣다가) 지금? …어디서?

47. 면접장 앞(낮)

면접자들이 속속 건물 안으로 들어간다. 택시를 타고 온 사람, 부모가 데려다준 사람… 윤진명이 버스에서 내린다. 건물 쪽으로 걸어가는데 누군가 앞을 막아선다. 160과 180이다. 윤진명이 긴장해서 쳐다본다.

160　(씨익 웃으며 민가를 내민다) ….
윤진명　(보면 찹쌀떡이다) ….

160   붙으라고.

윤진명   (목적이야 어쨌든 고맙다. 찹쌀떡을 받아 핸드백에 넣는다. 건물 안
        으로 들어간다) ….

180   (두 손을 들어올리며) 파이팅!!

48. 면접장(낮)

그룹 면접이다. 세 명이 들어온다. 마지막이 윤진명이다. 세 사람이
의자에 앉는다. 윤진명은 허리를 꼿꼿이 세우고 배운 대로 엷은 미
소를 짓는다. 면접자들을 자신에 찬 표정으로 바라본다. 여자 면접
자의 시선이 얼핏 윤진명의 신발에 가 멎는다.

49. 커피숍(낮)

강이나가 자기 구두를 바라본다. 더할 나위 없이 예쁜 구두다. 그
것이 마음에 걸린다. 숨기듯 의자 밑으로 끌어당기는데…. 장선호
가 들어온다. 장선호와 눈이 마주치자 강이나는 직업 정신을 발휘
해 활짝 웃는다. 장선호는 왠지 쭈뼛대며 다가온다.

강이나   (앙탈부리듯) 뭐야? 자기가 만나자고 하고 자기가 늦구. 그러니까
        맛있는 거 사줘.

장선호   (애매하게) 어….

장선호 뒤를 따라온 60대 여자가 장선호 옆에 앉는다. 강이나가
긴장한다. 뭐지? 장선호를 본다.

장선호	우리 엄마….
강이나	(긴장한다) ….
장선호 엄마	바빠서 애한테 잠깐 신경을 못 썼더니…. (너 같은 게 붙었다는 듯 쳐다본다)
강이나	(이런 일이라면 뭐) …오해가 있으신 거 같은데요. 저는 오빠랑 결혼 같은 거 할 생각 없어요. 그러니까 걱정하지 마세요.
장선호	거 봐, 내가 그랬잖아. 우리 그런 사이 아니라고. 그냥 만나는 거야. 재미 삼아….
강이나	(슬쩍 장선호를 본다. 그 말에 상처받는 자신이 웃긴다)
장선호 엄마	(따끔하게) 즐기는 거면 기준을 정했어야지!! (강이나에게) 결혼할 생각은 아니라니까 됐고. 서로 주고받는 사이라고 합의는 된 것 같은데, 왜 룰을 안 지켜요?
강이나	(이런 식의 대화는 생각하지 못했다) ….
장선호 엄마	며칠 전에 하루 동안 2백만 원 넘게 그었던데… 아가씨가 그런 가치가 있다고 생각해요?
강이나	(진짜 쪽팔린다. 장선호를 본다) ….
장선호	(슬쩍 외면하며) 그러게 이번 달은 왜 그렇게 많이 긁었어?
강이나	(뭐라고 쏘아붙이고 싶은데 딱히 할 말도 없다) …환불할게요.
장선호 엄마	그럴래요? 그래주면 좋겠네요. (장선호에게) 어떡할래? 엄마 먼저 갈까?
장선호	(강이나 눈치를 보며) 아니야. 엄마, 같이 가. (일어나며 강이나에게) 나중에 연락할게.

다시 혼자 남은 강이나, 옆자리의 커플들과 눈이 마주친다. 강이나가 쏘아보자 그들은 고개를 돌린다.

50. 공기업 본사 앞(낮)

윤진명이 나온다. 수험표를 꼼꼼히 접어 핸드백에 넣는다.

51. 레스토랑 홀(저녁)

쉬고 있던 홀 식구들, 주방 식구들이 놀라 본다. 윤진명이 들어왔다. 평소와는 다른 윤진명의 변신에 박재완도 놀랐다.

주방장   (놀랐다) 우와… 무슨 날이야?
윤진명   면접이 있어서요.
주방장   잘 봤어?
윤진명   예. 그럭저럭.
매니저   (대놓고 코웃음 친다) 면접관 눈이 삐지 않고서야….
윤진명   (감정 변화 없다. 꾸벅 인사하고 오피스로 들어간다) ….

52. 레스토랑 홀(밤)

손님이 포크를 떨어트린다. 윤진명이 곧바로 포크를 대령하고 바닥에 떨어진 포크를 줍는다. 윤진명은 뭔가 경쾌하다. 무거운 요리도 가뿐하게 옮긴다. 매니저의 노골적인 시선과 부딪쳐도 주눅 들지 않는다. 오히려 매니저를 향해 웃어줄 정도다. 매니저는 쳇, 고개를 돌린다. 윤진명이 벽을 등지고 서서 홀을 바라본다. 홀보다 더 먼 곳, 미래의 어느 지점을 보는 것 같다.

53. 바(밤)

강이나	(마담에게 하소연 중이다) 진짜 어이없어. 전에 장모랑 만난 적은 있거든. 와이프 대신 장모가 나와서 머리 뜯기고 싸운 적은 있어도 엄마 데리고 나온 건 처음이야. 아, 웃겨. 언닌 그런 적 없지?
마담	그래서? 한 달 동안 얼마를 썼단 거야? 4백?
강이나	(떳떳하진 않다) 그건⋯ 그냥 좀 우울해서 홧김에 긁은 건데⋯. 그럼 그렇다고 지가 말하면 되지. 엄마를 데리고 나오냐? 초딩도 아니구⋯. 짜증 나.
마담	어쨌거나 네가 잘못했네. 너 프로라며? 계약된 것보다 더 썼으면 잘못한 거지.
강이나	그깟 1, 2백⋯.
마담	그깟? 너 돈 많다.
강이나	그렇잖아. 그 사람들한테 1, 2백이 돈이야?
마담	그 사람들이 부자라고 네가 부잔 건 아니잖아.
강이나	(논리에서 졌다. 속상하다) 언닌 누구 편이야?
마담	(손님이 불러서 자리를 뜨면서) 너, 확실히 해. 너 요새 별로야.
강이나	(마담의 말이 구구절절 옳아서 더 화가 난다. 술을 단숨에 마시고 일어선다)

54. 엘리베이터(밤)

엘리베이터 문이 열린다. 강이나가 내리려는데, 여고생 두 명이 내리기도 전에 탄다.

강이나	(짜증 낸다. 어깨를 일부러 치며) 내린 다음에 타!
여고생1	(자기들끼리) 뭐야. 아줌마.
여고생2	(혼잣말처럼) 지릴.

강이나가 다짜고짜 여고생의 머리카락을 잡아챈다. 여고생이 비명을 지른다. 강이나가 먼저 공격했지만 여고생 두 명을 당해낼 수는 없다. 곧바로 얻어맞고 뜯긴다. 그러나 강이나는 비명도 안 지르고 여고생 머리도 놓지 않는다. 바닥에 구르고, 단추가 뜯기고, 얼굴을 할퀸다. 치마가 올라가고 사람들이 구경한다. 경비가 달려온다.

경비   (떼어내며) 그만해요. 그만. 학생들도 그만. (간신히 떼어놓고) 무슨 일이에요?

여고생1   (강이나가 엉망이 된 걸 봤다. 친구를 툭 치면서) 가자. 학원 늦었어.

여고생2   (슬금슬금 물러난다) ….

강이나   (엉망이 된 채 소리 지른다) 엘리베이터는 내린 다음에 타는 거야!! 이 병신들아. 그것도 몰라!!! 그지 같은 것들이 진짜….

55. 거리(밤)

머리는 풀어헤치고, 단추는 뜯어지고, 목에서는 긁혀 피가 흐르는 강이나가 걸어온다. 사람들과 눈이 마주치면 눈이 찢어져라 노려본다. 사람들이 피한다.

56. 벨 에포크 정원(아침)

눈부신 아침이다. 새가 날아다니고, 꽃은 피고, 이슬은 반짝인다.

57. 거실(아침)

왠지 행복한 송지원이 나온다. '오 해피데이' 흥얼대며 화장실로 들어간다. 잠시 후 치약을 묻힌 칫솔을 입에 물고 나온다. 방에서 나오는 정예은과 마주친다.

송지원   (장난스레) 기침하셨쎄요?

우울한 정예은이 스윽 지나간다. 정예은의 말풍선. '겨털이 무성ㅜㅜㅜ' 방에서 유은재가 나온다.

송지원   좋은 아침!!

유은재 역시 우울하다. 꾸벅 인사하고 지나간다. 말풍선. '보험조사관. 부검. 선배님ㅜㅜㅜ' 윤진명이 나와 냉장고에서 삼각 김밥 등을 꺼내 가방에 담는다. 송지원이 눈인사하지만 말풍선. '면접 결과, 면접 결과, 면접 결과' 윤진명이 밖으로 나간다. 마지막으로 강이나가 방에서 나온다. 목에 밴드가 붙어 있다.

송지원   (치약 거품 때문에 잘 안 들리지만) 목이 왜 그래?

'뭐래는 거야' 스윽 보고 소파에 앉는다. 말풍선 '엘리베이터는 내린 다음에 타는 건데… ㅜㅜ'

58. 화장실(아침)

송지원이 서둘러 들어와 치약 거품을 뱉는다. 거울 속 자신을 본다.

59. 학보사(낮)

송지원이 심각한 얼굴이다. 임성민이 들어온다. 송지원이 한숨 쉰다. 임성민은 모르는 척한다. 송지원이 좀 더 크게 한숨 쉰다. 임성민은 책을 펼쳐든다. 송지원이 있는 힘껏 한숨 쉬는데….

임성민   (옜다, 물어봐준다) 왜 또. 뭔 주접을 떨려구?

송지원   내 인생은 너어무 무난해. 요철이 없어. 그냥 직선대로야.

임성민   호강에 겨워 요강에 아주 똥을 싸는구만.

송지원   내 인생 이렇게 아무 일 없이 지나가서 아무 일 없이 끝나겠지. 이래 갖고 되겠어? 나중에 자서전을 뭘로 메꾸냐구….

임성민   이걸 그냥. 시리아 한복판에 떨어트려놓고 폭탄 속을 지그재그로 뛰어다니게 해봐야…. 옹? 이 엄혹한 시대에 그러고도 네가 대학생이냐? 언론인이야?

송지원   그럼 시리아로 보내주든가. (문득 임성민을 보며) 나랑 연애할래?

임성민   (깜짝 놀랐다) 뭐어.

송지원   치정 멜로라도 만들어보자. 옹? (어깨를 흔들며 애교 들어간다) 성민아!!

임성민   (차마 못 볼 것을 봤다는 듯 두 눈을 가리며) 아아아악!! 하지 마. 뭐 하는 거야? (심장을 쓸어내린다) 저게 날 돌연사 시킬려고 저러나….

송지원   (의자에 널브러지듯 기댄다) 인생 참 말도 못 하게 한갓지구만.

임성민   (의심스러운 눈으로 보다) 너!!

송지원   왜?

임성민   이상한 짓 하지 마!!

송지원   엥?

임성민   너 작년 가을에 유서 써놓고 잠적했을 때도 심심해서 그랬다며?

송지원   …재밌었잖아.

임성민	재미? 119 출동할 뻔했는데?
송지원	(입 내민다) ….
임성민	한 번만 더 그래봐. 아주 그냥….
송지원	(창밖을 보며 중얼거린다) 벌써 한 거 같은데….
임성민	(즉각적으로) 뭐?
송지원	(우물쭈물 창밖을 본다. 멀리 계단이 보인다) ….

60. 캠퍼스(낮)

계단. 유은재와 윤종열이 나란히 앉아 있다. 윤종열은 다른 날과 달리 과묵하다. 유은재가 윤종열의 눈치를 보게 된다.

윤종열	(심각하게) 물어볼 말이 있어.
유은재	(긴장한다) 예….
윤종열	중요한 거니까 잘 생각하고 신중하게 대답해.
유은재	뭔데요?
윤종열	준비됐어?
유은재	(약간은 겁도 난다. 고개를 끄덕인다)
윤종열	…텔레파시, 독심술, 공간 이동….
유은재	(갑자기) …?
윤종열	아무튼 온갖 초능력 중에 하나를 가질 수 있어. 넌 뭐 할래?
유은재	예?
윤종열	난 텔레파시. 투명 인간이랑 살짝 헷갈리지만 역시 텔레파시야. (유은재의 손을 잡는다) 이렇게 손을 잡으면 마음이 통하는 거지. (평소의 윤종열이 된다) 좋겠지? 서로 오해할 일도 없고. 외국어 안 배워도 되고. 그런 기계 누가 안 만드나?
유은재	(피식 웃는다) ….

윤종열	그런 초능력은 없고. 아직 그런 기계도 없고. 그러니 어떡하냐? 부족하더라도 말로 하는 수밖에…. 너 요새 무슨 일 있지?
유은재	….
윤종열	(여전히 손을 잡은 채다) 말해봐.
유은재	(잡힌 손을 본다) ….
윤종열	난 지금 너한테 푹 빠진 상태라 네가 뭔 말을 해도 다 이해할 자신 있어. 그러니까 지금이 기회야. 요 시기 지나면 장담 못 한다, 너.
유은재	(윤종열을 본다) ….
윤종열	너 혹시 간첩이냐?
유은재	….
윤종열	외계인이야?
유은재	….
윤종열	(이것만은 곤란한데) 너 설마… 트랜스젠더는 아니지?
유은재	….
윤종열	그런 건 아닐 거잖아. 그럼 됐어. 맘 놓고 말해도 돼. 말해봐.
유은재	(고개를 흔든다) 그런 거 없어요.
윤종열	…진짜야?
유은재	(외면한다) …예.

헐거워진 윤종열의 손에서 유은재가 손을 뺀다. 유은재가 일어선다. 두 사람이 나란히 걸어가지만 멀리 있는 것처럼 느껴진다.

61. 도서관(저녁)

윤진명이 공부 중이다. 뒤집어 놓은 핸드폰을 확인한다. 연락은 아직 없다.

62. 골목, 레스토랑 뒷문(저녁)

윤진명이 걸어온다. 핸드폰 문자가 온다. '2016년 상반기 채용 결과를 통보합니다…'

63. 레스토랑(저녁)

오피스에서 옷을 갈아입고 나오는 윤진명. 앞치마를 매면서 사람들에게 인사한다. 평소와 다른 점을 찾을 수 없다. 매니저에게도 인사한다.

•점프 》
손님 잔의 물이 바닥을 보인다. 매니저가 뭐라고 하기 직전, 윤진명이 물을 따라준다. 딱 따라야 할 만큼 따르고 물러선다. 윤진명이 벽에 기대서 홀을 바라본다. 홀보다 더 먼 곳을 보는 것 같다. 매니저가 윤진명을 깊숙이 쳐다본다.

64. 공원(저녁)

강이나가 벤치에 앉아 있다. 달리는 사람, 걷는 사람, 자전거를 타는 사람….

(강이나) 왜들 그렇게 열심일까 라고 생각했다. 삶은 싸구려 장난감보다도 더 쉽게 부서지는데, 어떻게 그렇게 소중하게 여기는 걸까 궁금했다.

아이가 자전거를 배우고 있다. 아버지가 자전거를 잡은 채 달려가며 소리친다. '페달을 밟아. 계속, 계속, 계속 밟아' 아이는 '아빠, 놓지 마, 놓지 마, 놓지 마' 대꾸한다. 아버지가 자전거를 놓는다. '페달. 페달'

(강이나) 왜들 그렇게 앞으로 가려는 걸까 라고 생각했다. 거기에 뭐가 있는지도 모르면서 저 앞 어딘가에 점을 찍고 그곳으로 가려는 사람들이 이상했다.

강이나가 일어선다. 사방을 둘러본다. 어디로 가야 할지 모르겠다. 아이가 우는 소리 들린다. 자전거가 쓰러졌다. '손 놨지? 아빠 때문이야. 아빠가 놔서 그래!!' '네가 페달을 안 밟아서 그래. 자전거는 멈추면 쓰러져'

65. 벨 에포크 앞(밤)

강이나가 걸어오다가 멈춰 선다. 길 건너 오종규가 서 있다. 강이나를 발견한 오종규가 길을 건너온다.

오종규	이거… (파란색 팔찌다) ….
강이나	(받지 않는다. 처다볼 뿐이다) ….
오종규	부적이라며? 부적으로 써. (손에 쥐어주고 돌아선다) ….
강이나	왜요? 아저씨 나 미워하잖아요.
오종규	네가 미울 게 뭐 있냐? 그냥 그렇게 된 걸… 잘 지내라.
강이나	아저씨, 어디 가요?
오종규	어… 건너건너 아는 사람이 같이 일하자고 해서….
강이나	(멀어지는 오종규를 보다가 쫓아간다) 아저씨!
오종규	(기다려준다) ….

강이나	그때 말이에요. 그날 그때… 나 대신 아저씨 딸이 살았다면… 아저
	씨 뭐라고 말할래요? 아저씨 딸한테….
오종규	(강이나를 본다) ….
강이나	(오종규의 시선을 오해했다) …죄송해요. (돌아가려는데) ….
오종규	살라고.
강이나	(돌아본다) ….
오종규	(강이나를 똑바로 본다) 죄책감 같은 거 갖지 말고. 살아난 거에
	부끄러워하지도 말고. 그냥 살라고… 살아가라고…. (돌아서 가버
	린다) ….
강이나	(오래도록 그 자리에 서 있다) ….

66. 레스토랑(밤)

영업이 끝났다. 홀 직원들이 뒷정리를 한다. 조현희와 윤진명이 같
은 의자를 동시에 잡는다. 조현희가 내가 하겠다고 눈짓한다. 윤진
명이 다른 의자를 잡는다. 조현희는 윤진명에게 친절해졌다. 매니
저가 창고에서 나오더니 장부로 탁자를 탁 친다. 모두가 주목한다.

매니저	오늘 와인 창고 들어간 사람 누구야?
윤진명	(손을 든다) ….
매니저	가방 어딨어?
주방장	무슨 일인데요?
매니저	와인 두 병이 없어졌어.

모두의 시선이 윤진명에게 향한다.

| 매니저 | 가방 어딨나? |

| 윤진명 | 가져오겠습니다. |
| 매니저 | (움직이려는 윤진명을 가로막는다) 그건 안 되지. (앞서 오피스로 들어간다) 날 바보로 아나⋯. |

윤진명이 그 뒤를 따라간다. '진짜 너무한다'라고 조현희가 속삭인다. 박재완이 윤진명을 바라본다.

67. 레스토랑 오피스(밤)

여자들의 가방 중에서 천 가방을 골라낸다.

| 매니저 | 이거 맞지? |
| 윤진명 | 제가 하겠습니다. |

웃기는 소리를 한다는 듯, 매니저가 보란 듯이 가방을 거꾸로 뒤집는다. 가방 안의 물건들이 바닥에 쏟아진다. 그 안에는 여성용품도 있다.

매니저	옷은 어딨어?
윤진명	(매니저를 노려본다) ⋯.
매니저	(대답을 기다릴 것도 없이 윤진명 옷을 뒤진다, 없다) 어디다 감춘 거야?
박재완	(주먹에 힘이 들어간다. 사람들을 헤치고 달려들려는데) ⋯.

윤진명이 매니저를 있는 힘껏 떠민다. 매니저가 떠밀려 바닥에 쓰러진다. 사람들이 우와 물러선다.

윤진명	사과해요.
매니저	(일어난다. 때리려고 손을 든다) 이게 미쳤나?
박재완	(매니저의 손을 잡는다) ….
매니저	놔!!
박재완	너무하는 겁니다!!
윤진명	나한테 사과하고 이거 주워 담아요.
매니저	너, 너… 너 아직 용의자야.
주방장	(매니저를 잡아끈다) 그만하죠.
매니저	(물러서려는데) ….
윤진명	(달려든다. 매니저의 멱살을 움켜쥔다) 사과해!! 사과해! 이거 다 주워 담고 나한테 사과하라고.
박재완	(미쳐 날뛰는 윤진명을 끌어안는다) 진명 씨!!
윤진명	내가 뭘 그렇게 잘못했는데? 내가 뭘 어떻게 더 해야 되는데?

윤진명은 필사적이다. 박재완이 쩔쩔맨다. 매니저도 윤진명의 태도에 겁이 난다. 눈치 보며 도망간다. 매니저가 사라지자 '으아아아아악' 윤진명이 울부짖는다. 그동안의 모든 울분과 분노가 쏟아진다. 결국 기진해서 바닥에 주저앉는다. 조현희 등이 물건을 주워 가방에 담는다. 조현희가 가방을 윤진명 옆에 놓아준다. 직원들이 수군대며 밖으로 나간다. 윤진명은 방전된 것처럼 벽에 기대앉았다. 윤진명과 박재완만이 남았다.

박재완	가요. 데려다줄게.
윤진명	(박재완을 올려다본다. 눈이 공허하다) ….

68. 거리(밤)

윤진명이 박재완의 등에 기댄다. 지금은 누구에게든지 기대지 않고서는 견딜 수가 없다.

69. 벨 에포크 앞(밤)

오토바이가 도착한다. 윤진명이 내린다. 윤진명이 헬멧을 벗어준다. 돌아서려는 윤진명을 박재완이 끌어안는다.

박재완   제발… 그런 얼굴 하지 마요.
윤진명   (관절 인형 같다. 의지 없이 박재완에게 안긴다. 눈에서 빛이 사라졌다) ….
(강이나)   어딘가를 가려고 하니까 길을 잃는 거라고 생각했는데, 목표 같은 걸 세우니까 힘든 거라고 생각했는데….

70. 거실(밤)

강이나가 신발장 모퉁이 벽 앞에 선다. 귀신이 있는 자리다.

(강이나)   너무 오래 같은 자리에 있어도 길을 잃나 보다. 어쩌면 나는 지금까지 그 물속에 있었는지도 모른다. 계속계속 가라앉으면서….

•인서트 – 물속 》
어두운 물속, 강이나가 가라앉는다. 기포가 코에서 쏟아진다.

(강이나)   나를 잡고 있었던 건… 누구였을까?

강이나의 손목을 잡은 삶은… 강이나 자신이다. 강이나와 강이나가 눈이 마주치는 순간, 강이나가 물 위로 솟구친다.

그 순간, 거실의 강이나가 숨을 몰아쉰다.

송지원	(방에서 나오다가 강이나를 본다) …뭐 해?
강이나	인사.
송지원	(잘못 들었나) 어?
강이나	작별 인사했어. (방으로 들어간다) ….
송지원	(왠지 두려워진다. 강이나와 신발장을 번갈아 본다)

71. 강이나의 방(밤)

강이나가 보석함을 연다. 파란색 플라스틱 팔찌를 꺼내 팔목에 낀다.

72. 거실(밤)

윤진명이 들어온다. 현관 센서등에 불이 들어온다. 현관에 선 채로 윤진명이 핸드폰을 꺼낸다. 문자를 불러온다. 이미 확인한 그 문자. '불합격되었음을 알려드립니다'를 계속 바라본다. 윤진명이 신발장 옆 모퉁이에 주저앉는다. 좀 전에 강이나가 앉았던 곳. 센서등 불이 꺼지고. 잠시 후 핸드폰 액정의 불빛도 사라진다. 어둠이 된다.

오종규가 스툴 의자에 앉아 있다.

일단 딸의 사고에 애도를 표한다.

— ….

딸이 사고를 당했을 때 어디 있었나?

— 감옥에 있었습니다.

죄목이 뭔지 물어봐도 되나?

— 폭행치사…. 3개월치 임금을 못 받아서, 대표로 그걸 해결하러 갔는데, 하도 말도 안 되는 소리를 하길래 한 대 때린 게 그만….

강이나가 딸의 죽음에….

— 솔이…. 솔이라고 해주면 좋겠는데.

아… 강이나가 솔이의 죽음에 관계가 있다는 걸 어떻게 알았나?

— 사고가 일어나고, 감옥 안에서 내가 할 수 있는 일이라고는 뉴스하고 신문을 보는 것밖에 없었습니다. 그러다가 사건 현장을 찍은 사진을 봤는데, 강이나가 들고 있던 팔찌… 내가 솔이한테 사준 거였어요. 행담도 휴게소에서….

솔이는 어떤 딸이었나?

— (슬픔이 복받친다. 목이 메어 흐흠거린다. 말 못 하겠다는 듯 고개를 흔든다) ….

'살아라…' 라고 강이나에게 말했는데, 어떤 의민가?

— 처음에는 강이나를 죽일려고 했습니다. 미워할 사람이 필요했으니까…. 누구든 미워하지 않으면 견딜 수가 없어서…. 근데 생각해보면 걔도 피해자잖아요. 그런 일 걔도 안 겪었으면 좋았을 텐데…. 그런 일 겪은 게 네 잘못이 아니니까 그만 괴로워하라고. 살아남은 게 부끄러운 게 아니라고…. 만약에 우리 솔이가 살아남았다면 그렇게 말해줄 것 같았습니다. 근데 내가 무식하고 말주변이 없어서….

강이나에게 솔이를 느꼈나?

— 꼭 그런 건 아닙니다. 꼭 그런 건 아닌데…. 조금 그런 생각이 들기도 하고… 잘 모르겠습니다.

매니저가 스툴 의자에 앉는다. 머리카락을 가다듬고 양복을 촥 편다. 매니저가 '준비됐습니다' 말하자 여기저기서 못마땅한 한숨 소리와 '쯧!' 하는 소리 들린다.

자기 행동에 대해 변명한다면?

— 변명요? 제가 뭐 변명해야 할 일을 했습니까? (카메라 밖에서 들리는 '아아' 어이없다는 리액션)

윤진면을 데리고 한밤중에 별장에 간 이유가 뭔가?

— 말했잖아요. 중요한 얘기를 하러 간 거라고. 근데 얘가 뭔가 오해를 해

갖고는…. 그래서 촌스러운 애랑은 뭘 못 해요. 내가 어딜 봐서 저를 그렇게 봤다고… 하 참…. (카메라 밖에서 작게 들리는 '미친 새끼'라는 말에 매니저가 그쪽을 본다)

그 일 이후 윤진명을 카운터에서 홀 서빙으로 바꿨는데….

— 그럼 계속 카운터 보게 해야 됩니까? 아니잖아요. 원래 손톱이 나을 때까지만 카운터 보라고 한 거죠. 그러니까 그동안은 내가 호의를 베푼 건데… 호의가 계속되면 권린 줄 안다더니….

와인 사건에 대해서는 명백히 잘못한 거 아닌가?

— 나는 레스토랑의 매니저로서 책임져야 할 위치에 있습니다. 의심 가는 상황에 대해서는 조사를 해야죠. 그런 권한이 나한테 있는 거구, 그 과정에서 약간의 마찰이 있었던 건데…. (짜증 낸다) 그럼 경찰이 범인 잡으라고 검문했는데 범인 아니면 사과해야 합니까?

사과하잖습니까?

— 그래요? 그럼 사과하지 뭐. (카메라 밖에서 들리는 노골적인 '우우우' 야유 소리에 움찔한다) ….

10회

우리는 믿고 싶어서 믿는다

1. 프롤로그

송지원   (심각하게) 사실은 나… 귀신 본다. (반응을 기다린다)

이하 컷, 컷, 컷이다.

- 편집장   헛소리 그만하고, 지난달 기사 반박 인터뷰….
- 박해나   (농담한다) 어쩐지 요새 내 어깨가 무겁더라.
- 후배   (눈 깜박이며) 손금도 봐요?
- 임성민   똥 싸고 앉았네….
(송지원)   이거거든.

학보사다.

송지원   (지그시 한곳을 응시하며) 어… 저기도 하나 있네. 언제부터 있었지.

- 편집장   (무시한다) 학장 인터뷰 날짜 잡혔어?
- 박해나   남자야? 잘생겼어?

– 후배　　로또 번호 좀 물어봐요.

– 임성민　　(말하기도 귀찮다. 한심해서 한숨이 난다) 에효~

– (송지원)　　이거잖아. 근데 왜 니들은?

　　　　　　•인서트 》

유은재　　저기 있다는 귀신 말이에요. 어떻게 생겼어요?

(송지원)　　그냥 재미로 묻는 거 아니었어?

　　　　　　•인서트 》

윤진명　　그럼 식물인간은? 식물인간의 영혼은 어딨는데….

(송지원)　　농담한 걸 가지고 진지하면 대략 난감이지.

　　　　　　•인서트 》

강이나　　아, 그럼 그때 내가 죽인 게 맞나 부다.

(송지원)　　뭐야? 다들 알고 지내는 귀신 한둘쯤은 있는 거야?

　　　　　　•인서트 》

정예은　　앞으로 살해당할 영혼이 미리 나타난 걸 수도 있다구.

(송지원)　　정 여사 너마저…. (좌절한다. 테이블에 엎어진다)

임성민　　(책에서 눈 떼지 않으며) 그러게 왜 거짓말은 해 갖고….

송지원　　술자리 여흥이었다구. 무해한 농담. 백색 거짓… (갑자기 띠 하는
　　　　　　이명이 들린다) …말.

임성민　　그러게 이 오빠가 그 버릇 고치라 했냐 안했냐?

송지원	지루한 일상의 작은 텐션이었다니까!!! (고개 번쩍 들며) 그게 그렇게 큰 잘못이야? 그게 죄야?
임성민	(간단히) 웅!!
송지원	(움찔하지만) 그래. 그것이 죄라면 좋아. 인정하겠어. 내 죄야. 돌을 던져. 침을 뱉으라구!
임성민	(가래를 돋운다) ….
송지원	한 번도 거짓말한 적 없는 사람만 뱉어!!!
임성민	(모았던 침 삼킨다. 말로 널 어떻게 당하냐…) ….
송지원	(울상이 된다) 나 어떡하냐?
임성민	뭐가 걱정인데? 술자리 여흥이었다며. 백색 거짓말!
송지원	(손가락으로 테이블을 비비적대며 눈치 본다) ….
임성민	(질색한다) 귀여운 척하지 마!!!
송지원	(책 제목을 가리킨다) 그렇게 돼버렸어.
임성민	(책 제목을 본다. 『커져버린 사소한 거짓말』) ….

타이틀 제10회 — 우리는 믿고 싶어서 믿는다 (부제: 거짓말)

2. 타이틀 이미지 몽타주

김추자의 '거짓말이야', god의 '거짓말', 빅뱅의 '거짓말' 노래가 두서없이 흐른다.

3. 거실(밤)

송지원은 여전히 고민 중이다.

(송지원) 지금이라도 자수할까? 그게 낫겠지. (생각에 따라 얼굴 표정이 시 시각각 변한다) 죄송합니다. 거짓말이었습니다. 죽을죄를 졌습니 다…. (하다가) 솔직히 이 정도는 아니잖아. (껄렁껄렁한 표정이 된 다) 에에이, 귀신이 어딨어? 그걸 믿어? 그걸 믿었어? (하다가) 요 건 좀 위험하지. 중간으로 갈까? (얍실 비굴) 미안, 미안. 그냥 장난 좀 친다는 게….

정예은 (맞은편에서 공부하고 있었다. 송지원이 신경 쓰인다. 마침내) 너 왜 그래? 기분 나쁘게… 웃었다, 울었다….

송지원 (결심한다) 있잖아. 내가 고백할 게 있는데….

유은재 (빨래 개던 걸 멈추고 주목한다) ….

정예은 (공부하던 걸 멈추고 주목한다) ….

강이나 (스트레칭을 하다가 주목한다) ….

시선과 침묵!!

송지원 (그 시선이 부담스럽다. 손 짓는다) 아냐. 아냐. 그렇게 주목할 만한 건 아니고… 흘려 들어. 가볍게 들어. 딴짓하면서 들어.

유은재 (빨래 갠 걸 들고 방으로 들어간다) …잠깐만요.

송지원 (눈으로 유은재 쫓다가) 그전에 약속부터 해줘. 때리지 않겠다고.

강이나 뭔데 그래?

송지원 전에 내가 얘기한 거 말이야….

정예은 네가 얘기한 게 한두 가지야?

송지원 (신발장 옆을 슬쩍 보며) 저기 있다고 한….

(유은재) (억눌린 비명 소리) 뭐야!!

하메들, 후다닥 뛰어 들어간다.

4. 유은재, 윤진명의 방(밤)

강이나	(뛰어 들어오며) 왜? 뭔데?
송지원	(뒤따라오며) 도둑이야?
정예은	(들어오며) 귀신이야?
송지원	(또냐? 정예은을 본다) ….
유은재	(놀란 감정 추스르느라 숨을 헐떡이다가 어딘가를 가리킨다) 저기….

2층 침대 윤진명이 부스스한 얼굴로 돌아본다.

송지원	(헐!) 윤 선배!
정예은	(뜨악) 윤 선배, 언제 들어왔어?
윤진명	(멍하다) 어? ….
강이나	(조심스럽다) 어디 아퍼?
윤진명	(잠깐 멍하다) …지금 몇 시야?
유은재	10시 40분 좀 넘었어요….

5. 거실(밤)

윤진명이 우울한 얼굴로 신발을 신는다. 강이나, 송지원, 정예은, 유은재가 환한 얼굴로 윤진명을 배웅한다.

유은재	다녀오세요.
송지원	(밝게) 갔다 와.
정예은	(밝게) 조심해.
윤진명	응….

문이 닫히면, 누가 먼저랄 것도 없이 크게 숨을 몰아쉰다.

정예은   (억지웃음 지우며) 하루 종일 잤나 봐. 학교도 빼먹구….
유은재   윤 선배… 충격이 컸나 봐요.
송지원   기대가 컸으니까….

분위기 착 가라앉는다. 각자 윤진명에게 했던 말이 생각난다.

    •인서트 》
송지원   (강아지처럼 엉기며) 난 축하할 거야. 축하할 수 있을 때 마음껏
        축하해야지. 축하해. 축하해. 축하해.

송지원   (죄책감이 든다) 조금만 축하할걸.

    •인서트 》
정예은   거기 공기업이잖아. 일단 합격하면 정년 보장! 흐응… 좋겠다.

정예은   너무 흥분했어.

    •인서트 》
유은재   (윤진명 등에 얼굴 묻으며 소심하게) 진짜 축하해요.

유은재   (자기 실수가 뼈저리다. 한숨이 난다) ….

강이나는 신발장의 신발을 본다. 그날 윤진명에게 주려고 했던 신
발!!!

송지원   (분위기 바꾼다) 괜찮아. 윤 선배잖아. 부활할 거야.

정예은	(그렇다) 그래. 윤 선배잖아.
유은재	그죠? 윤 선배니까.
강이나	(이 믿음은 뭐냐 싶다) ….

6. 편의점(밤)

펼쳐놓은 책, 윤진명은 책을 보고 있지 않다. 그저 멍할 뿐이다.

7. 과 사무실 앞(아침)

윤진명이 걸어온다. 왁자한 소리에 고개 들면, 과 사무실에서 나오는 학생들. 한 여학생을 축하하는 중이다. '축하해' '잘됐다' '언제부터 출근이야?' 축하받는 사람은 윤진명과 비슷한 느낌이다. 머리를 질끈 묶었고, 유니클로 티셔츠에 청바지, 운동화, 에코백을 들었다. 축하하고 축하받던 무리들, 윤진명과 눈이 마주치자 살짝 움찔한다.

윤진명	(먼저) 축하해.
여학생	(기쁨을 감추려고 노력하면서도) 응….

무리들이 빠져나가고 윤진명은 과 사무실 앞에 붙은 채용 공고를 본다. 글자가 뿌옇게 흐려진다.

8. 캠퍼스(낮)

유은재가 걸어온다. 누군가를 찾는다. 교문 앞 기다리고 있던 60대 여자가 유은재를 향해 손을 든다. '은재야'

유은재　　고모!!

9. 부대찌개 집(낮)

유은재가 고모와 마주 앉았다.

유은재고모　(찌개를 덜어주며) 지하철 타면 금방인데 한 번을 안 오니? 와서 밥도 먹고 김치도 가져가고 그러라니까….

유은재　　(조심스럽다) 예….

유은재고모　왜? 엄마가 못 가게 해?

유은재　　(즉각적으로) 아뇨.

유은재고모　먹어. 얼른 먹어.

유은재　　고모도 드세요.

유은재고모　(유은재를 유심히 본다) 이마는 아주 네 아빠를 그대로 뺐구나.

유은재　　….

유은재고모　너의 아빠가 지금 널 보면 참 대견하다 했을 텐데…. 아빠 생각나지?

유은재　　….

유은재고모　그럼 생각날 테지. 딸인데….

유은재　　(숟가락을 내려놓는다) ….

유은재고모　먹어. 얼른 먹어. 응?

유은재　　예….

유은재고모　너도 만났지? 그 보험회사…. 내가 그렇잖아도 너의 아빠 죽은 게 늘 이상하다, 이상하다 했어. 운전을 하루이틀 한 사람도 아니고,

술 먹는 사람도 아니고… 너는 뭐 이상하다 싶은 거 없었니?

유은재 ….

유은재고모 왜 그때, 너의 아빠 사고 나기 전에 니네 집에 일이 많았잖아. 불도 나고.

유은재 엄마만… 다쳤잖아요.

유은재고모 그건 그런데. 제대로 조사한 것도 아니고 무슨 일이 있었는지 어떻게 아니?

유은재 ….

유은재고모 은재야! 너의 아빠 다시 검사해보자.

유은재 (고모를 쳐다본다. 공포감) ….

유은재고모 니 엄마는 들은 척도 안 하고 어떡허니? 너밖에 더 있니?

유은재 (들고만 있던 숟가락을 또 놓는다) ….

유은재고모 왜 숟가락을 놔. 얼른 먹어. 다 식었네.

유은재 (고모를 외면하며 물을 마신다) ….

10. 강이나의 방(낮)

강이나가 외출 준비를 한다. 액세서리를 고른다. 어떤 팔찌를 할까? 유난히 반짝이는 팔찌를 손목에 걸다가 문득 파란색 플라스틱 팔찌에 눈이 간다.

11. 커피숍(낮)

파란색 플라스틱 팔찌를 한 강이나가 물을 마신다. 황대중이 들어온다.

황대중	(앉기도 전에) 뭔 일이야 갑자기?
강이나	(테이블 위에 카드를 올려놓고 황대중 쪽으로 민다) ….
황대중	(강이나를 본다) …?
(장선호)	지난번 일 때문에 그래?

• **점프** 》

장선호	그땐 엄마가 카드명세서를 확인하는 바람에….
강이나	그런 거 아니에요. 그건 됐어요.
장선호	근데 왜?
강이나	그냥 이렇게 사는 게 싫어졌어요.
장선호	(다정함이 천성이다) 그럼 앞으로 어떻게 살려구.
강이나	(씨익 웃는다) 남들처럼 잘!
(황대중)	그래?

• **점프** 》

황대중	(잠깐 카드를 내려다보다가 집어 든다) 할 수 없지 뭐. (카드를 지갑에 넣는다) 파이팅해라.
강이나	(남의 지갑 속으로 사라지는 카드를 바라본다) ….

• **점프** 》

장선호	(지갑을 주머니에 넣으며) 무슨 일 있으면 연락해. 꼭~ 알았지?
강이나	(사라지는 카드만 보며 빨대를 쪼옥 빼는데, 공기 들어가는 소리가 쪼르륵!) ….

12. 구내 식당 (저녁)

송지원과 임성민이 식판을 들고 온다.

송지원   (자리 잡으며) 됐어. 고백은 무슨…. 난 뭐, 귀신이 있다고만 했지. 그게 누구라고도 안 했는데 뭐. 지들이 믿고 싶어서 믿은 걸 내가 뭐? 안 그래?

임성민   너 좋을 대로 하세요. 누가 뭐래요?

송지원   책에서나 모든 비밀이 밝혀지고 모든 거짓말이 들통나는 거지 뭐. 리얼 세상은 안 그래. 그럴 필요도 없고. 그냥 자연스럽게 물이 흐르는 대로 흘러가다가 흐지부지 사라지는 거짓말도 있고 그런 거지 뭐….

송지원이 우걱우걱 먹는다. 문득 이명과 함께 아주 잠깐의 멍함이….

임성민   (책을 펼친다. 『커져버린 사소한 거짓말』의 끝부분을 읽다가) 왜?

송지원   (깨어난다) 그거 재밌어? 사소한 거짓말 때문에 뭔 일이 생겼는데?

임성민   (간단하게) 사람이 죽어.

송지원이 멈칫한다. 마침 그때 구내 식당의 노래가 바뀐다. 김추자의 '거짓말이야'…. 거짓말이라는 말이 나올 때마다 송지원의 속이 쿡쿡 쑤신다.

13. 거실(밤)

송지원이 정수기에서 물을 따른다. 위장약을 먹는다.

송지원   (배를 문지르며) 신경 *끄자*. 신경 *끄자*….

강이나가 들어온다.

강이나 　(노래하듯) 나 왔어요.

송지원 　(따라한다) 어서 와요.

강이나 　(신발 벗다가 신발장 옆을 본다) 송! 이거 없어졌지?

송지원 　에?

강이나 　없어졌을 거야. 내가 각성했으니까…. (방으로 들어간다) ….

송지원은 한숨이 난다. 남은 물을 마시는데, 유은재가 방에서 나와 화장실로 가려다가 신발장 옆을 본다. 유은재가 한숨을 포옥 쉬자 물을 마시던 송지원은 콜록콜록 사레들린다.

유은재 　괜찮아요?

송지원은 얼굴이 빨개지도록 기침하면서도 괜찮다고 손짓한다. 유은재는 화장실로 들어가고, 정예은이 방에서 나온다. 겨우 진정하는데 정예은이 신발장을 가리키며 히익 놀란다.

송지원 　(또냐? 울고 싶다) 넌 또 왜?

정예은 　(신발장 가리키며) 이거 다 어디 갔어?

강이나의 신발장이 텅 비었다.

14. 강이나의 방(밤)

강이나가 막 옷을 갈아입고 머리카락을 묶는다.

(정예은) 　강 언니!!

대답도 듣지 않고 정예은이 벌컥 들어온다. 그러고는 입을 떠억 벌린다. 핸드백이란 핸드백은 모두 침대 위에, 구두는 바닥에, 보석류는 화장대 위에 나와 있다. 구석에 포장지와 상자가 잔뜩 쌓여 있다.

정예은   왜 이래? 뭐 하는 거야?

강이나   팔려구. (방바닥에 앉아 가죽 클리너로 구두를 닦는다) ….

정예은   (왠지 아깝다) 진짜? 왜? 왜 팔어?

강이나   ….

정예은   (제일 마음에 드는 가방을 끌어안는다) 이것도 팔 거야?

강이나   그거 맘에 들어?

정예은   (잔뜩 기대하며 고개까지 끄덕인다) 웅!!

강이나   사.

정예은   (실망) 에이….

강이나   하메 디씨해 줄게.

정예은   디씨 얼마?

강이나   매장의 10프로!

정예은   (그래도 비싸다. 조용히 내려놓고 마지막으로 쓸어본다) ….

송지원   (조용히 지켜보다가) 강 언니… 이거 혹시… (등 뒤를 가리키며) 저기 저 귀신 때문이야? 그러니까 이 급작스러운 심경의 변화가 저기 저 신발장 옆 귀신하고 상관이 있다든가… (강이나와 정예은이 빤히 쳐다보자) …아니야. 아닙니다요. 하던 일 계속하세요. (돌아서는데 부담감에 울상이 된다) ….

15. 중고 명품 매장(낮)

흰 장갑을 낀 점원이 명품 가방을 꼼꼼히 살펴본다. 40대 여자가 명품 가방을 팔러 온 것이다. 직원이 커피를 내온다. 잔도 고급지다. 들고 온 가방의 레벨이 마치 자기 레벨인 양 40대 여자가 다리를 처억 꼬며 커피 잔을 든다. 물론 새끼손가락은 치켜들었다. 매장은 꽤 크고, 점원은 대여섯 명 된다. 문이 열린다. 점원들의 시선이 문 쪽으로 향한다. 운동화, 청바지에 티셔츠 차림의 강이나가 들어오자 관심을 돌린다.

강이나   (성큼성큼 들어와 쇼핑백을 올려놓으며) 가방 팔러 왔는데요.

점원   (우리 매장을 어떻게 보고… 예의 바르지만 고자세다) 뭔가 오해가 있으신 모양인데요. 저희 매장에서는 아무 가방이나 사는 게 아니구요. 정해진 몇몇 개의 브랜드만…. (강이나가 쇼핑백에서 꺼낸 가방을 보고는 입을 다문다) ….

강이나   그래서 사요? 안 사요?

점원   삽니다!!

강이나   잠깐만요. (문을 열고 밖을 향해) 동주야!!

•점프 》
서동주가 양손에 쇼핑백을 대여섯 개 들고 들어온다.

•점프 》
한 번 더 들어온다.

•점프 》
어느새 점원들이 모두 달려들어 가방을 하나하나 꺼내놓는다. 열한 개다. 40대 여자는 한쪽으로 밀렸다.

강이나   구두도 사나요?

•점프 ≫

서동주가 층층이 쌓인 박스를 들고 들어온다.

•점프 ≫

다시 들어온다.

•점프 ≫

첫 번째, 두 번째보다는 개수가 줄었지만 들고 들어온다.

•점프 ≫

점원들이 박스 상자를 열고, 열고, 연다. 열 때마다 점원들의 표정이 변하고 점점 공손해진다.

강이나   (점원들의 태도가 바뀌거나 말거나 지켜보다가 점원의 손에서 구두를 뺏으며) 아, 이건 아니에요. 빼논다는 걸 깜빡했네.

16. 서동주 차 안(낮)

조수석의 강이나가 돈을 센다. 백만 원짜리 수표가 열한 장, 오만 원 권도 서너 장, 만 원짜리 대여섯 장.

강이나   (머리까지 끄덕이며 입속으로 숫자를 센다) …백이십사만 원. 우와.
서동주   (왠지 시큰둥하다) 몇 번이나 확인하냐?
강이나   (신난다) 그사이 이자 쳤을까 봐. (돈을 부채처럼 펄럭이며) 돈바람 한번 맞아볼래. (엉덩이에 깔고 앉는다) 돈방석!!
서동주   그렇게 좋냐?
강이나   (서동주의 기분을 모른 채) 뭐 먹을래? 맛있는 거 사줄게.

서동주	됐어.
강이나	왜?
서동주	….
강이나	누님이 만나재?
서동주	…어.
강이나	(가볍게) 그래? 그럼 할 수 없지. 돈 벌어야지. 저기 세워줘. 횡단보도 앞에.

차가 멈춘다.

강이나	(내릴 준비하며) 연락해.
서동주	(대답 없이 강이나를 본다) ….
강이나	(내리려다가 서동주의 시선을 눈치챈다) 왜?
서동주	…연락해도 되냐?
강이나	미친…. 그럼 연락 끊을라 그랬어? (내린다)

17. 횡단보도 앞(낮)

강이나가 쇼핑백 하나를 흔들며 횡단보도를 건넌다. 서동주 차 앞을 가로지르며 손을 흔든다.

18. 서동주 차 안(낮)

강이나가 멀어진다. 뒤도 돌아보지 않고 성큼성큼…. 서동주가 멀어지는 강이나를 바라본다. 경적 소리가 들린다. 신호가 바뀌어 있다.

19. 거실 (낮)

강이나가 들어온다. 윤진명이 식탁에 앉아 있다. 띵! 하는 소리가 들린다.

강이나 (신발 벗으며) 혼자 있어?

윤진명 어….

다시 띵! 하는 소리가 들린다. 강이나가 무슨 소린가 둘러보다가

강이나 윤 선배, 전자레인지….

윤진명 (그제야) 아…. (전자레인지에서 삼각 김밥을 꺼낸다) ….

강이나 (잠깐 망설이다가 상자를 식탁 위에 올려놓는다. 진심을 말하려니 퉁명스러워진다) 다음 면접 볼 때는 이거 신고 가. (뚜껑을 연다. 윤진명의 면접 당일 날 들고 뛰었던 그 구두다) 솔직히 그때 그 구두는 진짜 아니었거든. 아마 구두 때문에 떨어졌을 거야.

윤진명 (물끄러미 바라볼 뿐이다) ….

강이나 내가 이런 말하는 거 좀 웃기지만… 취직 시험 많이 남았잖아. 다음에 잘될 거야.

윤진명 구두 때문에 떨어졌을까?

강이나 맞다니까. 그런 게 얼마나 중요한데….

윤진명 우리 과에 그 회사 합격한 애가 있어. 형편이 나랑 비슷해. 아니다. 나보다 더 안 좋다. 걔는 알바해서 가족들 생활비까지 대니까. 기억은 안 나지만, 걔 구두가 내 것보다 나았던 것 같진 않아.

강이나 ….

윤진명 그러니까… 결국은 내 탓이야. 부모의 경제력도 아니고. 스펙도 아니구. 빽도 아니구. 내가 더 잘하면 된다는 얘긴데… 문제는 내가 더 어떻게 해야 되는지 모르겠다는 거야. (방으로 들어가려 한다) ….

강이나	그래도 이건 받아. 감사의 의미로 주는 선물이니까.
윤진명	네가 나한테 감사할 게 뭐가 있는데?
강이나	있어! 난 있으니까 그냥 받아. (상자를 안기고 방으로 들어가버린다)
윤진명	(상자를 물끄러미 바라본다) ….

• **점프 》**
구두 상자는 강이나의 방문 옆에 놓여 있다. 방에서 나오던 강이나가 상자를 본다. 구두를 상자에서 꺼내 신발장의 윤진명 칸에 넣는다.

20. 정예은, 송지원의 방(밤)

송지원이 책상에 엎드려 자고 있다. 악몽을 꾸나 보다. 가위 눌린 듯 움찔댄다. 식은땀이 흐른다. 잠꼬대한다. '잘못했어요…' '일부러 그런 건…' '예? 지옥이요?!!!' 하며 깨어난다. 하학!! 하학!! 꿈이었구나!!

21. 거실(밤)

정예은이 문제의 그 구두를 신어보는 중이다. 강이나는 드라이어로 머리를 말린다. 식탁 의자에 앉아 책을 보던 유은재의 핸드폰이 진동한다. '고모'다.

정예은	(투정하듯) 쳇, 윤 선배만 챙겨주고….
강이나	(드라이어 끄며) 넌 사이즈도 안 맞잖아.

정예은   (입을 삐죽 내민다) 주기만 하면 맞출 수 있는데….

송지원이 땀을 닦으며 방에서 나온다.

송지원   (휘청휘청 걸어와 소파에 눕는다) 나 악몽 꿨어. 꿈에서 지옥 갔어.
강이나   꿈도 꼭 저 같은 걸 꿔요.
정예은   난 스트레스받으면 꼭 수능 시험 보는 꿈꾼다. 꿈속에서도 '이상하
         다? 나 대학 왔는데?' 그러면서 시험을 보는 거야.
강이나   대학생들은 그런 꿈꾸나? 남자들은 군대 영장 다시 나오는 꿈꾼
         다는데…. (유은재에게) 너도 수능 보는 꿈꿔?
유은재   저는요. 개한테 쫓기는 꿈꿔요.

         •인서트 》
         언젠가 꿨던 꿈이다. 여섯 살쯤 유은재가 개에게 위협당한다. 아빠
         가 번쩍 안아들고 달래면 안심이 되어 아빠 목을 끌어안고 운다.

(정예은)   그게 왜 악몽이야?
유은재   …?
정예은   아빠가 구해줬다며? 해피엔딩이잖아.
유은재   (우물쭈물한다) 그건 그런데요….
송지원   (남들 이야기하는 동안 신발장 옆을 보며 결심했다) 주목!!!
강이나, 정예은, 유은재 (돌아본다) ….
송지원   여러분!! 잠시 주목해주십시오. 여러분도 아시다시피 제가 학보사
         기자 아닙니까? 게다가 제 좌우명이 침묵은 가장 나쁜 거짓말이
         다!! 그냥 모르는 척 지날 수도 있지만 여러 가지 정황상, 또 나의
         무병장수를 위해서도….
강이나   짧게 해
정예은   (신발 다시 넣으며 쳐다본다) 뭔데?

송지원   저기 저거 말이야. 저번에 내가…. (신발장을 가리키는 순간, 기다렸다는 듯이 초인종이 울린다. 기껏 결심했는데) 에에잇!! 누구야. 이 밤중에?

•인서트 – 모니터 화면 ≫
정수리만 보이는 여자

22. 문 앞(밤)

고개를 숙이고 있던 여자가 고개를 든다. 눈물범벅이 된 여자는 유은재 엄마다.

유은재   (문을 열고서) 엄마아?
유은재 엄마   (오열하며 은재에게 안긴다) 은재야~

23. 거실(밤)

유은재가 우느라 쓰러질 것 같은 엄마를 부축한다. 이 상황에서 인사를 해야 하나, 말아야 하나 강이나, 정예은, 송지원이 움찔거린다.

유은재   엄마 왜? 무슨 일인데?
유은재 엄마   (우느라 말이 나오질 앉는다) 어떻게 나를… 흐흐흑… 한 이불 덮고 사는… 살인자라고…. 사람을 의심해도… 흐흐흑…. 억울하고……!
유은재   (하메들을 의식한다, 엄마를 부축해 들어간다) 엄마, 들어가. 방으

로 들어가서 얘기하자. 응? (오열하는 엄마를 데리고 방으로 들어
간다)

정예은   (방문이 닫히자) 한밤중에 뭔 일이래?

24. 유은재, 윤진명의 방(밤)

유은재 엄마의 울음이 천천히 잦아드는 중이다. 유은재는 물끄러
미 엄마를 바라본다.

유은재 엄마   (진정하기 위해 심호흡하면서) 어떻게 나한테 그럴 수가 있어. 손만
안 댔다 뿐이지 그건 폭행이야, 폭력이라구. (휴지가 다 젖었다) ….

유은재   (티슈를 빼서 건네며) 그래서 아저씨가 뭐라 그랬는데?

유은재 엄마   (그 와중에 성대모사까지 한다) '정희 씨, 혹시 나한테 말 안 한 게
있소?' 세상에 그게 할 말이니?

유은재   (설마) …그게 다야?

유은재 엄마   그 말 할 때 표정을 네가 봤어야 돼. 내가 무슨 엄청난 비밀을 갖고
있는 것처럼, 두 눈에 의심이 가득해 갖고는… 나를, 나를 남편 죽
인 사람으로 몰고 가는데…. 난 그런 상상만 해도 이렇게 덜덜 떨
리는데. 아우! 내가 어딜 봐서 그럴 사람이야. 어딜 봐서?!!!

유은재   (엄마가 비난하는 사람이 자기다. 슬쩍 외면하며) 아저씨도 그런
뜻으로 한 말은 아닐 거야. 그냥 물어본 거지.

유은재 엄마   그냥 왜 물어봐? 뭐 하러 물어봐? 요만큼이라도 의심하니까 물어
본 거잖아. 그런 의심을 받고 내가 어떻게 살아? 못 살아, 난. 1분도
못 살아. (운다)

유은재   (더 이상 할 말이 없다. 조용히 엄마를 지켜본다) ….

유은재 엄마   (지쳤다) 아우… 머리 아퍼. 너무 울었더니 머리 아프다…. 나 좀
누워야겠어.

25. 거실(밤)

강이나, 정예은, 송지원이 식탁에 앉아 소곤댄다.

송지원　난 어른이 소리 내 우는 건 처음 봐.

정예은　그러니까… 어째 은재보다 더 애기 같지? 마음이 애기 같아서 그
　　　　　　런가. 엄마 피부 되게 좋더라.

강이나　넌 그 와중에 피부가 보이디? (하다가) 엄마 괜찮으셔?

유은재　(쭈뼛대며 다가온다) …새아빠랑 좀 안 좋은 일이 있었나 봐요.
　　　　　　(눈치 본다) ….

강이나　엄마가 완전 소녀소녀 하던데….

송지원　(오른손 주먹으로 왼손 손바닥을 툭 치며 문득) 맞다. 은재 엄마가
　　　　　　누가 닮았다 했거든. (정예은 본다) ….

정예은　나? 어디가? 안 닮았어!!

송지원　은재 엄마가 왜? 너 지금 은재 엄마 무시하는 겁니까?

정예은　(뭐라고 말은 못 하겠고 입을 내미는데) ….

유은재　(눈치 보다가) 저기… 우리 엄마 오늘은 자고 가야 할 것 같은데….
　　　　　　(강이나를 본다) ….

강이나　그런데? ….

유은재　윤 선배가….

강이나　(그제야) 윤 선배 내 방에서 자라고?

유은재　(안 될까요, 쳐다본다) ….

강이나　야아… 둘이 한 침대서 어떻게 자?

송지원　어떻게 자긴요. 만리장성 쌓으면서….

강이나　(발로 송지원을 툭 찬다) 나 윤 선배 불편한데….

정예은　(구시렁댄다) 구두까지 주고받은 사이면서….

유은재　(다시 한 번) 죄송해요.

26. 편의점(밤)

윤진명이 엎드려 있다. 핸드폰이 진동한다. 유은재가 보낸 장문의 문자다. '엄마가 갑자기 와서 하룻밤 주무시고 갈 것 같습니다. 죄송하지만 오늘밤엔 강 언니 방에서 잘 수 있을까요?'라는 내용이다. '응' 답장하고 다시 엎드린다.

27. 강이나의 방(밤)

강이나가 잘 준비를 한다. 이불을 쫙악 주름 없이 펼친다. 여분의 베개를 팡팡 쳐서 부풀린 다음 옆에 놓는다. 바깥쪽에 누웠다가 아니지 싶어 안쪽으로 옮긴다. 누웠다가 다시 일어나 이불을 다시 판판하게 해놓고 차렷 자세로 눕는다. 생각해보니 이러는 게 웃긴다. 다시 이불을 구겨놓고 잠자리에 눕는다.

28. 거실(새벽)

윤진명이 들어온다. 기운이 하나도 없다. 소파에 앉는다. 멍하니 창밖을 본다.

29. 강이나의 방(아침)

잠결에 돌아눕는 강이나. 문득 눈을 뜬다. 옆자리가 비어 있다. 윤진명이 없다.

30. 거실(아침)

강이나가 방에서 나온다. 소파에서 자고 있는 윤진명을 발견한다. 잠든 윤진명은 힘들고 지쳐 보인다. 강이나가 발소리를 죽여 걷는다. 송지원과 정예은이 나온다. 아침 인사하려는 걸 얼른 막고 소파 쪽을 가리킨다. 유은재도 방에서 나온다. 상황을 눈치챘다.

송지원　　(입모양만으로) 엄마는?
유은재　　(입모양만으로) 밖에요.

네 사람 조용히 움직인다. 화장실 문 닫을 때도 조용히, 냉장고 문 열고 닫을 때도 조용히. 조금만 큰소리를 내면 서로가 주의를 준다. 그러나⋯.

(유은재 엄마)　(어젯밤과는 딴판으로 활기찬 하이 톤으로) 어머, 벌써들 일어났어요? (신문지에 둘둘 만 꽃다발을 들고 들어온다)

하메들은 깜짝 놀라고 유은재는 조용히 하라고 손짓하는데.

유은재 엄마　(눈치 못 챈다) 꽃집이 벌써 문 연 거 있지. 이쁘지? (하다가) 왜들 그래?
윤진명　　(깬다. 마른세수를 하고 정신을 차린다. 유은재 엄마에게 꾸벅 인사한다)
유은재　　(엄마를 끌고 방으로 들어간다) 엄마, 들어가.
유은재 엄마　(끌려가며) 왜?

잠깐의 침묵.

강이나	(퉁명스럽게) 왜 소파에서 잤어?
윤진명	그냥 좀 앉아 있다 보니까….
정예은	윤 선배, 더 자.
윤진명	응…. (일어나는데 어디로 가야 할지 모르겠다) ….
강이나	내 방으로 가든가….

윤진명이 강이나의 방으로 들어간다. 하메들이 걱정스럽게 윤진명을 바라본다.

31. 강이나의 방(낮)

윤진명이 잠들어 있다. 물 먹은 솜 같다. 햇빛이 만든 그림자가 움직인다. 초인종 소리. 윤진명 엄마가 '누구세요?' '등깁니다' 한숨과 함께 윤진명이 눈을 뜬다.

32. 거실(낮)

유은재 엄마가 꽃병의 꽃을 바라보며 커피를 마신다. 방에서 나온 윤진명이 유은재 엄마에게 꾸벅 인사한다.

유은재 엄마	아침엔 미안.
윤진명	괜찮습니다.
유은재 엄마	새벽까지 알바하고 온다면서? 얼마나 힘들어요?
윤진명	….
유은재 엄마	커피 마실래요?
윤진명	아뇨. 괜찮습니다. (냉장고에서 물을 꺼낸다) ….

유은재 엄마	윤수명이 누구예요?
윤진명	(냉장고 문을 연 채 돌아본다) ….
유은재 엄마	(식탁에 우편 봉투를 가리키며) 좀 전에 등기 왔길래 내가 받아놨는데….
윤진명	(우편 봉투를 물끄러미 바라본다. 우리는 아직 그 우편물이 뭔지 모른다. 냉장고에서 삐삑 소리가 난다. 그제야 냉장고 문을 닫으며 윤진명이 고개를 떨군다)
유은재 엄마	(눈치 본다) 왜요? 잘못 온 거야?
윤진명	아뇨. 제 거예요. (우편 봉투를 집어 든다)

33. 편집숍(낮)

아주 간단한 이력서. 고졸 이후, 경력 사항이 없다. 편집숍 주인(40대, 여)이 이력서 너머로 강이나를 본다. 강이나의 모자가 눈에 거슬린다. 그것을 눈치챈 강이나가 모자를 벗고 자세를 가지런히 한다.

편집숍 주인	어디 아팠어요?
강이나	네?
편집숍 주인	고등학교 졸업하고 아무것도 안 했길래.
강이나	아… 예. 좀 아팠어요.
편집숍 주인	어디가?
강이나	여기저기 좀….
편집숍 주인	지금은 괜찮죠?
강이나	예. 건강합니다.
편집숍 주인	우리 가게는 11시 오픈해서 9시 끝나요. 마무리하는 시간까지 하면 10시. 사람이 필요한 시간은 4시부터 10시까지. 시급은 6,500원. 일주일에 5일 일해야 되구요. 숍 일뿐만 아니라 재고 정리도

해야 하고, 택배도 보내야 되구, 잡일이 많아요. 그래도 일은 많이 배울 수 있을 거예요. 궁금한 거 있어요?

강이나   (열심히 듣다가) …아뇨.

편집숍 주인   그럼 다음 주부터 출근해요.

강이나   (꾸벅 인사한다) 고맙습니다.

34. 거리(낮)

편집숍에서 나오는 강이나. 모자를 쓰고 씩씩하게 걷는다. 등 뒤, 편집숍 주인이 알바 구함 종이를 뗀다. 지나가는 택시를 향해 강이나가 습관적으로 손을 든다.

35. 택시 안(낮)

강이나가 핸드폰으로 시급을 계산해본다. 6,500원 곱하기 6시간.

강이나   (39,000원이다. 자기도 모르게) 에게… (무심코 고개를 들었다가 택시 요금이 만이천 원이 넘는 걸 본다. 다급하다) 아저씨!!!!!

36. 거리(낮)

택시가 끼익 멈춘다. 지나가던 사람들이 돌아볼 정도다. 강이나가 차에서 내린다.

강이나   미쳤어. 두 시간이 날라갔어….

여기가 어딘가 둘러보다가 지하철 역을 찾아간다.

37. 지하철 역사(낮)

사람들이 지갑을 대고 지나간다. 강이나가 지갑을 갖다 대지만 에러 메시지만 뜬다. 뒤에 선 사람들이 쳐다본다.

강이나   (짜증 난다. 자신을 가로막은 바를 흔들며) 왜 나만?

뒤에 있던 사람들이 옆 칸으로 이동한다. 무언의 비난!! 역무원이 다가온다.

강이나   (따진다) 왜 나만 안 되는 거예요?
역무원   그게… 카드 좀 잠깐….
강이나   (지갑을 열어본다. 아! 카드가 없다. 겸손해진다) 저기 표 끊으려면 어떻게….
역무원   ….

38. 조리실(낮)

실습이 끝난 뒤다. 뒷정리를 하고 나가는 사람들도 보인다. 한쪽, 한유경, 송경아, 정예은이 핸드폰을 들여다본다. 소개팅 앱으로 남자를 고르는 중이다.

송경아	귀엽네.
한유경	괜찮다.
정예은	쌍꺼풀 싫어. (휙 날려버린다. 소리와 함께 사라진다)

취향이니까 뭐. 그럴 수 있다. 두 번째 남자가 뜬다.

송경아	의대생!!
한유경	어이구, 밴드… 뭐야? 드럼?
정예은	음악 하는 애 별로야. (날려버린다) ….

이건 좀 이상한데…. 어쨌거나 세 번째 남자가 뜬다.

송경아	(완전 마음에 든다) 여기 왜 이래? 나도 가입할까 봐.
한유경	기럭지 봐라.
정예은	(시큰둥) 187은 좀 부담이지. (날려버린다)
송경아, 한유경	(의심에 찬 눈으로 정예은을 본다) ….
정예은	(앱을 종료하며 툴툴댄다) 이렇게 남자가 없냐. (하다가 자신을 보고 있는 친구들의 시선을 확인한다) 왜?
송경아	남자가 없는 게 아니라 마음이 없는 거 아냐?
정예은	뭔 소리야. 마음 있어. 남자 만날 거야.
한유경	좋아! 네가 원하는 남자를 말해봐. 이상형!!
정예은	이상형? (생각한다) 키는 너무 큰 건 싫고, 안겼을 때 딱 좋은 사이즈. 그러니까 나보다 20센티 정도?

정예은이 말하는 대로 한쪽에 그림이 그려진다.

정예은	헤어스타일은… 약간 웨이브가 있는… 다비드상 머리 있잖아. 그런 머리 좋아. 눈은 쌍꺼풀 없이 옆으로 긴 눈이 섹시하지. 콧대는

너무 높은 거 별루야. 동글동글한 코가 좋아.

코, 크게 그렸다가 슥슥 지우고 다시 그린다.

정예은   입 큰 남자 매력 있지 않어? 웃으면 입 안쪽이 다 보이는 거.
송경아   (그럴 줄 알았다는 듯 한유경을 본다) ….
정예은   (상상에 빠져서) 난 근육질은 싫더라. 약간 말라서 어깨가 굽은 남
         자가 옷발도 잘 받고 왠지 느낌이… (하다가 말을 멈춘다) ….

그림으로 완성된 남자… 고두영과 꼭 닮았다.

송경아   어디서 많이 본 남자 같지?
정예은   (고개를 흔든다) 아니야. 아니야.

정예은이 손을 저으면 그림이 지워진다. 한유경, 쯧쯧 혀를 찬다.

39. 캠퍼스(낮)

정예은과 송유경, 한경아가 내려온다.

송유경   이제 잊을 때도 됐구만.
정예은   잊었다구!!
한경아   조선시대 태어났으면 열녀 소리 들었을 텐데….
정예은   아니라니까 진짜…. (짜증 내다가 우뚝 멈춰 선다) ….

교문 앞, 고두영이 서 있다. 정예은의 심장이 쿵 내려앉는다. 송유
경과 한경아… 게임 끝났구나 싶다. 멀리 고두영을 본 것만으로 정

예은의 숨이 가빠진다.

40. 교문 앞(낮)

고두영이 핸드폰을 열어 시계를 본다. 저 멀리 정예은과 송유경, 한경아가 내려온다. 정예은은 까르르 과장되게 웃으며 친구의 어깨를 때린다. 맞은 송유경은 아프다. 그게 뭐 그렇게 웃긴 일이라고…. 고두영은 피식 웃는다. 정예은의 과장을 눈치챈 것 같다.

정예은 느끼한 거 먹으러 가자. 어차피 먹을 거면 낮에 먹는 게 나. 그치? (하다가 고두영을 발견한 척) 어머, 오빠!
고두영 어. (송유경, 한경아와 눈으로 인사한다)
정예은 (아무렇지도 않은 척) 오랜만이네. 어쩐 일이야?
고두영 어, 그냥 지나가다가 잠깐…. 점심 안 먹었으면….
정예은 (고두영이 말할 틈을 주지 않는다) 그럼 볼일 봐. (친구의 팔짱을 끼고 지나가며) 스파게티 먹자. 어제 그거 봤어? 〈수요미식회〉!! 해물 크림 스파게티 나오는데….

고두영이 기대했던 장면이 아니다. 멀어지는 정예은을 돌아본다. 정예은과 아주 잠깐 눈이 마주친다. 정예은이 웃고 있다. 고두영은 모멸감을 느낀다.

41. 골목(낮)

고두영의 시야에서 벗어나지미자 정예은이 주저앉는다. 다리에 힘이 풀렸다

한유경	장하다. 내 친구.
송경아	잘했어. 잘했어.
정예은	(고양이 같은 눈으로) 진짜? 다리 후달거려 죽을 뻔했네. (두 손을 내민다)

송경아와 한유경이 정예은을 일으킨다.

42. 강의실(낮)

강의 전이다. 유은재가 한쪽을 본다. 윤종열의 무리들 틈에 윤종열이 보이지 않는다. 핸드폰이 진동한다. 아저씨다.

43. 복도(낮)

가방을 챙겨 들고 나오는 유은재와 들어가려던 윤종열이 마주친다. 어색하다.

윤종열	(한쪽으로 비켜서며) 강의… 안 들어?
유은재	예… 일이 있어서….
윤종열	그래? (별다른 말 없이 안으로 들어가버린다)

유은재는 상처받았다. 윤종열을 돌아본다. 교수님이 지나간다. 유은재가 복도를 빠져나간다.

44. 버스 안(낮)

윤진명이 흔들리는 차창 너머 풍경을 바라본다. 윤진명의 손에 쥔 편지 봉투!! 우리는 아직도 이 편지가 뭔지 모른다.

45. 요양원 앞(낮)

윤진명이 걸어오다가 멈춘다. 주차장 한쪽, 익숙한 뒷모습이 눈에 띈다. 160과 180이다. 그들 앞에 고개를 푹 숙인 채 죄인처럼 서 있는 사람은 윤진명 엄마다. 160이 자신의 몸 양쪽 신장을 가리킨다. '신장은 두 개'라는 말을 하는가 보다. 윤진명이 그들을 바라보다가 요양원 안으로 들어간다.

46. 병실(낮)

윤진명이 들어온다. 동생을 바라본다. 식물이 되어버린 동생. 호흡기에 김이 서렸다 빠지기를 반복한다. 침대맡 수납장 위에 사진을 집어 든다. 6년 전 동생의 축구 하는 사진이다.

(윤진명 엄마)   웬일이냐?

윤진명   (돌아본다) ….

윤진명 엄마   (늘 그렇지만 더욱 피곤해 보인다. 욕창이 생기지 않도록 환자의 자세를 바꿔준다) ….

윤진명   (가방에서 뭔가를 꺼낸다) 이런 게 왔어요. (우편물이다) ….

윤진명 엄마   (우편을 뒤집는다. 징병 검사 통지서다) ….

윤진명   장애 신청… 안 했어요?

윤진명 엄마   …안 했다.

윤진명   왜요?

윤진명 엄마	깨어날 줄 알았으니까…. 내일이나 모레쯤 깨어날 줄 알았어. 늦어
	도 다음 달엔 깨어나겠지….
윤진명	(비난하는 건 아니다) 6년 동안이나요?
윤진명 엄마	(비난받는다고 생각한다. 환자의 몸에 더 신경 쓴다) ….
윤진명	…이해해요.
윤진명 엄마	(윤진명을 본다. 뜻밖이다) ….
윤진명	(자기 손을 본다) 믿고 싶었던 거겠죠. 믿을 수 있어서가 아니라….
	믿고 싶어서… 믿지 않으면 견딜 수가 없으니까…. 근데 그거 알아
	요? 희망은 원래 재앙이었다는 거. (나간다) ….
윤진명 엄마	(아들의 등을 문지르다가 문득 불안해진다. 복도로 나간다) ….

47. 병원 복도(낮)

윤진명이 멀어진다.

윤진명 엄마	(부른다) 진명아!!
윤진명	(돌아본다) ….
윤진명 엄마	….
윤진명	(돌아서 간다) ….
윤진명 엄마	(딸의 눈빛이 마음에 걸린다)

48. 시골길(낮)

윤진명이 걸어온다. 공원 운동장. 아이들이 축구를 하고 있다. '패
스해. 패스!! 여기… 동식아!! 달려!! 아아!!' 탄식한다. 윤진명이 멈
춰 선다. 운동장의 한 아이가 어딘가를 가리킨다. 패스할 곳을 가

리카나 보다.

•**인서트** ≫
식물이 되어버린 동생의 팔!

운동장의 아이가 '아, 씨발' 아쉬워한다.

•**인서트** ≫
호흡기에 의지한 동생의 입!

운동장의 한 아이가 갑자기 전력질주를 하다가 방향을 바꾼다. 종아리의 근육이 꿈틀댄다.

•**인서트** ≫
식물이 되어버린 동생의 다리!

윤진명은 가고 없다. 운동장에서 골이 터졌나 보다. 환호성이 터진다.

49. 거실(저녁)

현관, 강이나, 어기적어기적 들어온다. 들어오자마자 주저앉아 하이힐부터 벗어던진다. 정예은은 주방에, 송지원은 소파에 앉아 있다.

강이나 　(현관에 주저앉아 발을 주무른다) 아, 발바닥. 인어공주 심정이 이랬을 거야. 걸음걸음 유리 조각을 밟는 고통!! 지하철 탈 땐 하이

	힐 안 되겠어.
정예은	그걸 이제 알았어?
강이나	(바닥에 벌러덩 눕는다) 죽을 뻔했네…. (문득) 은재 엄마는?
송지원	몰라. 나 왔을 때 없던데….
정예은	가셨나 봐.
강이나	(다시 누우며) 아, 다행이다. 오늘은 꼼짝없이 윤 선배랑 한 침대인 줄 알았는데….
정예은	윤 선배… 요새 숨 막혀. 원래도 쉬운 사람은 아니었지만….
(유은재 엄마)	이것 좀 받아줘요.

강이나가 벌떡 일어난다. 유은재 엄마가 시장 본 것을 양손 가득 들고 들어온다. 모두들 웃으려고 노력한다.

50. 레스토랑(저녁)

브레이크 타임이다. 쉬는 사람, 커피를 마시는 사람, 핸드폰을 들여 다보는 사람. 박재완은 주방에서 수프를 젓는다. 문소리에 일제히 돌아본다. 윤진명이다. 모두들 놀란다.

조현희	(벌떡 일어나며) 진명 씨… 오늘 목요일인데….
윤진명	매니저님은요?
조현희	창고에…. (윤진명에게 다가오며) 그때 와인… 실수였대. 장부상의 실수. 그런 연락 못 받았지?
윤진명	….
조현희	그럴 줄 알았어. 나쁜 새끼…. 진명 씨, 우리끼리 얘기해봤거든. 진 명 씨가 문제 삼는다고 하면 우리가 도와줄게.
윤진명	(쳐다보면, 홀 직원들 고개를 끄덕인다) ….

조현희	이번뿐만이 아니라 너무하잖아. 복장 점검한다고 배 찌르고 옆구리 찌르고 그거 따지고 보면 성희롱이잖아. 슬금슬금 알바 시간 늘리는 것도 그렇고. 윤주는 쉬는 날 불러내서 새로 생긴 레스토랑 가자 그랬대.
윤진명	(윤주라는 이쁘장하게 생긴 여자애를 본다) ….
조현희	이제까지 꾹꾹 참고 있었는데… 진명 씨가 앞장서면….

문소리. 매니저가 들어오다가 윤진명을 발견하고 멈춰 선다. 윤진명이 매니저에게 다가간다. 홀 직원들, 기대 섞인 시선으로 그 둘을 바라본다.

윤진명	드릴 말씀이 있습니다.
매니저	(시선이 불안하게 움직인다) 어… 어… 저기 지난번 일은….
윤진명	(말 끊는다) 그만두겠습니다.
매니저	어?

박재완, 조현희 등 직원들이 놀란다. 조현희는 특히 어이없다. '뭐야?'

윤진명	지난주까지 일한 알바비 계산해주셨으면 합니다.
매니저	아니, 그렇게 갑자기 그만두면…. (윤진명이 빤히 쳐다보자) 뭐 꼭 필요하다면 할 수 없는데….

51. 레스토랑 뒷문(밤)

윤진명이 나온다. 박재완이 기다리고 있다.

박재완	왜 그만둬요?
윤진명	전에는 그만두라고 했잖아요?
박재완	그때는⋯ 땅끝 같은 거라면서요? 여기가 한계선이라면서요?
윤진명	(담담하다) 맞아요. 여기까지가 한계예요. 그래서 이제 그만할려구요.
박재완	그만하면요?
윤진명	⋯내일 낮에 쉴 수 있어요?
박재완	⋯.

52. 거실(밤)

유은재 엄마	(물이 끓는 걸 지켜보며) 나 그렇게 눈치 없는 사람 아니에요. 나 때문에 잠도 설치고. 불편하죠? 미안해요. 그 대신 내가 맛있는 거 해줄 테니까 많이들 먹어요. (돌아본다)

그러고 보면, 송지원은 코를 훌쩍이며 양파를 까고, 강이나는 새우를 까고, 정예은은 시금치를 다듬는다.

유은재 엄마	양파 다 깠어요. 깠으면 채 썰구⋯.
송지원	(오열하듯 흐느끼며) 예⋯.
유은재 엄마	(강이나를 보며) 학생은 손이 느리네. 오징어도 다듬어야는데⋯.

문소리가 난다. 유은재가 들어온다.

송지원	(이보다 반가우랴) 은재야!!
정예은	(퉁퉁) 왜 이제 와?
유은재 엄마	(끓는 물에 당면을 넣으며) 왔어? 너도 얼른⋯.

유은재	(뒤를 향해) 들어오세요.
새아빠	(들어온다) …정희 씨!!
유은재 엄마	(새아빠를 보자마자 신파극의 여주인공처럼 젓가락을 툭! 놓친다) ….
새아빠	(다가온다. 그윽하다) 그만 집에 갑시다.
유은재 엄마	(어린애처럼 외면한다) 흥! 뭐 하러 왔대?
새아빠	내가 잘못했소.
유은재 엄마	(코맹맹이 소리다) 뭘? 뭘 잘못했는데?
새아빠	(유은재 엄마의 어깨를 잡는다) 다 잘못했소.
유은재 엄마	(새아빠의 가슴을 콩콩 때리며) 미워요. 미워, 미워.

그 순간, 송지원이 놓친 양파가 데구르르 굴러간다. 강이나는 까던 새우를 뚝 부러트린다. 정신을 차린 송지원이 입 벌리고 구경하는 정예은을 잡아 일으킨다.

유은재 엄마	(새아빠 가슴에 얼굴을 묻으며) 바보, 바보….
새아빠	(은재 엄마 턱을 치켜들며) 어디 얼굴 좀 봐요. 많이 울었소?

유은재 엄마와 새아빠가 눈을 맞춘다. 금방이라도 입술을 부딪칠 것 같은 분위기다. 으아아악!! 하메들 급해졌다. 아예 방으로 뛰어 들어가 문을 닫는다.

53. 강이나의 방(저녁)

강이나, 송지원이 몸을 부르르 떤다.

유은재	죄송해요.

강이나   그래. 이건 좀 죄송하겠다.

송지원   (팔뚝의 소름을 쓸어내린다) 뭔 일 나는 줄 알았네.

정예은   (꿈꾸는 눈으로) 부럽다!!

이건 뭐냐? 송지원, 강이나, 유은재가 정예은을 팩 돌아본다.

54. 벨 에포크 앞(밤)

은재가 엄마와 새아빠를 배웅한다. 택시를 타면서 은재 엄마가 손을 흔든다.

55. 거실(밤)

음식을 하다 만 주방. 강이나와 송지원이 은재 엄마와 새아빠 놀이를 하고 있다.

송지원   아주 난장판이 됐소.

강이나   (코맹맹이 소리로 대들듯) 다 니 잘못이에요.

송지원   (강이나 어깨를 잡으며) 아니요. 아니요. 당면이 팅팅 불은 건 내 잘못이 아니요.

강이나   (가슴을 콩콩 두드린다) 몰라요. 몰라. 바보 뚱개.

유은재   (들어온다) ….

송지원   부모님은 잘 보냈소?

유은재   (할 말 없다) 죄송해요.

정예은   왜? 로맨틱하던데….

송지원   그 말 진심이오?

56. 골목(밤)

윤진명이 걸어온다. 떡볶이, 어묵을 파는 포장마차가 보인다.

57. 거실(밤)

윤진명이 들어온다. 식탁에 앉아 잡채, 새우튀김 등을 먹던 하메들.

정예은   (놀랐다) 윤 선배, 알바는?
윤진명   (신발 벗고 다가온다) 하루 빠지기로 했어. 이게 다 뭐야?
송지원   구구절절 사연이 많은데…. 일단 와서 잡숴.
유은재   (젓가락을 챙겨온다) ….
정예은   (윤진명이 든 비닐봉지 보며) 그건 뭐야?
윤진명   어묵이랑 떡볶이…. 같이 먹을려고 사왔는데….

네 명의 하메들 정지 화면이 된다. 송지원이 막 먹으려던 새우튀김을 젓가락에서 툭 떨어뜨린다.

정예은   말도 안 돼!
송지원   누구냐 넌.
유은재   선배, 무슨 일 있어요?
윤진명   그냥… 요새 나 땜에 다들 눈치 보는 거 같아서…. (떡볶이, 어묵 치우며) 괜히 사왔네.

누기 먼저랄 것도 없이 손을 뻗어 잡는다.

송지원	왜 이러세요? 이 떡볶이가 그냥 떡볶이입니까? 이 어묵은 그냥 어묵이 아니에요. 윤 선배가 사온 거란 말입니다. 자그마치 윤 선배가… (잡채 그릇 치우며) 저리 가!! (새우 접시 치우며) 꺼져버려!!
정예은	(어묵 봉지 찢으며) 흐응, 다행이다. 요새 윤 선배 기운 없어서 걱정했는데….
유은재	(떡볶이 봉지 찢으며) 그러니까요. 미안해 죽는 줄 알았어요.
정예은	나두….
윤진명	니들이 왜 미안해?
송지원	우리가 좀 뽐뿌질을 했잖어. 바람을 심하게 집어넣어 갖고….
유은재	예… 그래서 윤 선배도 더 기대했을 테고….
윤진명	(담담하다) 니들 때문이 아니야. 난 그냥… 믿고 싶어서 믿은 거야. 믿지 않으면 견딜 수가 없어서….
강이나	(우울해지는 분위기를 만회하기 위해) …우리 한잔 합시다. 맥주 사다놓은 거 있지?

하메들, 움직인다. 서둘러 맥주를 꺼내고 잔을 꺼낸다.

| 송지원 | 뭘로 하지. (생각하다가 선창한다) 부활의 윤 선배!!! |

다섯 명의 잔이 부딪친다.

| 송지원 | (꿀꺽꿀꺽 마시고는) 내 생전에 윤 선배 한턱을 받다니…. (눈물샘을 누르며) 크윽, 이제 남북통일만 이뤄지면 되는 건가. |

다섯 명의 하메들이 웃고 떠든다. 윤진명이 웃는다. 웃으며 거실을 본다. 하메들을 본다. 다시 못 볼 것들을 보듯, 그리움을 담아본다. 송지원이 쳐다보자 윤진명이 잔을 부딪친다. 송지원이 술을 마시며 슬쩍 윤진명을 본다.

58. 들판(낮)

송지원의 꿈속이라 부드럽게 필터 처리되었다. 다섯 명의 하메가 걸어온다. 웃고 떠들고 행복하다. 들판에 난데없이 문이 등장한다. 하메들이 문을 빠져 나간다. 송지원이 문을 닫는다. 송지원이 걷다가 문득 돌아보면 하메들 사이에 윤진명이 없다. 뒤돌아본다. 방금 닫은 문이 사라졌다. '윤 선배, 윤 선배' 부른다.

59. 정예은, 송지원의 방(밤)

송지원이 주먹을 꽉 쥔 채 잠에서 깬다. 꿈이었구나 싶다. 문득 띠하는 이명이 들린다. 귀를 후비적거리며 중얼댄다. '뭐야, 이게'

60. 거실(밤)

송지원이 나온다. 화장실로 향한다. 현관 센서등이 들어오는 순간. 히끅 놀라 주저앉는다. 신발장 옆, 윤진명이 쭈그리고 앉아 있다.

윤진명	(부시시 일어난다) 미안.
송지원	(놀란 가슴 진정하며) …귀신인 줄 알았잖아. 잠 안 자고 뭐 해?
윤진명	뭣 좀 생각하느라고….
송지원	(화장실 불 켜며) 담대한 나이길 망정이지….
윤진명	여기 있다는 귀신 말이야. 내 동생이야.
송지원	(히잉…) ….
윤진명	6년 동안 죽지도 못하고 살지도 못하고, 꼼짝도 못하고… 그건 진짜 끔찍할 거야. 그치? (방으로 향한다) ….

송지원   (자신의 거짓말이 너무 커졌다. 울고 싶다) ….

61. 벨 에포크 앞(아침)

언제나와 같이 새빨간 립스틱의 주인집 할머니가 모닝커피를 마시며 정원을 바라본다. 송지원, 유은재, 정예은, 강이나가 집을 나가는 걸 지켜본다. 커피를 다 마시고 돌아서는데, 개가 꼬리를 치며 짖는다. 돌아보면 윤진명이 서 있다.

윤진명   방을 뺐으면 하는데요.
집주인 할머니   (가타부타 말없이 윤진명을 물끄러미 바라본다) ….

62. 화장실 앞(낮)

임성민이 손수건에 손을 닦으며 나오다가 움찔한다. 남자 화장실 앞에 송지원이 서 있다.

임성민   (피해 가며) 뭐 또?
송지원   (눈이 퀭하다. 쫓아오며) 내 잘못이 아니라고 말해줘.
임성민   네 잘못이야. 뭔지 모르지만 네 잘못이야. 오늘 날 더운 것도 너 때문이야.
송지원   아니야. 아니야. 아니야. 다들 보고 싶은 귀신이 있었던 거야. 다들 가슴속에 귀신 하나쯤 품고 있었던 거라구. (성큼성큼 멀어지는 임성민의 허리띠를 잡아 올린다) ….
임성민   (기겁해서 바지를 잡으며) 야아!!
송지원   윤 선배 이상해….

•인서트 – 거실 ≫

윤진명   여기 있다는 귀신 말이야. 내 동생이야.

63. 은행(낮)

띵동. 고객 대기 번호가 바뀐다. 윤진명이 통장과 도장을 내민다.

은행원   (기계적으로 넘기다가) 한 달 있으면 만긴데… 지금 해약하시게요?
윤진명   네.

64. 복도(낮)

송지원   (여전히 임성민의 바지를 잡은 채로 생각 중이다) 한밤중에 잠 안
         자고….
임성민   (딸려 올라가는 바지 때문에 까치발 서며) 얏마, 이거 놓구 얘기
         해.
송지원   6년 동안 그랬으면 그런 거지, 왜 갑자기…?

       •인서트 – 거실 ≫
윤진명   6년 동안 죽지도 못하고 살지도 못하고, 꼼짝도 못 하고… 그건 진
         짜 끔찍할 거야. 그치?

65. 대부업자 사무실(낮)

윤진명이 160과 마주 앉았다. 160이 수표를 센다.

160	(마지막 한 장을 손가락으로 탕 튕기며) 거 봐. 노력하니까 되잖아.
윤진명	다 됐죠?
160	890만 원 정확합니다. 근데 어떻게 된 거야? 로또 맞았어?
윤진명	(말없이 일어나 나간다) ….
160	(뭔가 심상치 않다고 느낀다) ….
180	(안쪽 사무실에서 나오며) 사장님, 못 찾겠는데요.
160	(생각에서 벗어난다) 뭘?
180	차용증서요.
160	(잊고 있었다. 윤진명은 이미 나간 뒤다) ….

66. 복도(낮)

임성민	(바지 내리며) 야, 나 치질 있어!! 그거 터지면….
송지원	그 눈빛은 뭐지?
임성민	뭔 눈빛….

•인서트 ≫
지난밤의 즐거운 시간. 윤진명의 얼굴은 '이제는 놓치게 된 행복'을
바라보는 얼굴이다. 그 아스라한 눈빛….

여학생들의 무리가 다가오며 임성민을 본다.

임성민	(큰소리는 못 내고) 놔. 셋 셀 동안 안 놓으면, 하나, 둘….
송지원	(놓는다. 자기쳤면 건다) …별일 아니야. 별일 아니지 그럼. 별일이면 큰일이게….
(윤진명)	별일은 아니에요.

67. 커피숍(낮)

커플들이 많은 곳이다. 박재완과 윤진명이 마주 앉았다. 보통의 커플 같다.

윤진명   (아이스 커피를 달그락거리며) 그냥 별일 없이 만나서 커피 마시고, 얘기하고… 시간 보내고… 그러는 거 한번 해보고 싶었어요. 남들처럼… (박재완을 향해 웃는다) 괜찮죠?

박재완   (조금 이상하다고 느낀다) ….

윤진명   (메뉴판을 본다) 난 아이스크림 먹을래요.

박재완   (윤진명이 건네는 메뉴판을 받는다) ….

68. 데이트 몽타주(낮)

- 분수 근처, 윤진명이 맨발로 물 위를 걷는다.
- 가판대, 윤진명이 머리핀을 구경한다.
- 영화관 매표소. 윤진명이 에어컨 앞에서 땀을 식힌다. 박재완이 표를 끊어온다.
- 영화관, 윤진명과 박재완이 영화를 본다.
- 그늘이 진 산책로. 저녁이다. 걷는다. 윤진명이 박재완의 팔짱을 낀다. 박재완이 팔짱을 풀고 그 손을 잡는다. 두 사람은 평범한 커플이다.

69. 복도(저녁)

유은재가 들어온다. 전화가 온다.

유은재	(받는다) 엄마! 왜 또?
(유은재 엄마)	또는? 넌 무슨 인사가 그러니?
유은재	별일 없지?
(유은재 엄마)	별일은 없고… 인사도 제대로 못 하고 온 게 마음에 걸려서…. 언니들한테 미안하다고 전하고.
유은재	(방으로 향한다) 알았어.
(유은재 엄마)	특히 그 무서운 언니, 윤수명한테도 폐 끼쳤다고….
유은재	윤수명?

70. 유은재, 윤진명의 방(저녁)

유은재가 문손잡이를 잡은 채 방을 둘러본다. 방 한구석, 박스가 두세 개 놓여 있다. 윤진명의 책상이 텅 비어 있다.

유은재	(전화기에 대고) 어, 알았어. 응…. (끊는다) (장롱을 열어본다. 텅 비어 있다)

그때 문이 벌컥 열린다.

유은재	윤 선배?!!
송지원	(거의 동시에) 윤 선배!!

두 사람의 시선이 마주친다.

71. 공원(저녁)

윤진명이 벤치에 앉아 있다. 가방에서 핸드폰이 진동한다. '송지원'
이다. 윤진명이 핸드폰을 끈다. 박재완이 다가온다. 대일밴드를 들
고 있다. 윤진명은 강이나가 준 구두를 신었다. 처음 신은 구두라
윤진명 발뒤꿈치가 까졌다.

박재완	(윤진명의 뒤꿈치에 대일밴드를 붙여준다) 너무 오래 걸었나 봐요.
윤진명	한번 해보고 싶었어요. 목적 없이 여기저기 걷는 거….
박재완	다음엔 운동화 신고 걸어요.
윤진명	(중얼거린다) 다음…?
박재완	(못 들었다) ….
윤진명	날이 저물어요.
박재완	(해를 본다) ….
윤진명	해보고 싶은 게 많았는데….
박재완	다음에 해요. 천천히….
윤진명	다음에요? (박재완을 물끄러미 본다)
박재완	(무슨 일인가 마주 본다) ….
윤진명	(박재완에게 입을 맞춘다) ….
박재완	(조금 놀란다) ….
윤진명	(쑥스럽다. 하지만 웃는다) 이건 다음에 못 할 거 같아서요. (구두를 신는다)

72. 벨 에포크 1층 앞(저녁)

송지원과 유은재가 주인집 할머니와 이야기 중이다.

수인집 할머니 갑자기 그렇게 됐다고… 보증금은 나중에 엄마가 찾으러 온다던
데?

| 송지원 | 무슨 일이라고는 안 해요? |
| 주인집 할머니 | (고개를 끄덕인다) …. |

73. 거실(저녁)

강이나는 신발장을 쳐다보며 '윤진명'에게 계속 전화 중이다. 송지원과 유은재가 들어온다.

강이나	뭐래?
송지원	방 뺐대.
강이나	내가 준 신발… 없어졌어.

더욱 불안해진다. 그때 초인종이 울린다.

74. 계단, 현관 앞(저녁)

문이 벌컥 열리자 160과 180이 흐뜩 놀란다.

| 송지원 | 윤 선배!! |
| 유은재 | 누구세요? |

•점프 ≫
차용증서를 보는 송지원.

| 160 | 그 똑똑한 학생이 그걸 빼먹었더라구. 나나 되니까 이런 거 전해주러 왔지. 딴 사람 같았으면 짤 없어. |

송지원	(차용증서를 접어 봉투에 넣는다) ….
160	아무튼 난 전했으니까….
송지원	(160을 잡는다) 거기가 어딘지 알아요?
160	(움찔) 어디…
송지원	윤 선배… 그러니까 윤진명 동생이 있다는 병원….

75. 엔딩 몽타주

— 버스 정거장
윤진명이 버스에 탄다. 박재완이 한 번 손을 흔든다. 윤진명이 박
재완을 향해 마지막으로 환하게 웃는다. 울 것 같은 순간 버스가
출발한다.

(송지원) 아니야. 내 잘못이 아니야.

— 벨 에포크 앞
송지원과 유은재, 강이나가 택시를 잡는다.

— 요양원 앞 버스 정거장
버스가 멈춘다. 윤진명이 내린다.

(송지원) 그게 어떻게 내 잘못이야. 인간은 그렇게 단순하지 않아. 한 가지
이유로 뭔가를 결정할 리 없어. 안 그래?

— 택시 안
송지원이 초조해서 손톱을 물어뜯는다.

— 요양원 앞
윤진명이 걸어온다.

(송지원) 마지막 지푸라기가 낙타의 등을 부러트렸다고 해도 그건 지푸라기
한 개의 무게야. 그 무게만큼만 잘못이 있는 거야.

— 요양원 1층 엘리베이터 앞
윤진명이 엘리베이터 버튼을 누른다.

(송지원) 지푸라기 하나만큼의 무게. 지푸라기 하나만큼의 책임. 제발. 제발.
제발.

엘리베이터 문이 열린다. 윤진명이 탄다.

— 병실 앞
윤진명이 병실 앞에 선다. 마지막으로 마음을 다잡는다. 문손잡이
를 잡는다.

76. 요양원 앞(밤)

택시가 와 멈춘다. 송지원이 제일 먼저 내린다.

77. 요양원 로비(밤)

세 명의 하메가 뛰어 들어온다. 어디로 가야 할지 몰라 허둥댄다.
사람들이 한곳으로 몰려간다. 경비들이 그들을 지나쳐 간다. 아!!

송지원이 휘청한다. 어쨌거나 하메들이 경비들을 쫓아간다.

78. 병실(밤)

플랫 바이탈!! 생명이 끝났다.

79. 복도(밤)

사람들이 웅성거린다. 하메들이 도착한다. 사람들을 뚫고, 경비 두 명이 한 사람을 붙잡고 나온다. 경비들에게 잡힌 사람은 윤진명 엄마다. 윤진명 엄마가 하메들 앞을 지나간다. 뭐지? 하메들은 이 상황을 이해할 수 없다. 사람들이 흩어진다. 병실 앞에 윤진명이 서 있다.

유은재   선배!!
윤진명   (그제야 하메들을 본다) 니들이 왜?

강이나가 윤진명을 끌어안는다. 다리에 힘이 풀린 송지원이 주저 앉는다.

80. 요양원 앞(밤)

경찰차가 도착한다. 경비들이 윤진명 엄마를 경찰에게 인계한다. 경찰차에 타려던 윤진명 엄마가 돌아본다. 윤진명 옆에는 하메들이 서 있다. 윤진명 엄마가 고개를 살짝 숙여 보이고는 차에 탄다.

81. 버스 안(밤)

윤진명이 창밖을 본다. 어둠이 지나간다. 앞자리 송지원과 강이나가 같은 어둠을 본다. 유은재가 윤진명의 손을 잡아준다.

(정예은) 주님, 시련을 통해 저를 강하게 만드시려는 거 알아요. 제가 감당할 만한 시련만 주신다는 것도 알아요. 주님, 고맙습니다. 주님, 어제보다 오늘, 오늘보다 내일 더 좋은 사람이 되도록 노력할게요. 오늘 하루도 도와주세요. 오늘 하루도 우리 가족들을 지켜주세요. 우리 하메들, 송지원, 강이나, 유은재, 특별히 윤 선배를 위해 기도합니다. 윤 선배는 지금 도움이 필요해요.

82. 에필로그(예배당, 새벽)

(정예은) (기도한다) 제가 어떻게 하면 윤 선배한테 도움이 될지 알려주세요. 제가 할 수 없다면 주님이 도와주세요. 아멘. (일어나려다가 다시 눈 감고) 그리고 그 사람도 행복하게 해주세요. 지금 당장은 말구 조금 있다가… 제가 행복해진 다음에 그 사람도 행복하게 해주세요, 아멘.

기도를 끝낸 정예은은 뿌듯하다. 행복한 얼굴로 예배당을 빠져나간다.

※ 에필로그
   INTERVIEW 주변 남자들

송지원이 고개를 푹 숙이고 들어와 스툴 의자에 앉는다. 슬쩍 눈치를 본다.

왜 그런 거짓말을 했나?

— (우물쭈물) 그냥 어쩌다 보니까….

다른 건 그럴 수 있다 치자. (하단의 작은 화면. 나는 귀신을 봐. 화가 났네 등등) 하지만 이건(작은 화면. 살해당한 영혼이야) 좀 심하지 않았나?

— (반성모드) …그러게요.

모든 거짓말에는 이유가 있지 않나?

— 그렇죠.

윤진명의 이상을 눈치채는 것도 그렇고 촉이 좋던데, 혹시 하메들이 비밀을 갖고 있다는 걸 눈치채고 그런 거 아닌가?

— (고개를 흔든다) 아뇨.

그럼 순전히 재미로 그랬나?

— 재미라기보다는… 나도 모르겠어요. 그냥 그 순간에 그 말이 떠올랐고. 그 말을 하지 않으면 안 될 것 같은 압박이…. (슬쩍 카메라의 눈치를 본다)

혹시 본인한테 무슨 비밀이 있는 거 아닌가?

— 저한테요? 아뇨. 그런 거 없는데….

(순간 띠 하는 이명이 들린다. 송지원이 귀를 후비적거리는데… 카메라 밖에서 들리는 소리. '이게 무슨 소리야? 오디오?' '잔깐만요. 확인 준

입니다' 그사이 송지원은 한쪽을 본다. 고개를 갸웃한다. 입모양만으로
'효진이?'라고 중얼거린다)

방금 뭐라고 했나?

— (깨어난다) 예? 제가요? 아무 말도 안 했는데요.

11회

알고 보면 모두가 특별한 사연들

1. 프롤로그

암흑!!

(정예은)   여기가 어디지?

정예은은 보자기 같은 걸 뒤집어쓰고 손발이 접착테이프로 묶여 있다. 소리를 내보려고 하지만 역시 접착테이프로 입이 막혔다.

(정예은)   어떻게 된 거지?

•인서트 》
새벽. 정예은이 교회에서 나온다. 벨 에포크로 향하는 골목으로 접어든다. 모퉁이를 도는 순간, 뒤에서 다가온 누군가가 정예은의 입을 틀어막는다. 정예은이 버둥거리는데 주먹이 배를 강타한다. 너무 아파서 침이 질질 흐를 정도다. 누군가가 정예은을 끌고 간다. 귀걸이 한 짝이 떨어진다. 정예은을 차에 구겨 넣고 가방을 던진다. 가방에서 성경책이 삐어져 나온다.

(정예은)　（상황을 인식하니 무섭다） 하나님. 하나님. 어떡해요. 나 어떡해요.

정예은이 버둥거리다가 뭔가를 걷어찬다. 뭔가 부딪치는 소리!! 정예은이 놀라 얼음이 된다. 발자국 소리가 다가온다.

(정예은)　（조금이라도 발자국 소리에서 벗어나려 몸피를 줄인다. 긴장으로 죽을 것 같다） 어떡해. 어떡해. 어떡해!!!

누군가가 정예은을 일으켜 앉힌다. 보자기를 벗긴다. 정예은의 눈이 커진다. 누군가가 입을 틀어막은 접착테이프를 뗀다.

정예은　（세상에） 오빠아??!!!!

고두영이 정예은 앞에 쭈그려 앉는다.

타이틀 제11회 — 알고 보면 모두가 특별한 사연들 （부제: 귀걸이）

2. 타이틀 이미지 몽타주

얼굴, 얼굴, 얼굴들… 평범한 얼굴이다. 울기도 하고, 웃기도 하고, 무표정하기도 한….

3. 정예은, 송지원의 방(아침)

히익!! 이상한 신음 소리를 내며 송지원이 눈을 뜬다. 꿈속의 감정이 생생한 듯 히죽 웃는다. 도대체 뭔 꿈을 꾼 건지….

송지원   (입맛을 다시며 2층 침대에서 내려온다) 아… 좋았는데… 너무 빨리 깼어. (문득 정예은의 침대를 본다. 비었다. 아니 잠자리에 든 흔적이 없다. 비명을 지른다) 으아아아악!!!!!

4. 거실(아침)

화장실에서 나오던 윤진명이 비명을 지르며 뛰쳐나오는 송지원을 본다. 송지원은 잠옷 바지만 갈아입었다. 윗도리는 그대로다. 머리에 까치집을 매단 채로 가방을 들고 뛰쳐나간다. 나갈 때까지 '으아아아아아! 나 죽었다'를 연발한다.

5. 골목(아침)

송지원   (바람을 가르며 뛰어간다) 냉정한 정 여사… 좀 깨워주지…. 저만 나가고.

너무 급해서 짝짝이 신발을 신었다. 송지원이 지나간 자리, 정예은이 떨어트리고 간 귀걸이 한 짝이 반짝인다.

•점프 ≫
운동화가 걸어온다. 강이나다. 청바지에 면 티. 귀걸이 옆에서 멈춘다. 상가 유리창에 비친 자신의 모습을 본다. 머리가 조금 아닌 것 같다. 묶는다. 일하러 가는 사람 같다. 경쾌하게 걸어간다.

•점프 ≫
윤진명의 운동화가 다가온다. 귀걸이 옆에서 또 멈춘다. 핸드폰 진동 소리가 들린다. 목사님이 보낸 문자다. '변호사 연락처 보낸다. 안락사 문제에 관심이 많은 분이니까 도움이 될 거다. 용기 잃지 말고, 우리 모두 기도하고 있단다' '고맙습니다' 답장 보내고 다시 걷는다.

• 점프 》

아침보다는 빛을 잃은 귀걸이 한 짝. 유은재가 걸어오며 엄마와 통화 중이다.

유은재   엄마? …지금? 학교 가는 중이지. 왜? (듣다가 걸음 멈춘다. 심각해 진다) 어…. (전화를 끊고도 한참을 움직이지 못한다. 그녀의 시야에 정예은의 귀걸이가 보이지만 자기 고민에 빠진 유은재는 알아 채지 못한다. 한숨을 쉬더니 다시 갈 길을 간다)

그 위로 숱한 발들이 지나간다. 밟기도 하고, 먼지를 날리기도 하 면서….

6. 고두영 오피스텔(낮)

정예은의 한쪽 귀에 남아 있는 귀걸이가 반짝인다. 침대에 쓰러진 채로 정예은이 손발을 비비적대지만 접착테이프는 꼼짝도 하지 않 는다. 침대 머리 장식에 비벼본다. 소용없다. 뭔가 도움이 될 만한 걸 찾아 방 안을 둘러본다. 아무도 없다. 고두영은 어디 갔지 싶은 순간, 문이 열린다. 고두영이 김밥을 들고 온다. 정예은은 긴장해서 고두영에게 시선을 고정한다.

고두영   (마치 아무 일도 없었다는 듯 다정하다) 배고프지? 잠깐만. (정예

은을 번쩍 안아 식탁 의자에 앉힌다. 접착테이프를 떼준다)

정예은   (아파한다) ….

고두영   (정예은의 입 주변을 문질문질 해준다) 미안….

고두영이 김밥을 감은 포일을 풀고, 냉장고에서 물을 꺼내 온다. 정예은은 고두영의 행동을 그저 바라본다. 어이없다.

고두영   (물컵을 입에 대준다) 목마르지?

정예은   (아닌 게 아니라 목마르다. 일단 마신다) ….

고두영   (정예은 입꼬리의 물을 닦아주고, 김밥을 입에 넣어주려 한다)

정예은   (고개를 홱 돌려 피하며 단호히) 뭐 하는 거야?

고두영   배 안 고파? '아' 해.

정예은   누가 김밥 먹고 싶대? 이 상황에서 김밥이 넘어가?

고두영   싫어? 그럼 먹지 마. (혼자 먹는다) ….

정예은   (혼자 김밥을 먹는 고두영을 본다. 이 상황을 어떻게 이해해야 할지 모르겠다) ….

고두영   (그러든 말든 맛있게 김밥을 먹는다. 가끔 정예은과 눈을 마주치기도 한다) ….

정예은   내가 헤어지자고 해서 그래? 솔직히 오빠 나랑 헤어지고 싶어 했잖아. 나랑 사귀면서도 한눈팔았잖아. 강이나한테 집적거린 거… (말하다 보니 자존심 상한다) 나 그거 알고 있었어. 내가 알고 있다는 거 오빠도 알고 있었지?

고두영   (정예은을 빤히 보며 김밥을 먹는다. 이 상황에서 할 말은 아니지만 김밥 씹는 소리가 경쾌하다) ….

정예은   잘 생각해봐. 오빠 솔직히 나 안 좋아했어. 이럴 만큼 나 안 좋아하잖아. 그러니까 이러지 마. 응?

고두영   (단무지를 씹는다. 단무지 씹는 소리는 더 경쾌하다) ….

정예은   (대꾸 없는 고두영에게 화가 난다) 그럼 따져봐. 오빠는 이제까지

나한테 몇 번 헤어지자고 했어? 세 번? 네 번? 잠수 탄 거까지 하면 수십 번이야. 오빠는 헤어지자고 해도 되고. 난 안 돼? 왜 안 돼?

고두영   (물을 마신다)

정예은   (냉정하게) 오빠, 이러지 마. 그래도 우리 한때는 좋아했잖아. 서로 사랑했잖아. 이런 식으로 끝내진 말자. 오빠, 이거 풀어줘.

고두영   (혀로 이빨 사이에 낀 것을 빼낸다) ….

정예은   (짜증 난다) 이거 풀어줘!! 풀으라구!! 이래서 뭘 어떡할 건데? 뭐가 어떻게 되는데? 이게 뭐 하는 짓이야? 진짜. 내 얘기 듣고 있어? (소리 지른다) 뭐냐고 이게!!!!!!!!

고두영   (접착테이프를 붙인다. 정예은을 조용히 들여다 보며) 왜 비웃었어?

정예은   …?

고두영   (먹은 자리를 치우며) 저번 날에 너네 학교 앞에서… 내 옆을 지나가면서 너 나 비웃었지?

정예은   (말은 못 하게 됐고 고개를 흔든다) ….

고두영   (조근조근 말한다) 그래. 사귀다가 헤어질 수도 있어. 결혼했다가 이혼도 하는데 뭐…. 헤어질 때 헤어지더라도 기본적인 예의라는 게 있는 거야. 안 그래? 그래. 우리 한때는 좋아했던 사람인데 사람을 그런 눈으로 보면 안 되지. 하긴, 너 나랑 사귈 때도 속으로 나 비웃었잖아. 너보다 후진 대학 다닌다고. (정예은을 향해 서서히 얼굴을 들이댄다) 내가 아무리 뭣 같아도 그럼 안 되지. 네가 뭔데 날 비웃어? (귀에 대고 갑자기 버럭) 어?!!!!

정예은   (튀어오를 듯 놀란다) !!!

7. 총장실 앞 복도(낮)

복도를 메운 열댓 명의 학생회 간부들, 벽보나 머리띠의 글귀로 봐서 장학금 비리에 관한 농성이다. 80년대 데모처럼 비장하진 않다. 사진을 찍어 sns에 올리기도 하고, 재미있는 문장, 만화를 그린 피켓을 들고 있다. 임성민은 주로 사진을 찍고, 송지원은 벽에 기대앉아 노트북을 두드린다. 뒷머리 까치집은 여전하다.

8. 구치소 앞(낮)

지하철 입구에서 나오는 윤진명, 바로 앞이 서울 구치소다. 정문에 서 있는 경찰을 보니 자기가 가야 할 곳이 어딘지 실감이 난다. 긴장이 된다. 심호흡한다.

9. 구치소 신청소(낮)

꽤 사람이 많다. 면회 신청서를 작성하는 사람, 다 작성하고 순서를 기다리는 사람, 막 순서가 돼서 면회실로 들어가는 사람. 윤진명은 면회신청서를 작성하고, '서신용' 종이를 바라본다. '엄마'라고 쓰지만 더 이상 할 말이 없다. 옆에 사람은 빽빽하게 쓴다. 딸이 아빠에게 쓰나 보다. 하루하루의 일상에 대해…. '동생들 데리고 산책하다가 3천 원을 주웠다는 이야기. 그걸로 돌아오다가 어묵을 사 먹었다는 이야기…'를 쓰면서 뒷장까지 이어진다. 윤진명은 할 말이 없다. '엄마'라고 겨우 한 줄 쓴 종이를 구겨버린다.

10. 구치소 면회실(낮)

윤진명이 엄마를 기다린다. 면회 시간 10분이라는 공고가 벽에 붙어 있다. 윤진명이 시계를 본다. 11시 정각이다. 엄마가 들어온다. 둘 다 서먹하다. 잠깐의 침묵….

엄마   (시선 외면하며) 뭐 하러 왔어?

윤진명   먹을 거 몇 개하고, 그 안에서도 돈이 필요하다고들 해서 3만 원 넣었어요.

엄마   그런 거 하지 마. 안 해도 돼.

또다시 잠깐의 침묵….

윤진명   목사님이 무료 변론해줄 변호사 찾았대요.

엄마   그런 거 하지 마. 필요 없어.

또 다시 침묵…. 두 사람 다 침묵이 무겁다.

엄마   그만 일어나자.

교도관이 시계를 본다. 아직 많이 남았는데 싶다. 엄마가 먼저 일어나 문 앞에 선다. 교도관이 문을 열어준다. 윤진명이 사라지는 엄마를 바라본다.

11. 예산 버스터미널(낮)

시외버스에서 유은재가 내린다. 엄마가 기다리고 있다가 손을 든다.

12. 차 안(낮)

새아빠가 운전 중이다. 뒷자리에 유은재와 엄마가 앉아 있다.

유은재 엄마 이 기회에 내가 눈처럼 결백하다는 걸 증명할 거야. 사람을 의심을
해도 정도가 있지. 내가 뭐, 찔리는 게 있어서 싫다고 그런 줄 알
어? 죽은 사람 몸에 칼 대는 게 싫어서 반대한 거지. 아우, 심장 떨
려. (부스럭부스럭 우황청심환을 꺼낸다) 너도 하나 줄까?

유은재 (창밖을 본다) 됐어. (창밖으로 숲이 지나간다)

13. 무덤 앞(낮)

포클레인이 무덤을 찍는다. 그 순간, 유은재 엄마가 유은재 뒤로
숨듯 눈을 질끈 감는다. 유은재는 물끄러미 파헤쳐지는 무덤을 바
라본다. 한쪽에 고모와 고모부인 듯 보이는 60대 남녀가 서 있다.
언젠가 만난 보험조사관도 보인다.

14. 지방도로(낮)

갓길에 주차되었던 병원 차가 출발한다. 그 뒤에 유은재, 유은재 엄
마, 보험조사관, 고모, 고모부가 서 있다. 유은재와 눈이 마주치자
보험조사관이 고개를 꾸벅한다. 고모가 다가오자 유은재 엄마는
핸드폰을 보는 척 딴청 피운다. 고모도 유은재 엄마는 없는 사람
취급한다. 유은재가 꾸벅 인사한다.

고모 (필 올 쓰다늠으며, 안쓰럽다) …학교는 어떡하구?

유은재	….
고모	그래. 지금 학교가 문제니…. (유은재 엄마 쪽을 슬쩍 보며) 아빠가 억울한 일을 당했을지도 모르는데….
유은재 엄마	(입을 삐죽거린다) ….
고모	2주 뒤면 검사 결과 나온다니까….
유은재	(자기도 모르게 반응한다) 2주요?
고모	그것도 조르고 조른 거야. 처음엔 한 달 얘기하더라. 아무리 얘기 해도 더 빨리는 안 된대.
유은재	예….
고모	그때까지 조심하고 또 조심하고 응?
유은재	예….
고모	(유은재 엄마 쪽을 스윽 보고 돌아선다) ….
유은재 엄마	(멀어지는 고모 바라보며) 뭘 조심하래는 거야? 나? 웃겨…. 아무튼 결과만 나와봐. 가만있나. 무고죄로 고소할 거야, 내가….
유은재	(유은재가 가방에서 모자를 꺼내 쓴다. 모자챙이 만든 그림자가 눈을 덮는다. 걷기 시작한다)
유은재 엄마	(따라간다) 같이 가….

15. 편집숍(낮)

물건을 고르는 여자 손님, 강이나가 그 뒤를 졸졸 따라다닌다. 블 라우스를 색깔별로 대보는 손님.

손님	(거울 속 강이나를 보며) 어떤 게 나아요?
강이나	(심사숙고 쳐다보다가) …손님은 얼굴이 화사해서 어떤 색이든 다 어울리세요.
손님	(기분 좋다) 둘 다 주세요.

강이나	네. (물건을 받아들고 돌아서는데 입이 찢어진다) ….

16. 고두영 오피스텔(낮)

게임 소리 요란하다. 고두영은 게임에 몰두해 있다. 정예은은 손발이 묶인 채 침대에 누워 버둥댄다. 뭔가 괴롭다. 점점 참을 수가 없어진다. 정예은이 끙끙댄다. 땀이 삐질삐질 흐른다. 그래도 고두영은 게임하느라 돌아보지 않는다. 정예은이 발로 벽을 쿵쿵 찬다. 한참을 그러자 고두영이 게임을 멈추고 돌아본다.

고두영	왜?
정예은	(끙끙댄다. 정말 괴로워 보인다) ….
고두영	(테이프를 뜯어준다. 짜증 낸다) 한타 중인데….
정예은	(이 와중에도 쪽팔린다) 나 화장실….
고두영	에이… (못마땅하지만 할 수 없다. 정예은을 번쩍 안아 화장실로 데려간다) ….

잠시 후, 물 내리는 소리. 고두영이 다시 정예은을 데려온다. 입에다 접착테이프를 붙이려는데…

정예은	(못 붙이도록 고개를 돌리며) 오빠… 제발…. 나 답답해 죽을 거 같애. 조용히 있을게. 응? 아무 소리도 안 낼게.
고두영	(갈등한다) ….
정예은	나 비염 있는 거 알잖아. 코로 숨쉬기 힘들단 말야. 코 막혀서 숨 못 쉬면 어떡해?
고두영	(할 수 없다) 조용히 있어야 돼?
정예은	(고개를 끄덕인다) ….

고두영	(다시 게임으로 돌아가는데) ….
정예은	(달랜다) 오빠… 언제까지 이럴 거야? 이거 언제까지 갈 거 같애?
고두영	(게임에 집중할 뿐) ….
정예은	나 없어진 거, 사람들이 금방 알아챌 텐데….

카톡 소리가 들린다. 고두영 책상에 두 개의 핸드폰이 있다. 분홍색 커버를 씌운 핸드폰… 정예은의 핸드폰이다.

고두영	(정예은을 본다) ….
정예은	거 봐. 사람들이 나 찾지?

고두영이 피식 웃더니, 익숙하게 패턴을 그리고 카톡을 연다. 한유경이다. '수업까지 빼먹으시구…' (적당한 이모티콘) 연이어 '무슨일 있어?' 고두영이 답장 보낸다. '집에 일이 있어서… 나 당분간학교 못 가' '무슨 일인데?' 연이은 카톡 '나쁜 일이야?' (적당한 이모티콘) '아니… 나중에 얘기해줄게' '알았어' 문자 내용을 정예은에게 보여준다. 고두영이 다시 게임에 들어간다.

17. 시외버스 안(밤)

모자를 눌러 쓴 유은재는 잠든 것 같다. 그러나 작은 한숨과 함께눈을 뜬다. 유리창에 머리를 대고 어둠을 바라본다. 중요한 건 아니지만 귀밑에 멀미약을 붙였다.

18. 총장실 앞 복도(밤)

연좌 농성 중인 학생들. 한쪽, 임성민과 송지원이 인터뷰 중이다.

학생회장   그동안 학교 측은 우리 학교가 다른 학교에 비해 장학금이 많다
는 이유를 대면서 학생회 측의 등록금 인하를 받아들이지 않았습
니다. 작년과 올해 우리 학교의 등록금 인상률은 타 학교에 비해서
도 지나치게 높은….
(누군가)   총장이다!!!
학생회장   (뛰쳐나가며) 막아!!

학생들이 우르르 밀려드는 바람에 송지원이 그들에게 딸려 간다.
임성민은 잽싸게 벽에 붙어 피한다. 사람들 사이에 갇힌 송지원이
여기저기 부딪친다.

19. 유은재, 윤진명의 방(밤)

윤진명이 이메일을 쓴다. '변호사님께' 그동안의 일을 시간 순으로
쓴다. (감정은 배제된 이메일이다)

20. 디자인 학원(밤)

파이팅에 찬 강이나가 들어온다. 강의실. 눈을 반짝이면서 책을 후
라락 넘겨본다.

• 점프 ≫
강이나가 하품을 한다. 무슨 말인지 하나도 모르겠다.

(강이나)   디자인이면 디자인만 가르치지 뭔 수학을 가르치고 그래.

21. 거실(밤)

윤진명이 물을 마신다.

강이나   (씻고 나와 수건으로 물기 닦으며) 어깨 둘레면 그냥 어깨 둘레 재
          면 되잖아. 뭘 더하고 빼고…. 짜증 나. (문득) 다들 어디 갔어?
윤진명   응, 유은재는 집에 일이 있어서 늦게 온대고, 송지원은 학보사에서
          밤샌대.
강이나   바쁘시구만. (지나가는 투로) 엄마 일은?
윤진명   응… 뭐….

강이나가 냉장고 문을 여는데, 문 쪽 수납 공간에 있던 정예은의
선식이 툭 떨어진다. '수율'이라는 메모가 붙어 있다.

강이나   (스윽 보고는 다시 넣어놓는다) 맥주 사올걸. (냉장고 문 닫는다,
          쿵!)

22. 고두영 오피스텔(밤)

고두영이 캔 맥주를 꺼내고 냉장고 문을 닫는다. 빈 맥주 캔이 여
러 개. 이미 많이 마신 상태. 정예은은 침대에 기대 고두영을 바
라본다.

고두영   (취한 눈으로 정예은을 본다) 내가 나쁜 놈이지?

정예은	….
고두영	(한숨처럼) 미안하다…. 미안하다. 예은아.
정예은	오빠, 나 손이 저려.
고두영	(정예은에게 다가와 손을 주물러준다) 너한테 이러면 안 되는데…. 내가 이러면 안 되는데…. (정예은의 어깨에 기대 운다)
정예은	(왠지 마음이 아프다) 오빠아….
고두영	(울면서) 내가 나쁜 놈인 거 알어. 잘해준 거 하나도 없는 거 알어. 너한테 못되게 군 것도 알어. 불안해서 그랬어. 불안해서…. 내가 잘해주면 네가 떠날 것 같아서…. 내가 널 좋아하는 거 알게 되면 날 싫어하게 될 것 같아서 일부러 그런 거야. 일부러…. 이게 다 엄마 때문이야. 엄마가 날 두고 죽어버려서….
정예은	오빠… 오빠 잘못이 아니야. 오빠 그냥 상처받은 거야. 오빠 그냥 아픈 거야.
고두영	(정예은의 얼굴을 바라본다. 눈물범벅이다) 예은아… 너무 늦었어. 난 이제 너 없인 안 돼. 너밖에 없어. 이 세상에 너 하나야. 하나뿐이야. 예은아. 예은아. 날 버리지 마. 나 버리면 난 죽어. 응? (정예은의 얼굴을 소중하게 감싼다) ….
정예은	(울면서 고개를 끄덕인다) 응… 안 떠날게. 오빠 옆에 있을게…. 오빠 옆에 있을게.
고두영	(정예은의 얼굴을 두 손으로 잡고 여기저기 입을 맞춘다. 눈물콧물범벅이다)

고두영이 정예은을 끌어안다가 어딘가를 꺾었나 보다. 정예은이 아파한다.

| 고두영 | 미안…. (정예은의 팔을 풀어준다) |

팔이 풀린 정예은이 고두영의 머리를 끌어안고 쓰다듬어준다.

정예은　(울면서) 괜찮아. 괜찮아. 다 괜찮아질 거야.

고두영　(정예은에게 안겨 운다) ….

23. 학보사(새벽)

휴지로 코를 틀어막은 송지원이 기사를 작성하는 중이다. 목에 긁힌 자국도 있다. 송지원의 뒤통수는 여전히 까치집이다. 1학년이 커피를 따라준다. 다들 바쁘다.

24. 강이나의 방(새벽)

강이나는 다리가 아프다. 베개 위에 다리를 올려놓고 잠들었다. 종아리에 파스가 붙어 있다.

25. 유은재, 윤진명의 방(새벽)

윤진명이 잠 못 들고 뒤척인다.

26. 거실(새벽)

유은재가 신발장 옆 모퉁이를 바라본다.

27. 고두영 오피스텔(새벽)

고두영이 정예은을 끌어안고 잠들었다. 정예은도 잠든 것 같다. 정예은이 살며시 눈을 뜬다. 조심스럽게 몸을 움직여 고두영의 품에서 빠져나온다. 바닥에 굴러다니는 빈 캔을 피해 발을 딛는다. 발목은 아직 접착테이프로 묶여 있다. 떼려고 하는데 소리가 요란하다. 책상에서 커터 칼을 찾아낸다. 커터 칼을 올리는 소리가 실제보다 훨씬 크게 들린다. 심장이 터질 것 같다. 커터 칼로 테이프를 자른다. 정예은이 샌들을 들고 문을 여는데, 디지털도어락에서 띠링 소리가 난다. 정예은이 돌아보는 순간, 고두영이 눈을 뜬다. 정예은이 뛰쳐나간다.

28. 복도(새벽)

고두영이 쫓아온다. 정예은이 도망친다. 정예은의 머리카락이 잡힌다. 정예은이 소리를 지른다. 고두영이 입을 틀어막는다. 정예은이 손가락을 깨문다. 정예은이 다시 소리를 지른다.

29. 앞집 오피스텔(새벽)

20대 근육이 우람한 남자가 드라이어로 머리를 말린다. 드라이어 소리 너머 비명 소리가 들리지만 남자는 듣지 못한다. 드라이어를 끄는 순간, 비명도 끝났다. 남자가 머리를 스타일링한다.

30. 고두영 오피스텔(새벽)

고무녕이 정예은을 집어 던진다. 정예은이 벽에 부딪혀 튕겨 나온다. 고두영이 정예은의 머리카락을 휘어잡는다. 정예은이 소리지르려 하자, 입을 틀어막고.

고두영　　나쁜 년. 내가 그렇게까지 얘기했는데 어떻게 나한테 이래?

정예은　　(두 손을 싹싹 빈다) …오빠, 오빠, 오빠 제발….

고두영　　(정예은을 때린다) 날 왜 몰라줘? 왜? 왜? 왜?

31. 벨 에포크 앞(아침)

아침 해가 떠오른다. 새빨간 립스틱의 주인집 할머니가 마당에 물을 뿌린다. 물줄기 너머 무지개가 뜬다.

32. 정예은, 송지원의 방(아침)

1층, 2층 침대 모두 비어 있다. 밖에서 뭔가 떨어지는 소리 난다.

33. 거실(아침)

냉장고에서 떨어진 다이어트 선식을 집어 드는 윤진명 '수율'이라는 메모를 본다. 강이나가 방에서 나온다.

윤진명　　이거 정예은 거지?

강이나　　다이어트면 예은이 거겠지.

윤진명　　오늘 목요일이잖아?

강이나　　어….

윤진명	근데 왜 수요일 게… (그 순간 문자가 온다. '요양원입니다. 윤수명 님 보호자분의 개인 물건을 보관하고 있습니다. 찾아가시기 바랍니다'라는 문자. 선식을 냉장고에 넣고 답장을 쓰기 위해 돌아선다)
강이나	(소파에 앉아 자기 종아리를 꾹꾹 누른다) 다리 아파서 한숨도 못 잤어….

34. 요양원 로비(낮)

간호사가 윤진명에게 박스 하나를 건네준다. 윤진명이 로비 한 켠 의자에 자리 잡는다. 박스 안에는 엄마가 신던 실내화, 수건, 쓰다 남은 스킨, 로션, 손때가 묻은 얇은 책. 제목은 『하늘과 바람과 별과 시』다. 의외라 후루룩 넘겨본다. 그것보다 더 의외인 건 립스틱이다. 포장도 뜯지 않은 립스틱.

35. 강의실(낮)

유은재가 노트에 뭔가를 쓴다. '2주. 2주. 2주… 2주 시한부!!'라고 쓴다. 똑똑! 누군가 책상을 두드린다. 고개를 들기 전 낙서부터 가린다. 김한소영이다.

김한소영	종열 선배 무슨 일 있어?
유은재	응?
김한소영	어제 오늘 학교도 안 나오고 전화도 안 받고… 싸웠어?
유은재	(뭐라고 해야 할지 모르겠다) 아….
김한소영	너네 사귄다며? 나만 몰랐더라.

유은재	어….
(소리)	야! 김한소영!!
김한소영	어, 가…. (유은재에게) 종열 선배랑 연락되면 내가 찾는다고 말해 줘. (간다)

유은재가 핸드폰을 열어본다. 윤종열로부터의 마지막 문자는 '난 널 잘 모르겠다' 3일 전에 온 문자다.

36. 학보사(낮)

세수를 하고 들어오는 임성민. 송지원이 펼쳐놓은 박스 위에서 자고 있다. 임성민이 쭈그리고 앉아 송지원을 내려다본다. 뺨에 멍이 들었다. 어제 맞은 자국이다. 머리는 떡졌다. 임성민은 자기도 모르게 한숨이 나는데, 그 바람에 송지원 머리카락이 날린다.

송지원	(눈을 번쩍 떴다가 재빨리 감는다) ….
임성민	뭐여?
송지원	(눈 감은 채로) 하려던 거 해.
임성민	하려던 거 뭐?
송지원	(한쪽 눈만 뜬다) 잠든 내 모습에 반해 키스하려던 거 아니야?
임성민	(수건으로 송지원 얼굴을 가리며) 거울이나 보고 얘기해라. 그런 말이 나오나.
송지원	(아그그 기지개 켜며 일어난다) ….
임성민	(뭔가 서류를 보고 있다) ….
송지원	(스윽 들여다보며) 뭐야?
임성민	짤린 기사.
송지원	(이빨을 혀로 쓸어보며) 백만 년 전 일처럼 아득하구나. 뭐였지?

임성민	데이트 폭력.
송지원	버려. 죽은 자식 불알 같은 거여.
임성민	(그런 단어 선택. 이젠 놀랍지도 않다. 기사를 이면지 박스에 던진다) 너 고백은 했냐?
송지원	고백? 아. 귀신 얘기…. (하품하며) 이제 해야지. 마감 끝나구. (화장실에 간다) ….

37. 고두영 오피스텔(낮)

정예은은 침대 위 벽에 기대앉았다. 엉망이다. 피딱지가 앉아 있고, 입술은 터졌다. 옷에도 핏자국이 묻어 있다. 손발은 다시 묶여 있고, 입에는 접착테이프가 붙어 있다. 고두영이 가방을 메고 밖으로 나간다. 학교 가는 모양이다.

38. 구치소 면회실(낮)

윤진명과 윤진명 엄마가 마주 앉았다.

윤진명	여기 오기 전에 변호사 만났는데, 장례식 때는 엄마도 참석할 수 있을 거래.
윤진명 엄마	그래.
윤진명	장례식 때 따로 연락할 사람 있어?
윤진명 엄마	(잠깐 생각해보지만) 아니….

할 말이 끊긴다. 둘 다 멀뚱멀뚱하다. 초침 소리가 커진다. 교도관이 보고서에 쓴다. '모녀 사이가 몹시 건조해 보임' '10분 면회 시

간을 채운 적이 없음' 윤진명 엄마가 일어난다. 교도관도 일어나려는데….

윤진명	요양원에서 전화 왔었어. 엄마 짐 찾아가라고.
윤진명 엄마	(다시 앉는다) 응….
윤진명	쓸모없는 건 버렸구. 책은 낙서가 있으면 반입이 안 된대서 새 책 구해서 넣을게.
윤진명 엄마	안 그래도 돼.
윤진명	립스틱도 있던데….
윤진명 엄마	(처음으로 윤진명과 눈이 마주친다)
윤진명	(시선 피한다) 그건 반입이 안 된다니까 나중에….
윤진명 엄마	네 거야.
윤진명	(엄마를 본다) ….
교도관	시간 됐습니다.
윤진명 엄마	(일어나며) 너 줄려고 사놓은 거야. 작년 네 생일 때….
윤진명	근데 왜……. (말을 맺지 못한다) ….
윤진명 엄마	미안하다…. (교도관을 따라 사라진다) ….

39. 거실(저녁)

윤진명이 들어온다. 방으로 들어간다.

40. 유은재, 윤진명의 방(저녁)

책상 위, 상자 안에서 립스틱을 꺼낸다. 포장을 열고, 색깔을 본다. 뚜껑을 다시 닫는다. 립스틱을 손안에 넣고 움켜쥔다. 윤진명이 갑자기 카메라를 외면한다. 윤진명 어깨가 흔들린다.

41. 편집숍 앞(밤)

차 트렁크에서 물건을 나르는 강이나. 덥다.

42. 편집숍(밤)

물건을 정리하던 강이나가 손님을 맞는다. 목과 이마에 땀이 났다.
킬힐을 신은 여대생이 들어온다. 단화를 신은 강이나는 킬힐을 신
은 여대생을 우러러보게 된다. 기분이 별로다.

여대생 (들어오는 남자에게) 주차했어?

들어온 남자는 황대중이다. 황대중과 강이나의 시선이 잠깐 엉킨
다. 그러나 곧 예의 바르게 모르는 척한다.

여대생 (높은 곳의 모자를 가리키며) 저것 좀 꺼내줄래요?

강이나가 양팔을 들어 올리는데, 좀 전의 노동으로 겨드랑이에 땀
이 찼다. 여대생이 큭 하고 웃는다. 쪽팔리지만 어쩔 수 없다. 모자
를 내린다.

(강이나) 지는 뭐 겨드랑이에 땀 안 나나?

43. 삼겹살 집(밤)

강이나가 소주를 들이킨다. 서동주가 잔을 채운다.

강이나   지도 박스 열다섯 개 날라봐. 땀 나지…. 남의 돈으로 사는 주제에
        지가 뭐가 잘났다고 날 비웃어.

서동주   (농담처럼) 야. 살살해. 나도 남의 돈으로 사는 주제야.

강이나   네 얘기가 아니라…. (그 얘긴 그만두고) 내가 진짜 열받는 건 걔
        가 웃어서가 아니라 그 순간 내가 쪽팔렸다는 거야. 매니큐어 떨
        어져 나간 것도 쪽팔리고, 머리 염색 안 해서 얼룩이 된 것도 쪽팔
        리고…. 쪽팔린 게 한두 개가 아니야. 나 내가 생각한 것보다 훨얼
        씬 속물이었나 봐. 명품백이랑 비싼 구두 없으니까 나 막… 비루해
        지는 거 있지. 동주야! 나 다시 돌아갈까?

서동주   진심이냐?

강이나   ….

서동주   (일어난다) 맘에 없는 소리 그만하고. 일어나! 내일 출근해야지.
        (계산서 들고 카운터로 향한다) ….

강이나   (울고 싶다) ….

44. 고두영 오피스텔(밤)

정예은이 끙끙 앓는다. 아프다. 고두영이 들어온다. 냄새를 맡아보
더니 인상 쓴다. 방향제를 칙칙 뿌린다. 장난치듯 정예은을 향해서
도 치익 뿌린다.

45. 학보사(밤)

편집장이 기사를 본다. 송지원, 임성민 등 기자들이 편집장을 바라본다. 편집장이 노트북에서 고개를 들며 씨익 웃는다. '아…' 안도하는 기자들. 가방을 챙긴다.

46. 거실(밤)

유은재가 윤종열과의 대화 창에 '선배 무슨 일 있어요?'라고 쓰고 바라본다. 차마 보내지 못한다. 송지원이 들어온다. 들어오자마자 슬라이딩하듯 소파에 눕는다.

유은재   (송지원 뒤통수의 까치집을 보며) 선배 머리….

송지원   (뭔 소린가 만져본다. 엉겨서 손이 걸린다)

유은재   오늘 하루 종일 그러고 다닌 거예요?

송지원   (별일 아니다) 아니… 어제부터 그랬지!! (일어난다) 어쩐지 사람들이 나만 보면 웃더라. 갑자기 세상이 행복해졌나 했지. (냉장고 문을 연다. 정예은의 그 선식이 툭 떨어진다) 수요일?

윤진명   (방에서 나오는데 눈이 빨갛다)

송지원   (믿어 의심치 않고) 윤 선배 눈병 났어?

윤진명   (코맹맹이 소리가 난다) 아니야. (화장실로 향한다) ….

송지원   (고개를 갸웃하더니) 아니야. 감기 걸렸나 부다. 약 먹어. (냉장고에 선식 넣으며) 밥이냐 잠이냐 그게 문젠데….

문소리. 강이나가 들어온다.

송지원   (코를 벌름거리며) 아, 고기 냄새… 강 언니 나 배고파.

강이나   (신발 벗으며) 어쩌라구

송지원   (히잉) 전에는 피자도 사주고, 치킨도 시켜주고….

강이나   (방으로 들어가며) 그땐 내가 미쳤었다고 본다.

송지원   (핸드폰을 꺼내며) 믿을 건 정 여사뿐인가? 어디까지 왔나? 우리
          정 여사가….

47. 고두영 오피스텔(밤)

핸드폰이 진동한다. '송지원'이다. 잠시 후 고두영이 머리를 털며 나
온다. 고두영이 발신자 이름을 확인하고 핸드폰을 내려놓는다. 정
예은이 흘깃 보지만 의욕이 없다. 무기력해진 상황이다. 핸드폰은
몇 번 더 울리다가 멈춘다. 잠시 후 문자 온다. '정 여사 어디야?'
대답 없자 다시 카톡, '지원이는요. 떡볶이가 먹고 시포요' 뒤이어
눈 깜박이는 이모티콘이 온다. 고두영 잠깐 생각하다가 '안 돼. 나
오늘 못 들어가' 문자 보낸다. '뭐라고라고라?' '외박이라고라?' '와
이? 뭣땀시?' 고두영 답장한다. '비밀' 문자 온다. '혹시 너… 설마
너…' '너 그 시키랑 있는 건 아니지?' (화내는 이모티콘) 고두영이
피식 웃으며 답장한다. '어떻게 알았어?ㅋㅋ'

48. 거실(밤)

송지원   ('쿠쿵 이모티콘' 보내며) 내 이럴 줄 알았어.

강이나   (방에서 나온다)

송지원   정 여사 그놈이랑 다시 붙었단다.

유은재   (놀란다) 진짜요? 설마….

송지원   (중얼대며 카톡 입력한다. '그놈은 안 돼. 찌질이야. 인간 말종이라
          구. 눈을 떠. 정 여사. 마수에서 벗어나')

•인서트 》

고두영 문자 보구 빠직 한다. '시끄러. 네가 뭘 안다구' 답장 보내고
집어던진다.

강이나   (화도 안 난다) 됐어. 됐어. 인생 지 꼴리는 대로 사는 거지…. 갠
     나중에 매 맞고 살 거야. 병신…. 에이, 짜증 나!!
송지원   (강이나를 슬쩍 본다) 오늘 유난히 예민하시구만.

49. 고두영 오피스텔(밤)

고두영   (짜증 낸다) 네 친구들 뭐냐? (흥분 가라앉히고 다시 카톡 보낸
     다)

정예은이 끙끙대자 고두영이 접착테이프를 뜯어준다.

정예은   하메들이야?
고두영   ….
정예은   오빠, 이러면 안 돼. 언제까지 날 가둬둘 거야? 계속 가둬둘 거야?
     그럴 수 있다고 생각해? 어차피 내 하메들이 알게 될 텐데? 그럼
     제일 먼저 오빠가 의심받을 텐데?
고두영   (자기가 보낸 문자를 보여준다. '화해 기념 여행가기로 했어. 갔다
     와서 보자') 괜찮아. 당분간 안 찾을 거니까.
정예은   (암울하지만) 그다음은? 그다음엔 어떡할 건데…?
고두영   그다음? 네가 전처럼 날 좋아하게 되면 끝나. 옛날처럼 행복하고
     다정하게… 우리 모두 해피엔딩!!

핸드폰이 다시 진동한다. '중국 요리 사진'이다. '우리 이런 거 먹는

다' 약 오르지 이모티콘!

50. 거실(밤)

프라이팬엔 정체불명의 요리. 이것저것 다 들어간 잡탕볶음쯤 되려나. 송지원이 자기가 만든 물체를 먹어본다. 우엑!! 맛없다. 버리려는데. 띠링 문자 온다. '많이 먹어ㅋㅋㅋ'

송지원   (핸드폰 툭 던지며) 망할 것. 밥보다 섹스다 이거냐. (인터넷 검색해서 요리 사진 보내며 '이것도 먹는다')

유은재   (핸드폰 보며) 정 선배 문자할 때 '큭큭큭' 안 하는데. '하하하' 하지.

송지원   그래?

유은재   (카톡 내용 앞으로 주욱 넘겨보며) 이상한 거 또 있어요. 정 선배 이모티콘 엄청 쓰지 않아요?

송지원   (카톡 문장 같이 본다) 그러네…. 그 이모티콘성애자가 한 번도 안 썼어.

유은재, 송지원, 강이나가 서로를 바라본다. 심각하다. 송지원, 강이나, 유은재가 갑자기 푸헤헤 웃는다.

송지원   그래서 뭐? 정 여사가 납치라도 됐다구?

   •인서트 – 고두영의 집 ≫
   두 손 두 발 묶인 정예은

강이나   (전혀 심각하지 않다) 뭐 그럴 수도 있겠네. 그놈 시키라면 가능해.

유은재	누구요?
송지원	당연 오빠야지.

•인서트 – 고두영의 집 》
불렀냐는 듯 돌아보는 고두영

강이나	(완전 남의 얘기다) 요새 데이트 폭력 무서워.
송지원	(완전 남의 얘기다) 우리 학교도 요새 그것 땜에 난리였어. 남자애가 여자애 누드를 sns에 올려 갖고….
윤진명	(내내 조용히 있다가 불쑥) 예은이 마지막으로 본 게 언제야?
유은재	(생각해본다) 모르겠어요. 저 집에 갔다 와서는 못 본 거 같아요.
송지원	난 어제 학보사에서 잤는데….
강이나	난 요새 정신이 없어서….
윤진명	다이어트 선식, 수요일부터 그대로니까 수목 최대 이틀인 셈이네.
송지원	에에이, 설마. 이틀이나 안 들어왔다구? (유은재에게) 학교에서도 못 봤어?
유은재	(고개를 끄덕인다) ….
송지원	(고개를 갸웃하며 방으로 들어간다)

51. 정예은, 송지원의 방(밤)

송지원이 정예은의 침대(잔 흔적이 없다) 냄새 맡아본다. 옷장을 연다. 심각해진다.

유은재	(기대에 차서) 왜요?
송지원	(표정 풀며) 모르겠어.

52. 거실(밤)

송지원   (밖으로 나오며) 현장 증거만으로는 판단할 수 없겠는데….

윤진명   예은이 새우 알러지 있지? (문자 쓴다. '네가 좋아하는 새우튀김도 시켰다. 부럽지롱' 전송한다)

송지원   (전송을 막으려 하지만 늦었다) 아악.

윤진명   왜?

송지원   부럽지롱? 누가 요새 그런 말 써. 망했어.

윤진명   (눈치 본다) 안 써?

송지원   에에이… 들켰어. 들켰어. 눈치챘어.

유은재   그보다… 새우 알러지 정도는 남자친구가 알지 않을까요? 오래 사귀었다면서요.

윤진명   그런가….

그 순간 답장 온다. '완전 부럽. 좋겠다ㅋㅋㅋ' 네 명의 하메들, 벌떡 일어난다.

송지원   일났다!!

유은재   어떡해요?

강이나   경찰?

송지원   경찰이 와줄까? 새우밖엔 증거가 없잖아.

윤진명   그 남자 어디 사는지 알어?

송지원   (고개를 흔든다) ….

윤진명   (정예은 방으로 들어간다) ….

53. 정예은, 송지원의 방(밤)

윤진명이 정예은의 노트북을 켠다.

윤진명	(노트북을 켜서 송지원 책상으로 옮기며) 예은이 일기 쓰지?
송지원	어.
윤진명	(송지원에게) 찾아보고, 유은재 너는 수첩이나 노트 뒤져봐. 강이나는 sns 찾아보구.
송지원	(서랍을 열려는데 잠겼다) 잠겼어.
윤진명	뜯어.
강이나	(침대에 앉아서 핸드폰으로 sns를 뒤진다) ….
유은재	(그사이 드라이버를 갖고 왔다)
송지원	(억지로 열기 전에) 근데… 우리가 오버하는 거면 어떡해?
강이나, 유은재	(그건 그렇다. 손 멈추고 윤진명을 본다) ….
윤진명	(잠깐 생각하지만) 그땐… 미안하다고 하면 돼.

다시 움직인다. 송지원이 서랍을 뜯는다. 유은재는 책상 위를 뒤진다. 서랍 안에서 분홍색 일기장이 나온다. 송지원이 최근의 일기부터 읽기 시작한다.

'0월 0일 0요일
모든 시련에는 이유가 있다. 하나님은 불필요한 고통을 주지 않으신다.'

몇 장 뒤로 넘긴다.

'0월 0일 0요일
싱글의 장점. 내 맘대로 시간을 쓴다. 아무렇게나 하고 외출해도 된나. 돈이 절약된다. 자기계발할 시간이 넘쳐난다. 만세!!'

송지원	(페이지를 넘기며) 거 봐. 엊그저께만 해도 다시 만날 생각은 없었어….
강이나	(핸드폰을 뒤지며) 트윗에도 페이스북에도 별거 없어.
송지원	(중얼중얼한다) 정 여사… 정 여사야. 이게 뭔 일이라냐? 무사해라 제발….

'0월 0일 0요일
송지원 때문에 짜증 나 죽겠다. 애가 생각이란 걸 안 한다. 나오는 대로 지껄여놓고는 솔직한 거란다. 그러니까 남자친구가 없지. 평생 솔로로 지내라.'

송지원	(끄응) 구하지 말까…?
유은재	(흘깃 본다) ….

54. 고두영 오피스텔(밤)

초인종이 울린다. 고두영이 다시 접착테이프를 붙인다. 조용히 하라는 듯 입술에 손가락을 댄다. 현관문을 열러 간다.

(고두영)	누구세요.
(배달)	짜장면이요.

문 여는 소리. 정예은이 끙끙댄다.

• 점프 ≫
배달이 철가방에서 짜장, 짬뽕을 꺼내다가 끙끙 소리에 돌아본다.

| 고두영 | (별일 아니라는 듯) 강아지예요. |
| 배달 | 만삼천 원입니다. |

배달이 물러간다. 고두영이 짜장, 짬뽕을 들고 들어온다.

고두영	(쭈그리고 앉아 누워 있는 정예은을 내려다본다) 너 차암~ 말 안 듣는다. 이걸 어떻게 혼내주나. (손에 든 짬뽕 그릇을 본다. 위협적이다)
정예은	(그러지 말라고 고개를 흔든다) ….
고두영	(정예은 얼굴 위로 짬뽕 그릇을 가져가더니) 그냥 확!! (짬뽕 그릇을 뒤집는다) ….
정예은	(눈을 질끈 감는데 고두영 웃는 소리가 들린다) ….

랩으로 둘둘 말린 짬뽕 그릇은 무사하다.

| 고두영 | (정예은의 볼을 꼬집으며) 으이그… 그렇게 겁이 많으면서 혼날 짓을 왜 하니? 응? (수건을 가져와 목에 걸어주고, 짜장을 먹여준다. 그리고 자기도 먹는다) …. |
| 정예은 | (먹여주는 대로 꾸역꾸역 먹는다) …. |

55. 정예은, 송지원의 방(밤)

윤진명이 노트북을 다 살펴봤다. 별 내용이 없다.

유은재	(수첩을 뒤지고, 달력의 메모를 확인했다) 없어요.
송지원	(일기장에서 멀어지며) 여기도 별거 없어.
강이나	(옷장 서랍까지 뒤졌다. 문득 노트북의 세이브 화면을 본다)

화면 속 정예은이 남자 셔츠를 입고 활짝 웃었다. 사진의 배경. 창문 너머 야경이 보인다.

강이나   (마우스를 옮겨 창밖 모텔 간판을 본다) …젤존 모텔… 나 여기 아는데… 이거 왕십리에 있는 건데….

송지원   맞아. 그 시키 집이 그쪽이야. 그래서 왕십리 cgv 자주 간다고….

윤진명   (제일 먼저 뛰어나간다) ….

56. 벨 에포크 앞(밤)

강이나가 택시를 잡는다. 네 사람이 끼여 탄다.

강이나   왕십리요. 왕십리 젤존 모텔요.

송지원   빨리 가주세요. 최대한 빨리.

여자 택시 기사   (기운차게 출발한다) 걱정 말아요.

택시가 급하게 출발한다.

57. 택시 안(밤)

거침없이 차선을 바꾸는 택시. 하메들 서둘러 벨트를 맨다.

윤진명   (멍한 유은재를 툭 치며) 벨트!!

유은재   (주섬주섬 벨트 한다) ….

강이나   (손잡이 두 손으로 움켜쥐며 송지원에게 작은 소리로) 급하단 말은 왜 했어?

송지원   (역시 두 손으로 손잡이 움켜쥐며) 그러게 말이야….

58. 고두영 오피스텔(밤)

정예은 입 주변에 짜장이 잔뜩 묻어 있다.

고두영   (휴지로 닦아주면서) 칠칠치 못하기는….

59. 젤존 모텔 앞(밤)

끼익 택시가 멈춰 선다. 택시에서 내리는 네 사람. 다리가 후들거린다.

여자 택시 기사 아주 그냥 두 연놈을 아작 내버려.
송지원   예?
여자 택시 기사 파이팅!! (가버린다)
강이나   (모텔 간판과 핸드폰 속 사진의 간판을 다시 확인한다) 맞지?
윤진명   (사진을 확대한다) 간판 뒤로 뭐가 보여. 이 파란색이 뭐야?
송지원   저거다. 자동차 매장.

네 사람이 우르르 길을 건넌다. 유은재는 왠지 멍해 보인다.

60. 주변 몽타주(밤)

네 명의 하메들이 흩어져서 마땅한 건물을 찾는다. 너무 낮거나,

주거 건물이 아니거나, 각도가 안 맞거나, 각자 핸드폰 속의 사진을 보며 비교한다.

송지원 (저 앞에서 큰소리로) 저거다!!!

하메들이 뛰어간다. 그녀들을 지나 좀 전의 중국집 배달 오토바이가 달려간다. 뒤쫓아 달려가던 유은재가 문득 뒤를 돌아본다. 두고 온 것이 있는 사람처럼.

61. 오피스텔 입구(밤)

빵집 쇼핑백을 든 아줌마가 카드 키로 현관문을 연다. 네 사람이 우르르 따라 들어간다. 순간순간 유은재는 멍해지는 것 같다. 지금 이 순간이 비현실적이라고 느낀다. 1층 로비, 경비원 자리에 부재중 팻말이 나와 있다. 어떡하지? 네 사람이 서로를 바라본다. 엘리베이터 앞 우편함 팻말이 보인다. 윤진명이 앞장선다.

62. 1층 우편함(밤)

네 사람이 우편함을 뒤진다.

윤진명 간판 높이상 10층 이상이야. (찾으려다가) 그 남자 이름이 뭐지?
송지원 아, 뭐더라. 들으면 아는데….
강이나 고두영!

우편함을 뒤진다. 입주민이 들어온다. 네 명의 하메들 딴짓한다. 송지원은 신발 끈을 묶는 척, 강이나는 문자 하는 척, 윤진명은 광고지를 훑어보는 척. 유은재만이 어영부영하다가 1201호 편지를 들고 있는데…. 건장한 남자(아침에 드라이를 하던 남자)가 유은재 앞에 선다. 큰일 났다. 아주 잠깐의 대치.

남자   안녕하세요. 앞집 사시네요.

유은재   (얼어붙어서 고개만 끄덕인다) ….

건장한 남자는 1202호 우편물을 들고 나간다.

송지원   (숨이 멎는 줄 알았다. 유은재에게) 아이고, 심장이야. 제일 젊은 것이 제일 순발력이 떨어져 갖고는….

유은재   (편지 봉투를 보여준다. 통신 요금 고지서. 받는 사람 이름 '고두영'이다)

63. 12층 복도(밤)

1201호 문이 열린다. 고두영이 빈 그릇을 내놓는다.

64. 1층 엘리베이터 앞(밤)

네 명의 하메들이 엘리베이터에 탄다.

(배달)   잠깐만요.

송지원   (한시가 급하나. 닫힘 비튼 을 꾹꾹 누르는데)

거의 닫혔던 문이 열린다. 에이, 망했다! 하메들 얼굴이 찌그러진다.

배달	(타면서) 죄송합니다.
송지원	(억지로 웃는다) ….

배달이 메모지를 확인하고 15층을 누른다. 12층이 열리고 네 명의 하메가 우르르 내린다.

65. 12층 복도(밤)

1201호 앞에 선 네 사람.

윤진명	(중국집 그릇 두 개를 가리킨다) 이것 봐. 두 사람이야.
강이나	한 그릇은 배달 안 해줘서 두 그릇 시키는 사람들 많아.
윤진명	진짜? 그런 사람들이 있어?
송지원	어, 윤 선배가 안 시켜봐서 모르는 모양인데….

안에서 웃음소리 들린다. 네 사람 귀를 갖다 댄다.

•인서트 》
고두영이 텔레비전을 보고 있다. 〈무한도전〉을 보며 박수치며 웃는다.

송지원	웃는데?
윤진명	(생각한다) ….
유은재	(선배들을 바라본다) …?

송지원	박차고 들어갔는데, '뭥미' 이럼 어떡하지?
강이나	그것보다 홀딱 벗고 있으면….

네 사람, 애매한데….

| 배달 | 저기요? |

네 사람 돌아보면 배달이 멀뚱히 서 있다.

| 배달 | 그릇 좀…. |

네 명의 하메들 다리 사이에 그릇!! 강이나가 배달을 보며 활짝 웃는다.

66. 고두영 오피스텔(밤)

고두영이 텔레비전을 보며 박장대소한다. 정예은은 무기력 상태다. 눈은 뜨고 있지만 영혼은 반쯤 유실됐다. 초인종이 울리지만 정예은은 반응 없다. 고두영이 현관 모니터를 본다. 중국집 배달원이다.

고두영	(모니터 마이크에 대고) 왜요?
배달	그릇 가지러 왔는데요.
고두영	(모니터에 대고) 내놨어요.
배달	(잠깐 옆에 보고) 없는데요.
고두영	에이씨…. (투덜대며 문을 연다)
송지원	안녕!
고두영	(문을 닫으려 한다) ….

하메들이 일제히 문을 잡는다.

고두영　뭐야?

송지원　(억지로 고개를 들이밀며) 여기 예은이 있지?

윤진명　정예은!!

강이나　예은아!!

유은재　(동시에) 선배!! 정 선배!!

고두영　없어!! 이거 뭐야. 이거 불법이야.

•**인서트 – 복도** 》

문을 열려고 애쓰는 네 명의 하메들에 밀려 배달은 '어, 어…' 엉거
주춤한다. 도와줘야 하나 말아야 하나. 누구 발에 차였는가? 그릇
이 나뒹군다. 엉겁결에 그릇부터 주워 든다.

송지원　(분홍색 운동화를 본다) 이거 예은이 거 맞지?

강이나　(맞다. 더 큰소리로) 예은아!!

유은재　정 선배!!

윤진명　(더 힘을 쓴다) ….

•**인서트 – 침대** 》

정예은이 자신을 부르는 소리에 반응한다. 하메들 목소리가 틀림
없다. 낑낑대며 꿈지럭거린다. 침대 위에서 떨어진다. 쿵! 소리에 모
두들 움찔한다. 그 틈을 타, 고두영이 제일 앞에 선 송지원의 손가
락을 꺾는다. 송지원이 손을 놓는다. 강이나가 고두영의 눈을 찌른
다. 고두영이 순간적으로 문을 놓친다. 문이 확 열리는 바람에 네
사람이 문과 함께 밖으로 내동댕이쳐진다. 고두영이 안으로 도망
친다. 송지원을 필두로 뛰어 들어간다.

송지원	예은아!!

고두영이 쓰러진 정예은을 잡아 일으킨다. 고두영이 책상 위에서 커터 칼을 집어 든다. (정예은이 접착테이프를 자를 때 썼던 커터 칼이다) 달려들던 네 명의 하메들이 움찔한다.

고두영	죽는다. 나가!!
(유은재)	(겁먹었다기보다는 멍하다. 칼을 본다) 이상하다. 아까부터 너무 이상해. 왜 이렇게 현실감이 없지?

유은재를 제외한 사람들 움찔한다. 고두영이 칼을 정예은의 목에 들이댄다.

고두영	나가!! 안 나가?
강이나	(눈은 고두영을 향한 채 하메들에게) 어떡해? 뭐라고 해? 이럴 땐 뭐라고 하는 거야. 뭐라고 좀 해봐.
(유은재)	(문득 창밖을 본다) 아까부터 남의 일처럼···.
고두영	나가라고···. 이씨!! (칼을 획획 휘두른다)

세 사람, 뒷걸음질 친다. 유은재는 그대로다. 그러다 보니 남들보다 한발 앞서게 됐다.

(유은재)	(고두영을 본다. 귀에 물이 들어간 것처럼 사람들 목소리가 뭉개진다. 그 와중에도 귀를 후벼본다) 나 조금 이상한 거 같애.
송지원	아우, 저 둔팅이.
고두영	(유은재에게) 안 나가? 죽을래?
윤진명	유은재!!
강이나	은재야!

송지원	(유은재 옷자락을 잡아끈다) 이리 와.
(유은재)	이러면 안 될 것 같은데… (칼을 본다) 왜 무섭지가 않지?
유은재	(잡아끄는 손을 뿌리치며) 커터 칼로 찔러봤자 안 죽어요. (오히려 한발 나아간다) ….
고두영	(움찔하지만) 죽나 안 죽나 해볼까?
(유은재)	나 어디 망가진 걸까?
유은재	(또 한발 나선다) 찔러봐요.
고두영	(가까워지자 오히려 한발 물러선다) ….
정예은	(끙끙댄다. 하지 말라고 고개를 흔든다) ….
송지원	(무섭다) 야, 너 왜 이래? 은재야!! 유은재!!
윤진명	유은재!!
강이나	하지 마. 은재야!!
(유은재)	혹시 나….
유은재	(한발 더) 죽여봐요!!
고두영	(한발 뒤로 물러나다 보니 벽이다. 궁지에 몰렸다. 유은재를 향해 칼을 휘두른다)
(유은재)	사실은 오래전부터….

그 순간, 정예은이 몸으로 고두영을 밀어버린다. 하메들이 '아아아악' 소리를 지르며 달려든다. 윤진명이 고두영을 태클한다. 송지원이 고두영을 깔고 앉아 손을 물어뜯는다. 강이나가 고두영의 머리끄덩이를 잡는다. 정예은까지 네 명에게 깔린 고두영.

윤진명	(고두영을 제압한 채로 돌아본다) 유은재!
(유은재)	(고개를 든다. 얼굴에 피가 튀었다) 아주 오래전부터 이렇게 됐으면 하고….
강이나	은재야!!
(유은재)	(오른손을 쳐다본다. 피가 뚝뚝 떨어진다) 아아… 그런 거였나. (풀

썩 쓰러진다)

자신을 부르고, 달려오는 하메들의 모습이 왠지 슬로비디오처럼 느려터졌다고 생각하며 유은재는 정신을 잃는다.

67. 오피스텔 앞(밤)

119 구급차, 경찰차의 경광등이 번쩍거린다. 구경꾼들이 십여 명. 들것이 나온다. 네 명의 하메가 울며 따라온다. 119가 준 담요를 뒤집어쓴 정예은이 펑펑 울며 쫓아온다.

정예은   죽지 마. 죽지 마. 은재야!! 죽으면 안 돼.

옷으로 얼굴을 가린 채 수갑을 찬 고두영이 경찰에게 끌려 나와 경찰차에 실린다. 실리기 전 구급차를 돌아본다. 후회? 아쉬움? 분노? 그보다는 안도에 가까운 얼굴이다. 다 끝났다는 표정. '타' 형사가 고두영의 머리를 눌러 경찰차에 태운다. 유은재가 구급차에 실린다. 네 명의 여자가 따라 탄다. 저마다 소리친다. '나 때문이야. 나 때문에. 미안해…(정예은)' '은재야. 죽지 마. 죽으면 안 돼(송지원)' '나쁜 새끼. 죽기만 해봐. 너도 죽을 줄 알어(강이나)' '유은재. 정신 차려. 내 말 들려. 유은재(윤진명)' 정신이 하나도 없다. 더구나 응급 대원이 탈 자리도 없다. 응급대원 '내리세요' 네 명의 하메들, 응급차가 꽉 찬 걸 깨닫는다. '내려요?(정예은)' '내리래(강이나)' '빨리(윤진명)' '죄송합니다(송지원)' 시키는 대로 다시 꾸역꾸역 내린다.

정예은   살려주세요. 은재! 살려주세요.

송지원	(콧물을 매단 채로 엉엉 운다) 쟤 아직 스무 살밖에 안 됐는데…. 만으로 열아홉이에요. 죽으면 안 돼요.
응급대원	(그녀들의 오버가 조금 어이없다) 저기요. 손바닥 다쳤다고 죽진 않아요.
윤진명	(코를 훌쩍인다) 예?
강이나	얼굴이 아니에요?
송지원	목 아니었어?
정예은	(감정의 여파로 흐흐흑 흐느낀다) ….
응급대원	(지혈하고 있는 손바닥 가리키며) 손바닥입니다!!

구급차 문이 닫히고 출발한다. 네 명의 하메들이 남았다.

송지원	(눈물을 매단 채로 코맹맹이 소리로) 손바닥이래.
정예은	(역시 눈물을 매단 채로 코맹맹이 소리로) 응, 손바닥.
강이나	(눈물을 머금은 채로 코맹맹이 소리다) 근데 왜 쓰러진 거야? 사람 놀라게.
윤진명	(심호흡으로 놀랐던 감정을 추스른다. 정예은에게 역시 코맹맹이 소리로) 넌 괜찮아?
정예은	(그제야 고통이 밀려온다) 아니, 아퍼… 너무 아퍼…. (주저앉는다)

다른 응급대원이 정예은을 구급차에 싣는다. 뉴스 카메라가 보인다. 리포터의 모습도 얼핏 보인다.

68. 윤종열의 집 거실(밤)

윤종열이 나온다. 계속 누워 있었나 보다. 얼굴이 수척하다. 수염도 못 깎았다. 비틀대며 화장실에 가는데, 아버지가 뉴스를 보고 있다. 자막이 흘러간다. '또다시 데이트 폭력. 애인을 납치 감금한 20대 대학생 체포. 친구를 구하려던 여대생 칼에 찔려…' 그딴 뉴스 관심 없다. 윤종열은 화장실로 들어간다. 잠시 후 윤종열이 뛰쳐나온다. 아버지가 움찔 놀라 쳐다본다. 화면에는 들것에 실려 가는 누군가와 (얼굴은 보이지 않는다) 쫓아가며 울부짖는 여자들이 보이는데…. 얼핏얼핏 보이는 그들은 자기가 아는 얼굴들이다. 윤종열이 뛰쳐나간다. 아버지는 어리둥절하다.

69. 옥탑방(밤)

같은 화면을 막 씻고 들어온 박재완이 본다. 잠시 후, 빈 방에 텔레비전만 혼자 떠든다.

70. 모텔(밤)

누님이 씻기를 기다리는 서동주. 떨어진 옷가지를 의자에 걸어놓는다. 이리저리 채널을 돌리다가 뉴스를 본다.

71. 병실(밤)

유은재가 누워 있고 정예은, 송지원, 윤진명, 강이나가 둘러싸고 있다. 정예은은 간단한 치료를 받았다. 유은재의 손바닥을 붕대로 감은 뒤, 간호시기 나간다.

윤진명	괜찮아?
유은재	아직 모르겠어요. 감각이 없어서… (왠지 민망해서 슬쩍 웃는다) ….
정예은	너 왜 그랬어?
유은재	….
정예은	진짜 죽을 뻔했잖아.
강이나	그러게 말이다. 난 네가 그렇게 겁 없는 앤 줄 첨 알았다.
송지원	커터 칼로 죽기는 무슨….
윤진명	물러서라니까 제일 먼저 물러서던데?
강이나	(좀 전의 송지원 흉내 낸다. 엉덩이 빼고 잡아끄는) 은재야. 이리 와. 이리 와.
송지원	그건 분위기상… 물러나라는데 하나도 안 물러나면 걔가 얼마나 무안하겠냐?
강이나	나쁜 놈 기분까지 헤아리는 넌… 진짜 웃긴 년이야.

하메들이 웃는다. 노크 소리. 경찰이 들어온다. 왠지 웃어서는 안 될 것 같다.

형사	정예은 씨, 잠깐 좀….
정예은	(밖으로 나간다) ….
강이나	우리 웃고 있는 거 보고 이상하다고 생각했을 거야.
송지원	그러게…. 뉴스 봤어? 납치, 감금, 폭행, 칼부림… 엄청 심각해.
윤진명	심각한 상황이었잖아.
송지원	응… 우리 되게 심각한 상황이긴 했지.

생각해보면 끔찍한 일이다. 다들 상황을 곱씹는데…. 노크 소리, 추리닝 차림의 윤종열이 들어온다.

윤종열	야! 너….
유은재	(뜻밖이다) 선배!!
윤종열	(말이 안 나온다) 너… 진짜… 너 어쩌다가…. (하다가 하메들에게 꾸벅 인사한다) 안녕하세요.
강이나	(송지원을 툭 친다. 나가자고 눈짓한다) ….
송지원	(일어날 생각 없다) 왜?
강이나	(송지원 끌고 나가며 고두영 흉내 낸다) 물러서!!
송지원	(끌려 나가며) 은재야. 뭐 필요한 거 있으면 불러. 문 앞에 있을….
강이나	(입을 틀어막는다) ….
윤종열	(둘만 남았다. 잠시 어색하다. 의자에 앉는다) 어떻게 된 거야?
유은재	그냥….
윤종열	(손을 본다) 많이 다쳤어?
유은재	(윤종열이 다정하게 대해주니 눈물이 난다) ….
윤종열	많이 아퍼?
유은재	(고개를 끄덕인다) 예… 많이 아퍼요.
윤종열	간호사 불러올까?
유은재	(일어나려는 윤종열의 손을 잡는다) …학교 왜 안 나왔어요?
윤종열	(다시 앉는다) …술병 났다! 너 땜에!
유은재	(자꾸 눈물이 나와서 창피하다. 이불로 얼굴을 가린다) 미안해요.
윤종열	(휴지를 뽑아 이불 속으로 건네준다) 알았으니까 울지 마.
유은재	(흐느끼는 소리 난다) ….
윤종열	그만 울어… 응.
유은재	보고 싶었어요.
윤종열	나도….

72. 병실 앞(밤)

송지원이 귀를 대고 엿듣는다.

송지원	뭐 하는 거야? 왜 이렇게 조용해?
강이나	그만 좀 해라.
송지원	난 그냥… 하메의 알 권리 차원에서….
박재완	(달려온다) 진명 씨!!
송지원	(헐) ….
강이나	(헐) ….
박재완	(윤진명을 살피며) 괜찮아요? 안 다쳤어요.
윤진명	(좀 당황스럽다) 괜찮아요.
박재완	(안도한다) 아… 죽는 줄 알았네….
윤진명	(룸메들과 좀 떨어지며) 어떻게 알았어요?
송지원	(귓속말로) 누구야?
강이나	(귓속말로) 대애박!!
(서동주)	강이나!!
강이나	(돌아본다) ….
서동주	(달려온다) 괜찮아?
강이나	어떻게 알고 왔어?
서동주	뉴스 보구…. 너 뉴스 나왔어! (손가락으로 표시하며) 요만하게 나왔는데 알아보겠더라.
강이나	진짜?
서동주	너 괜찮은 거지?

송지원은 갑자기 쓸쓸해진다. 사건의 과정과 안부를 묻는 두 쌍의 남녀를 지나쳐 복도 끝으로 가버린다. 복도 끝에서 돌아보면 두 쌍의 남녀는 다정하기도 하다. 박재완과 윤진명은 좀 더 조심하며 애틋하고, 강이나와 서동주는 비주얼적으로 아름답다. 송지원의 한숨이 깊다.

73. 임성민 자취방(밤)

핸드폰이 울린다. 임성민이 더듬어 핸드폰을 본다. 발신자를 확인
하고 전화를 받는다.

임성민 (잠결이다) 왜?

(송지원) (우울하다) 어디야?

임성민 집.

(송지원) 자?

임성민 응.

(송지원) 나 외롭다. 나 좀 만나러 와줘라. 내 인생 어언 24년. 이렇게 외로
운 적은….

임성민 (전화를 멀리 내려놓고 다시 잔다) ….

74. 병원 계단(밤)

송지원 …없었어. 택시비 줄게 와줘. (하다가) 성민아. 성민아?!! (분위기 돌
변한다) 이 시키가 끊어? 너 내일 죽었어. 학보사란 놈이 뉴스도
안 보고…. 망할 놈의 시키!

75. 거실(낮)

다섯 명이 얼굴을 모은다. 유은재는 손에 붕대를 감았고, 정예은
얼굴의 피멍은 흐려졌다.

송지원 자, 모두 무사한 기념으로 웃어요!!

식탁 의자 등받이 위 핸드폰을 향해 다섯 명이 활짝 웃는다. 사진이 찍힌다.

76. 마트(낮)

송지원과 유은재가 시장을 본다. 휴지, 라면, 우유, 세제 등을 고른다.

77. 골목(낮)

송지원과 유은재가 시장바구니를 들고 온다. 둘 다 아이스크림을 먹는다. 나무는 푸르고 꽃이 피었다. 햇빛이 눈부시다.

송지원	(아직 테이핑을 떼지 않은 유은재 손을 보며) 흉 질지도 모르겠다.
유은재	손바닥이니까 뭐….
송지원	하긴 그 덕분에 대박 손금이 될지도 모르지.
유은재	(웃는다) ….
송지원	너 그날 왜 그랬어?
(유은재)	소용없어.
송지원	멍해 갖고는 칼만 들여다보더라.
(유은재)	얘기해봤자 소용없어.
송지원	그놈이 찔렀다기보다는 네가 가서 찔린 것 같았어.
(유은재)	이해 못 할 거야.
송지원	너 요새 좀 이상해.
(유은재)	아무리 간절해도 마음은 전해지지 않아.
송지원	멍해 갖고는….

(유은재)	(멈춰서 하늘을 본다. 눈부시게 푸른 하늘이다) 그래. 마음은 전해
	지지 않아.
송지원	너 무슨 일 있어?
(유은재)	그렇다는 거 아는데….
유은재	(아무렇지도 않게) 선배가 보는 그 귀신… 우리 아빠예요. (햇살에
	눈이 부셔 눈을 가늘게 뜬다) …나… 아빠를 죽였어요.
송지원	(눈부시게 아름다운 하늘, 날씨, 휘날리는 꽃 그리고 유은재를 본
	다) ….
유은재	(바람에 날린 머리카락을 쓸어 넘긴다)

78. 과거 유은재의 집 아파트 거실(아침-과거)

흑백일 수도 있다. 은재 아빠가 똑같이 생긴 두 개의 텀블러에 커피를 따른다. 그중 한 개의 텀블러에 하얀 가루를 넣는다. 그 순간 텀블러는 색깔을 갖는다. 빨간색이다. 중학생 교복을 입은 유은재가 문틈으로 그 모습을 지켜본다. 아빠가 빨간색 텀블러를 들고 안방으로 간다. 방에는 엄마가 누워 있다. 아빠가 엄마의 이마를 짚어보고 빨간색 텀블러를 그 옆에 놓아준다. 아빠가 화장실에 간 사이 중학생 유은재가 식탁에 남아 있는 텀블러와 엄마 방의 텀블러를 바꾼다. 화장실에서 나온 유은재 아빠가 식탁의 텀블러와 자동차 키를 챙겨 들고 나간다. 유은재가 멀어지는 빨간색 텀블러를 바라본다.

79. 사고 차량(낮-과거)

역시 흑백이다. 가드레일을 들이받은 사고 차량. 119가 유은재 아빠를 차에서 끌어내린다. 차 안 바닥에 빨간색 텀블러가 뒹굴고 있다.

80. 골목(낮)

흑백 화면에 서서히 빛이 생긴다.

유은재   모르겠어요. 내가 잘못 생각한 건지도…. 아빠는 그냥 엄마가 잠을 못 자니까… 수면제를 탄 건지도 모르는데… 그걸 내가 오해해서…. 그치만 그전에 일들은 다 뭐죠? 집에 불이 난 건 뭐고… 오빠가 죽었을 때 아빠는 왜? 아, 모르겠어요. 확실한 게 하나도 없어요.

송지원   (갑작스런 고백 당황했다) 왜 그런 얘기를 나한테…?

유은재   전에 선배가 그랬잖아요. 사람은 누구나 그럴 수밖에 없는 사정이 있다고…. (말하다 보니 절박해진다) 어쩌면 선배라면 내가 왜 그랬는지 이해해줄 것 같아서…. 그 상황이라면 그럴 수밖에 없었다고…. 세상에 딱 한 사람이라도 나 좀 이해해줬으면 싶어서…. (송지원의 얼굴을 본다. 희망은 사라졌다) 아….

송지원   (어떤 표정을 지어야 할지 모르겠다) ….

유은재   (아이스크림이 녹아서 뚝뚝 떨어지는 걸 지켜보다가) 한 가지만 말해줘요. 그 귀신 색깔이 변했어요?

송지원   어?

유은재   색깔로 감정을 알 수 있댔잖아요. 우리 아빠… 나 원망하고 있어요? (절박하다. 송지원을 똑바로 본다)

송지원   (천천히 고개를 흔든다) …아니!! 그런 건 아니야.

유은재   (구원받은 느낌이다) ….

81. 정예은, 송지원의 방(낮)

송유경, 한경아가 적당한 곳에 앉아 있다. 정예은을 문병 온 것이다.

송유경	(정예은 얼굴의 멍을 보며) 그 새끼 지금 어떡하고 있대?
정예은	(화장대를 정리한다) 구치소.
한경아	미친 새끼…. 그 집 돈 많다며? 돈이나 잔뜩 뜯어내.
정예은	(귀걸이 한 짝을 발견한다. 그날의 귀걸이다) ….
송유경	상담은 받고 있지?
정예은	응.

현관 도어락 여는 소리가 들린다.

82. 거실(낮)

한결 홀가분해진 유은재와 얼떨떨한 송지원이 들어온다. 방에서 정예은, 송경아, 한유경이 나온다.

정예은	내 친구들 왔어.
송지원	(충격 상태다) 어….

유은재가 꾸벅 인사하고 시장 본 걸 정리한다. 송지원은 유은재 눈치를 보며 도와준다. 정예은이 베란다로 나간다. 귀걸이를 던진다.

한유경	뭐야? 뭐 버렸어?
정예은	(다시 거실로 들어온다) 별거 아니야. (송지원을 물끄러미 쳐다보

　　　　　는 송경아를 의식한다) 왜?

송경아　　너 송구라 맞지? 창신여중 송지원!!

송지원　　어…?

한유경　　(송경아를 툭 친다) 뭐야?

송경아　　맞네. (한유경에게) 내가 전에 얘기했잖아. 중학교 때 UFO 봤다고 거짓말해서 방송국에서 찾아온 애 있었다고…. 걔야. 너 요새도 거짓말하고 다니니?

유은재　　(송지원을 본다) ….

정예은　　(깨닫는다) 에에… 너 그럼 그 귀신 본다는 것도….

송지원　　(당황했다. 유은재를 본다) ….

유은재　　(송지원을 물끄러미 보다가 눈을 내리깐다) ….

※ 에필로그
　　INTERVIEW 고두영

수감복을 입은 고두영이 교도관 두 명과 들어온다. 고두영은 스툴 의자에 앉고, 교도관은 조금 떨어진 곳에 선다. 카메라는 고두영만을 잡기 위해 조금 클로즈업한다.

왜 그런 짓을 저질렀나?

— 너무 많이 사랑해서….

헛소리 말고.

— 진짭니다. 너무 사랑하니까, 예은이 없으면 죽겠으니까…. 예은이도 지

나고 나면 알 거예요. 내가 저를 사랑해서 그랬다는 걸.

강이나에게 집적댔는데….

— 아, 그건 그냥 호기심에서 그런 거죠. 얘가 왜 그러구 사나 궁금해서….

정예은과 사귀는 동안 바람 핀 적도 있었다고 들었다.

— 아, 그건 클럽에 놀러 갔다가 하룻밤 실수한 거구요. 그건 예은이도 이
  해했어요.

(다시 고두영에게 돌아간다) 검거될 때 표정이 복잡하던데(하단 화면. 경
찰차에 오르는 고두영, 왠지 안도하는 것 같다) 어떤 심정이었나?

— 아, 끝났다. 이런 느낌…. 그게요, 시작은 했는데 (겸연쩍어 웃는다) 어
  떻게 끝내야 할지 모르겠더라구요.

지금 웃은 건가?

— 아… 이건 좋아서 웃은 게 아니라… 그냥 멋쩍어서…. 되게 까칠하네.

재판은 어떻게 될 것 같나?

— 뭐… 우리 아버지가 돈 좀 쓰겠죠. 자기 아들이 감옥 가고 그러면 쪽팔
  리니까…. 비싼 변호사 써줄 테고…. 집행유예? (으쓱한다)

이후 계획은?

— 풀려나면요? 아… 예은이를 다시 한번 설득해볼까 하는데…. (피식 웃
  으며) 농담입니다.

정예은에게 마지막으로 하고 싶은 말이 있다면?

— (쓸쓸하게 웃는다. 진심인 것도 같다) 다신 나 같은 애 만나지 마라.

12회

그래도 삶은 계속된다

1. 프롤로그(상담실, 낮)

정예은이 상담사(30대, 여)와 상담 중이다.

정예은 (살짝 흥분했다) 다 거짓말이라는 거예요. 귀신 본다는 거! 귀신이
화가 났다는 거! 살해당한 영혼이라는 거! 진짜 깜짝 놀란 거 있
죠? 그런 거짓말을 왜 한대요? 거짓말이라는 건 이유가 있어야 하
잖아요. 자긴 장난이었다고 그러는데 무슨 장난을 몇 달 동안 쳐
요. 그게 무슨 장난이에요. 사기지. (이 부분에서 목소리가 살짝
작아진다) 나야 하나님 믿는 사람이니까 그런 얘기 흘려들었지만,
다른 사람들은 멘붕인 거 있죠. 걔 말을 철썩같이 믿었으니까. 다
들 그 귀신이 자기 귀신이라고 그랬는데⋯. 세상에.

상담사 (뭔가를 메모한다) ⋯.

정예은 걘⋯ 도대체 무슨 생각으로 그런 걸까요? 이해가 안 가요. (물을
마신다)

타이틀 제12회 ― 그래도 삶은 계속된다 (부제: 후유증)

2. 타이틀 이미지 몽타주

(1회 타이틀 이미지와 같은 느낌이었으면 좋겠다)
마라톤 결승점, 첫 번째 주자가 테이프를 끊고 땅바닥에 드러눕는다. 무대 공연이 끝난다. 막이 내려온다. 졸업 모자를 날린다. 12월 31일의 달력. 땅에 떨어진 열매가 썩어간다. 가게 유리창에 'closed' 팻말이 걸리고 불이 꺼진다. 음악이 느려지면서 작아지다가… 다시 커지면서 빨라진다. 'closed' 팻말이 다시 돌아간다. 'open!!' 썩은 열매의 씨앗에서 싹이 난다. 12월 31일의 달력이 치워지고 다음 해 1월 1일의 달력이 걸린다. 땅에 떨어진 졸업 모자를 줍는다. 연극 무대, 막 뒤에서 사람들이 움직인다. 세트를 해체하고, 분장을 지우고…. 널브러져 있던 마라토너가 숨을 몰아쉬더니 일어난다. 가방을 들고 경기장을 빠져나가면 짧은 통로 너머 또 다른 햇빛이 비친다.

3. 학보사(낮)

송지원이 그날의 일을 생각한다. 임성민은 송지원의 시시각각 변하는 표정을 관람 중이다.

- (유은재) 선배가 보는 그 귀신… 우리 아빠예요. 나 아빠를 죽였어요.
- (송지원) (괴롭다) 괜히 들었어.
- (유은재) 그게 진짜 있었던 일인가 싶기도 하고… 꿈이었나 싶기도 하고.
- (송지원) (울고 싶다) 너도 확신 못 하는 얘길 왜 한 거냐?
- (유은재) 세상에 딱 한 사람이라도 나 좀 이해해줬으면 싶어서….
- (송지원) '이해해! 이해하지 그럼!!' …거기서 이럴 순 없잖아.

• 인서트 ≫

유은재   색깔로 감정을 알 수 있댔잖아요. 우리 아빠… 나 원망하고 있어
          요?

송지원   아니!! 그런 건 아냐.

송지원   (고민에 지쳐 널브러진다) 어쩌라구. 그럼 거기서 진실을 말하냐?

임성민   (나한테 물어본 건가 주변을 둘러본다) …어?

(송지원)   (다시 자세 바로 하고 고민한다) 생각해보자. 내가 유은재다… 이
          제까지 내 거짓말에 놀아났어. 얼떨결에 고백도 했어. 근데 그게
          다 거짓말이었대…. (생각해보니 위험하다) 나 위험한 거 아니야?
          (곧바로) 에이, 설마…. (했다가) 그치만 나만 없으면 비밀은 무사
          한데? (곧바로) 아냐, 아냐. 은잰데? (다시 부정) 아니지, 그런 애가
          욱하면 무섭지. 실제로 무서운 짓도 저질렀구…. (흐응, 울고 싶다.
          머리를 감싸 쥐다가 임성민의 시선을 눈치챈다. 손까지 흔들며) 저
          리 가, 저리 가. 너랑 놀아줄 시간 없어.

임성민   (관심 끄자 싶다. 인터넷으로 돌아가는데) ….

송지원   (다급하게) 성민아, 성민! 만약 나한테 무슨 일이 생기면….

임성민   무슨 일 뭐?

송지원   내가 실종된다거나 변사체로 발견되면….

임성민   만세 삼창을 불러주마.

송지원   (잠깐 생각한다) ….

임성민   (송지원의 침묵을 오해했다. 조금 미안해져서) 야아, 농담한 거잖
          아.

송지원   됐다!! (손짓하며) 저리 가, 저리 가.

임성민   야!

송지원   (들은 척도 안 하고 밖으로 나간다) ….

임성민   (나가는 송지원 보며) 저게 나랑 밀당하나…?

4. 거실(밤)

현관, 송지원이 들어온다. 주방, 칼을 든 유은재가 돌아본다. 사과를 깎는 중이었다.

유은재　(인사 대신) 선배….

송지원　(약간 어색하다) 어… 혼자 있어?

유은재　(다시 사과를 깎으며) 예.

(송지원)　(신발 벗고 들어오는 동안에) 다시 한 번 사과할까? 일부러 그런 건 아니라고. 고백할 타이밍을 놓친 것뿐이라고… 아무한테도 말 안 할 테니까 걱정 말라고…. 아니지. 그런 말하면 괜히 더 심각해지지.

송지원　(생각이 정리되지 않는다. 육성으로 한숨이 난다. 유은재가 돌아보자 얼른 딴짓한다)

(유은재)　(사과 깎으며 생각한다) 뻔뻔하다고 생각할 거야. 쟤 참 징그럽다고… 살인자 주제에 사과를 먹고 있다고 생각하겠지.

송지원　(물을 꺼내 마시는데 유은재 손의 칼이 신경 쓰인다) ….

(유은재)　부검 결과가 나오면 다 알게 될 텐데… 다들 뭐라고 할까?

　●인서트 》
윤진명이 쳐다본다.

　●인서트 》
강이나가 쳐다본다.

　●인서트 》
정예은이 눈을 깜빡이며 쳐다본다. 그녀들의 표정만으로는 뭐라고 할지 모르겠다.

(유은재) (한숨 쉰다) 아, 모르겠다. (한숨 소리에 돌아본 송지원과 눈이 마
　　　　주친다)

유은재　(칼과 사과 동시에 내밀며) 사과 먹을래요?

송지원　(즉각적으로) 아니, 안 먹어! (지나치게 단호하게 말했나 싶어서 얼
　　　　버무리는) 아… 그게 아침 사과는 금, 밤 사과는 독…. (독이라는
　　　　단어가 또 마음에 걸린다) 속담이잖아. 속담.

유은재　(사과 잘라내 먹으며) 선배는 살 날이 얼마 안 남았다고 하면 뭐
　　　　할 거예요?

송지원　(한 발 물러서며) 뭔 뜻이냐? 그게.

유은재　그냥요. 궁금해서요. 시한부라면 남들은 뭘 할까 싶어서…. (칼을
　　　　씻어 꽂아놓고 방으로 들어간다) ….

5. 유은재, 윤진명의 방(밤)

　　　　방으로 들어온 유은재가 책상 앞에 앉는다. 사과를 먹다가 문득
　　　　메모를 시작한다. '해야 할 일들' 쓴다. 잠깐 생각하다가 '하고 싶은
　　　　일들'이라고도 쓴다.

(정예은) 그러고 보면 걔도 이상해요.

6. 상담실(낮)

　　　　정예은이 계속 상담 중이다.

정예은　처음엔 애가 어디 모자란 건가 그랬다니까요. 좋으면 좋다 싫으면
　　　　싫다 말을 안 해요. 어쩌다가 한마디 나오는 게 (유은재 표정 흥

내 내며) 웅얼웅얼…. 말할 때 사람 눈을 안 봐요. 땅 보고 얘기해요. 대인기피증도 좀 있는 것도 같고. 맞다! 얻어맞고 자란 강아지 같아요. 움찔움찔거리고 눈치 보는 게…. 왜 그렇게 자존감이 없나 몰라. 생긴 것도 괜찮고, 우리 학교 올 정도면 공부도 잘했을 텐데…. 이상하죠?

상담사　(정예은을 흥미롭게 지켜보다가 고개 끄덕여주며 뭐라 메모한다) ….

7. 쌀국수 집(저녁)

윤종열과 유은재 앞에 쌀국수가 있다. 종업원이 고수를 놓고 간다. 유은재가 고수를 쌀국수에 넣는다.

윤종열　(이것저것 쌀국수에 넣다가) 너 고수도 먹어? 난 그거 싫던데. 비누맛 나서.

유은재　나도 처음 먹어봐요. 한번 먹어볼려구요. (조심스럽게 먹어본다)

윤종열　(먹으며 쳐다본다) ….

유은재　이상해.

윤종열　그치?

유은재　(몇 젓가락 먹다가 내려놓는다) ….

윤종열　못 먹겠어? 아깝게….

유은재　(물로 입안을 헹군다) 선배, 우리 술 먹으러 갈래요?

윤종열　술?

유은재　예, 좀 취하고 싶어서요. (윤종열을 물끄러미 본다) ….

윤종열　(남은 쌀국수를 한입에 털어 넣는다) 가자. 가. 뭐 마실래? 소주, 맥주? (가방을 챙긴다) ….

8. 술집(밤)

윤종열 (술을 따라주며) 고민 있어?

유은재 (술잔을 보다가) 예. (원샷한다) ….

윤종열 (술 같이 원샷하고 따라주며) 말해봐.

유은재 (아직 용기가 안 생겼다) 조금 있다가요. (원샷한다)

윤종열 (같이 원샷하고 따라주며) 그래. 마셔. 맘껏 마셔. 내가 책임지고 데려다줄 테니까.

잔을 부딪친다. 유은재가 원샷한다. 윤종열이 다시 따라준다. 유은재는 술잔을 물끄러미 바라보다가 원샷하고, 또 원샷하고, 또 원샷한다. 마침내 결심이 섰다.

유은재 (고개를 들며) 선배!!

윤종열 (취했다. 한숨처럼) 어….

유은재 나중에 말이에요.

윤종열 어….

유은재 나에 대해 다 알게 되면….

윤종열 (완전 취했다. 엎드린다) 말해… 듣고 있어…. (잠이 든다) ….

유은재 (윤종열을 물끄러미 바라보다가) 그때… 나 너무 미워하지 말아요.

윤종열 (비몽사몽 간에) 어… 그래….

9. 버스 안(밤)

만원 버스다. 유은재가 창밖을 보고 있다.

(유은재) 비보. 취하지도 못하는 바보. 토하기나 하고…. 바보. 이제 시간도

얼마 안 남았는데… 정리할 건 잔뜩 있는데….

우울하던 유은재 얼굴이 바짝 긴장한다. 그러고 보니 등 뒤 남자의 동작이 심상찮다. 필요 이상 바짝 붙어 '므훗'한 얼굴이다. 유은재는 얼굴이 빨개지고 온몸이 굳는다.

(유은재) 아, 또야. 남은 지금 얼마나 심각한데… 내가 지금 어떤 고민을 하는지도 모르면서 망할 변태…. 씨….

유은재가 주먹을 꼭 쥔다. 눈을 꼭 감았다 뜬다. 마침내!! 하차 벨을 누른다.

10. 낯선 동네(밤)

버스에서 유은재가 내린다. 여기가 어디지 둘러본다. 흑흑 흑흑 울면서 걸어간다.

11. 거실(밤)

소파, 유은재가 간신히 진정되는 중이다. 정예은이 달래준다.

정예은 괜찮아. 괜찮아. 그런 놈 무시해버려. 네 잘못 아니야.
강이나 네 잘못이야!!
유은재 (눈물 매단 채로 강이나를 돌아본다) ….
강이나 (식탁 의자에 앉아 돌아보며) 소릴 질렀어야지. '야, 새꺄. 그거 내 궁댕이거든!! 어딜 만져?!!!'

정예은	야, 막상 당하면 그거 안 돼.
유은재	(정예은이 처음으로 고맙다. 고개 끄덕인다) ….
강이나	(갑자기 '아아아악' 소리 지른다) 이것도 못 하냐. 답답이, 답답이…. (방으로 들어간다) 평생 그러고 살아라.
유은재	(자기가 잘못한 것 같다) ….
(정예은)	(방으로 사라지는 강이나 본다) 지가 뭐가 그렇게 잘났다고…. 저 혼자 잘난 거 있죠?

12. 상담실(낮)

정예은	세상 다 자기 맘대로 되는 줄 안다니까요. 이제까지 저 하고 싶은 대로, 되는 대로 막 살다가 이제 와서 디자이너가 된대요. 그게 말이 돼요? 디자이너는 뭐, 옷 잘 입는다고 되는 줄 아나 봐. 이제 와서 명암 넣기 하고 있어요. 스물넷에! 나 같으면 불안해서 밤에 잠이 안 올 텐데…. 내가 보기엔 과대망상이야. 여기 와야 될 사람은 걔라니까요.

13. 미술 학원(낮)

초등학생들이 정육면체에 명암을 넣고 있다. 잘 그린다. 강이나는 기초 중의 기초, 선 긋기를 한다. 가로선, 세로선….

남자 초등학생(10살쯤)	(잘난 척) 처음이랑 끝이 똑같아야 돼요.
강이나	(뭐냐 넌?) ….
남자 초등학생	(슥슥 시범 보이며) 손목에 힘 빼구요.
강이나	넌 네 거 그려.

남자 초등학생	서로 서로 도와주는 거예요.

강이나   (슬픈 눈으로 남자애 본다. 한숨이 난다) ….

남자 초등학생   (관심 있다) 누나 몇 살이에요?

강이나   3백 살이다!!

남자 초등학생   (유치하기는) 풋!!

강이나   (긋던 선이 삐뚤!!)

14. 미술학원 복도(낮)

초등학생들 사이로 키 큰 강이나가 눈에 띈다. 남자 아이들이 우당 탕 뛰어가다가 강이나를 툭 친다. 강이나, 스스로도 한심하다. 강이나 뒤. 교실에서 나온 원장 선생님.

원장   어머니! 어머니는 밖에서….

강이나   (돌아본다. 설마 나?) …?

원장   (강이나가 들고 있는 스케치북 보고는) 아….

15. 편집숍(밤)

강이나가 옷 정리한다.

(강이나)   (우울하다) 어머니… 그래… 어머니… 세상에서 가장 고귀한 이름 이지. 듣기만 해도 눈물 나는 이름, 어머니. 엄마! (전신 거울의 자신을 본다. 후줄근하다. 염색 날짜를 못 맞춰서 머리 뿌리는 검고, 미장원에 못 가서 머리끝은 푸석하고, 눈 밑에 다크서클이…) 진짜 눈물나는구만….

딸랑, 벨소리와 함께 여대생 세 명이 들어온다. 두 명은 커피를, 한 명은 아이스크림을 들었다.

강이나   (밝고 씩씩하게) 어서오세요.

여대생들 (강이나 인사를 들은 척 만 척, 지들끼리 옷을 고른다) ….

(강이나) (자기 혼자 무안하다) 인사 좀 받아라, 이것들아.

강이나   (여대생이 든 아이크스림이 신경 쓰인다. 환하게) 그거 제가 들고 있을까요?

여대생   왜요?

(강이나) 왜요? 몰라서 묻냐?

강이나   입어보기 편하시라구….

여대생   괜찮아요. (친구에게) 옷이 좀 무겁지?

(강이나) 내가 안 괜찮다고…. (입 바람으로 앞머리를 날리다가 여대생이 돌아보면 억지로 웃는다)

• **점프** 》
여대생들이 나간다. 강이나가 피팅룸을 확인한다. 여대생들이 입어보고 내버려둔 옷이 한아름이다. 정리하는데 하얀 옷에 아이스크림이 묻어 있다. 에잇!! 좌절한다.

16. 인도가 없는 골목(밤)

강이나가 걸어온다. 우울한 날이다. 빵 하는 경적 소리. 강이나가 한쪽으로 피한다. 택시가 지나간다. 택시 안에는 지난날의 자기가 타고 있다. 강이나가 멀어지는 택시를 바라본다.

17. 거실(밤)

식탁. 강이나가 사과를 그린다. 명암을 넣는데 입체감이라고는 도통….

(강이나) (자기 그림 물끄러미 보며) 나 이거 큰일 난 거 아닐까? 어정쩡한 나이에 어정쩡한 목표를 만들어버렸어. (좌절한다. 투항하듯 식탁에 엎드린다) 그만둘까 봐.

윤진명 (방에서 나와 우유를 꺼내며) 왜? 잘 안 돼?

강이나 (스케치북 슬쩍 뒤집어놓으며) 아니, 쭉쭉 늘고 있어.

윤진명 그래. 잘됐네. (나간다)

강이나 편의점? 오늘은 일찍 가네?

윤진명 앞에 애가 일이 있다고 해서….

강이나 갔다 와. (신발 신는 윤진명 보며) 쪽팔려! 쪽팔려서 그만두지도 못하겠어. 이 정도 해보고 그만둔다고 하면 비웃겠지? (다시 그림을 그린다) ….

18. 편의점(밤)

윤진명이 카운터 뒤에 앉아 공부 중이다.

(정예은) 그러고 보면 정상인 사람이 하나도 없어요. 어떻게 그 상황에서 공부를 한대요?

윤진명이 책을 덮는다. 책이 눈에 들어올 리가 없다.

19. 상담실(낮)

정예은 평소랑 똑같아요. 엄마는 감옥에 있구, 동생은 아직 장례도 못 치렀는데… 어떻게 그 상황에서 학교 가고, 알바 가고, 공부를 하냐구요. 무슨 로봇 같아요. 감정이 없어요. 사실은 그 사람 동생이 식물인간이란 것도 얼마 전에 알았다니까요. 그 사건 일어나고 나서. 나랑 알고 지낸 게 2년인데, 어떻게 한마디도 안 할 수가 있어요. 좀 섭섭한 거 있죠? 아무튼 다들 정상은 아니야….

상담사 (표정 변화 없지만 정예은에게 흥미를 느낀다) ….

20. 정예은, 송지원의 방(아침)

정예은이 화장을 하며 송지원을 구박한다. 송지원은 옷을 갈아입는 중이다.

정예은 (단정적이다) 너네 엄마아빠가 너한테 무관심했지?

송지원 (또 그 얘기냐) 그만 좀 해라.

정예은 책에서 그러더라. 애들이 거짓말하는 건 관심을 끌려는 거라고…. 잘 생각해봐. 엄마아빠의 관심을 끌려고 거짓말하던 버릇이 남아서….

송지원 오빠 셋에 딸 하나라 되게 이쁨 받았어.

정예은 (이상하다. 다시 거울 보며 화장하다가 다시 생각났다) 혹시 너네 오빠들 다 잘났어? 공부 잘하고, 운동 잘하고, 잘생기고, 그래서 네가…

송지원 (간단하게) 아닌데! 오빠들 다 그냥 그런데! 공부도 내가 제일 잘했어. 대학도 제일 좋은 데 왔구.

정예은 (얼빠는다) 그럼 뭔데? 왜 거짓말했는데? 이유가 없잖아.

송지원   (공손 모드로 찌그러진다) ….

정예은   너란 애는 진짜…. (돌아서다가 송지원 옷 입은 걸 확인한다) 그리
         고 갈 거야?

송지원   (청바지에 커다란 그림이 프린트된 티셔츠를 입었다) 응, 왜? (밖으
         로 나간다)

정예은   (고개를 흔든다) 애가 생각이 없어. 생각이…. 생각이 이상한 게 아
         냐. 아예 없는 거지. (옷장을 연다)

21. 거실(낮)

송지원이 방에서 나온다. 문득 신발장 옆에서 뭘 본 것 같다. 홱 돌
아보면 아무것도 없다. '뭐야' 싶다. 송지원이 냉장고를 열다가 홱
돌아본다. 이번엔 유은재가 뒤에 서 있다. 송지원이 자기도 모르게
침을 꿀꺽 삼킨다. 유은재는 흰색 셔츠에 어두운색 재킷, 청바지를
입었다.

송지원   (유은재가 빤히 쳐다본다고 생각한다) 왜?

유은재   냉장고….

송지원   아… (얼른 비켜준다. 유은재가 물을 꺼내 마시는 걸 흘깃 쳐다본
         다) ….

유은재   (평소와 다름없다) ….

송지원   부검 결과… 언제 나와?

유은재   다음 주요.

송지원   …만약에 너…. (그 순간 문소리가 난다)

정예은   (나온다. 검은색 원피스를 입었는데 두꺼워 보인다) ….

유은재   (정예은에게) 안 더워요?

정예은   이거? 이거 보기보다 얇아. 시원해. (문소리에 돌아본다) 그리고 갈

거야?

강이나 (방에서 나온다. 검은색 시스루 블라우스를 입었다. 속옷이 그대로 드러난다) …응, 검은색이 이것밖에 없어. 가자.

정예은 (제일 뒤에 따라가며 유은재에게 귓속말로) 저게 말이 돼? 차라리 빨간색을 입고 말지. 어떻게 저걸 입냐?

유은재 (따라 나간다) ….

22. 화장터 간이 장례식장(낮)

열여섯 살의 윤수명이 활짝 웃고 있다. 영정 사진이다. 제사상에는 사진과 향로, 국화꽃이 있을 뿐이다. 작은 장례식장은 그나마 비어 있다. 한쪽, 윤진명이 서류에 사인을 한다. 화장터 직원이 서류를 들고 나가며 텅 빈 장례식장을 슬쩍 돌아본다. 잠시 후 네 명의 하메가 쭈뼛대며 들어온다. 다들 이런 자리가 처음이라 바짝 긴장됐다.

윤진명 (올 거라고는 생각 못 했다) 어떻게 왔어?

송지원 (곧이곧대로) 어? 마을버스 타고 회관 앞에 내려서 760번 타니까 한 번에….

정예은 (송지원 툭 치며) 당연히 와야지.

송지원 (그 얘기였어…) ….

다들 멀뚱하다. 서로 눈치만 보는데 유은재가 앞장선다. 국화꽃을 들고 영정 사진 앞으로 간다. 송지원, 정예은, 강이나 순서로 유은재를 따라한다. 유은재가 꽃을 놓는다. 어쩌다 보니 유은재는 꽃을 조금 삐뚤어지게 놓았는데 그것마저 따라한다. 강이나는 제대로 놓은 건 일부러 삐뚤이지게 놓는다. 유은재가 뒷걸음질 친다. 모두

곁눈으로 보며 따라한다. 유은재가 절하려다가 십자가를 보고 아차 싶어 묵념을 한다. 송지원이 절하려던 동작까지 합해서 묵념한다. 정예은, 강이나는 이를 악물고 웃음을 참는다. 어깨가 흔들린다. 윤진명이 입을 꾹 다물고 외면한다. 어쨌거나 유은재와 세 명의 하메가 상주 윤진명 앞에 선다. 입을 열면 웃음이 터질 것 같아 모두들 고개를 푹 숙이고 절을 한다. 엎드린 채 어깨를 떤다. 누가 보면 다섯 명이 오열하는 줄 알았을 거다. 윤진명이 고개를 푹 숙인 채 밖으로 나간다.

23. 화장터 주차장(낮)

다섯 명이 실컷 웃었다. 지나가던 사람들이 쳐다보며 수군댄다.

정예은   (진짜 눈물까지 나왔다) 아우, 눈물나.

강이나   (겨우 웃음을 마무리한다) 웃겨 죽는 줄 알았네.

유은재   (윤진명에게) 미안해요. 웃어서….

윤진명   나도 웃었는데 뭘….

정예은   (송지원을 타박한다) 너 때문에 이게 뭐냐?

송지원   내가 뭘…. (하다가 정예은에게) 너 땀난다.

정예은   (얼른 목덜미의 땀을 닦으며) 너무 웃어서 그래.

강이나   (멀리 수군대는 사람들을 본다. 눈이 마주치자 사람들 외면한다) 우리 미쳤다고 그럴 거야.

유은재   (자기 얘기이기도 하다) 이상해요. 상황이 이런데도 웃긴 걸 보면 웃음이 나요.

윤진명   그러게….

강이나   (윤진명에게) 엄마는?

윤진명   오고 계셔.

말이 없어진다. 그제야 장례식 분위기가 난다.

윤진명	이제 가봐.
유은재	벌써요?
윤진명	있어봐야 할 것도 없구… 니들두 학교 가야잖아.
정예은	아니, 그래도….
윤진명	난 됐으니까 가봐. 괜찮아. (윤진명이 하메들을 앞세운다) ….
송지원	(슬쩍 뒤처져서 윤진명 옆으로 다가온다) 선배! (말은 걸었는데) ….
윤진명	(다음 말을 기다리다가) …왜?
송지원	그날… 그러니까 동생이 그렇게 된 날… 선배 엄마가 안 그랬으면 (윤진명을 흘긋 본다) ….
윤진명	내가 했을 거냐고?
송지원	(침묵으로 긍정한다) ….
윤진명	아마도….
송지원	(예상했던 게 맞았다) 왜? 왜 갑자기 그런 생각을 한 건데? 이제까지 가만히 있다가….
윤진명	(송지원을 본다) …?
송지원	(반성모드) 그게 혹시… 나 때문인가 싶어서…. 내가 귀신 본다고 거짓말하는 바람에….
윤진명	(미처 몰랐었다) 아… 그럴 수도 있겠다.
송지원	(역시 그런 건가. 마음이 무거워진다) ….
윤진명	그게… 네가 귀신 얘기하기 전까진 한 번도 생각 안 해봤거든. 내 동생이 죽은 걸까, 살아 있는 걸까 그것만 생각했지. 그 다음은 생각 못 한 거야. 내 동생 영혼은 어디에 있을까? 어떤 기분일까? 내가 어떻게 해주길 바랄까? 내가 만약 수명이 입장이라면 어떻게 되길 바랬을까?
송지원	(그래도 마음이 무겁다. 한숨 난다)

윤진명   그러니까 난…. (뭐라고 해야 할지 모르겠다) 어… 고맙다. 거짓말
        해줘서.

송지원   ….

정예은   (송지원이 뒤처지자) 송!!

송지원   (윤진명에게 고갯짓하고는 뛰어간다) ….

윤진명이 하메들을 배웅한다.

24. 화장터 입구(낮)

정예은, 강이나, 유은재, 송지원이 걸어 나온다.

강이나   윤 선배 동생… 몇 살이랬지?

유은재   스물하나요.

강이나   그 사진은 몇 살 때일까?

• 인서트 – 간이 장례식장 》
영정 사진 속 윤수명이 환하게 웃고 있다. 쓰러지기 전 중학생 때
사진이다. 들어오던 윤진명이 그 사진을 본다.

(강이나)   되게 어려보이더라.

25. 버스 정거장(낮)

강이나   (걸어오며) 죽기엔 너무 어려 보였어.

유은재   죽기에 적당한 나이는 몇 살일까요?

강이나	하긴… 그래도 너무 어리니까 눈물 나더라.
정예은	나 처음에 장례식장 들어갔는데 윤 선배 혼자 있는 거 보고 눈물 나서 혼났어. (그 말 하면서도 눈물이 찔끔 난다) 사람이 하나도 없냐….
유은재	좀 더 있다 올걸 그랬나 봐요.
정예은	그러게. 좀 더 있다 올걸 그랬나 봐.
강이나	가래잖어. 진짜로 혼자 있고 싶은 건지도 모르구….
정예은	그런가…. 나 같으면 혼자 있는 거 싫을 것 같은데…. (옷자락을 살짝살짝 펄럭여 바람을 통하게 하며) 윤 선배 엄마 어떻게 될까?
송지원	집행유예쯤 될 거라던데. 상황이 상황이니까…. (정예은 옷자락 펄럭이는 거 보며) 더워?
정예은	(얼른 닦는 척하며) 아니야. 가려워서….
강이나	(유은재에게) 근데 넌 이런 데 많이 와봤어? 잘 알더라.
유은재	아빠 장례식 때 봤으니까요.
강이나	아… 그렇겠구나.
송지원	사실 나 아가 엄청 긴장했어.
강이나	(급 동조하며) 그치. 나도. 나도 엄청 긴장되더라. 직접 아는 사람도 아닌데….
송지원	그니까. 나 이번이 첫 번째 장례식이야.
정예은	나두….
송지원	이런 데도 여러 번 와보면 익숙해지겠지?
강이나	(먼 곳을 본다) 그렇겠지…. 아는 사람 중에 죽는 사람도 많이 생길테구… 언젠가는 우리도 죽을테구….
송지원	(생각할수록 우울해진다) 그만해. 우울해. (문득 정예은 쪽을 보며) 거 참 더럽게….
정예은	(왠지 버럭) 안 덥다구!!
송지원	(엥?) 버스. 더럽게 안 온다구!!
정예은	(외면한다. 쪽팔린다) ….

그들 앞으로 두 대의 차가 지나간다.

26. 화장터 주차장(낮)

두 대의 차가 멈춘다. 윤진명 엄마와 아마도 교도관인 듯 남녀가 내린다. 뒤차에서는 목사님 일행이 내린다.

27. 화장터 간이 장례식장(낮)

윤진명이 일어난다. 윤진명 엄마가 들어온다. 윤진명 엄마는 예상보다 담담하다. 국화를 영정 사진 앞에 놓는다. 물끄러미 사진을 바라본다.

• **인서트** 》
관이 화장터 불길 속으로 들어간다.

28. 화장터 주차장 한 켠(낮)

사복 차림의 교도관이 좀 떨어진 곳에서 한쪽을 본다. 윤진명 엄마가 화단 턱에 앉아 영정 사진을 바라본다. 윤진명이 다가와 종이컵을 건넨다. 물이다. 윤진명 엄마는 물을 받아들 뿐 마시지는 않는다.

윤진명 (교도관을 슬쩍 보며) 몇 시까지 돌아가야 돼요?
윤진명 엄마 다섯 시.

윤진명	(시간을 확인한다) ….
윤진명 엄마	사진이 참 좋구나.
윤진명	예….
윤진명 엄마	이것저것 혼자 준비하느라고 고생했다.
윤진명	변호사 왜 안 만나요?
윤진명 엄마	지은 죄만큼 벌 받고 싶어.
윤진명	엄마 죄가 뭔데요?
윤진명 엄마	(사진을 본다) ….
윤진명	이럴 거면 왜 그랬어요? 왜 했어요?
윤진명 엄마	….
윤진명	엄마 혹시 나 때문에… 내가 할까 봐….
윤진명 엄마	(불쑥) 홀가분해!!
윤진명	(멈칫한다) ….
윤진명 엄마	내 죄는 내가 지금 너무 홀가분하다는 거야. (영정 사진에 눈물이 후두둑 떨어진다) …자식을 죽여놓고서 이러면 안 되는데….

윤진명 엄마가 감정을 추스르고 사라진다. 화단 턱에 종이컵이 남아 있다.

29. 편의점 앞(밤)

윤진명이 간이 테이블의 종이컵을 정리한다. 바닥을 쓰는데 오토바이 소리가 들린다. 박재완이다.

•점프 》
두 사람이 파라솔 밑에 앉았다. 윤진명은 두유를, 박재완은 이온음료를 앞에 뒀다.

박재완	왜 말 안 했어요?
윤진명	그냥… 장례식다운 장례식도 아닌 데다가… 좋은 일도 아니고 말하기가 좀 그랬어요.
박재완	그래도 말해줬으면 좋았을 텐데….
윤진명	신경 쓰지 마요. 아무한테도 말 안 했으니까….
박재완	(거리감, 쓸쓸해진다) 진명 씨한테 나는 '아무나'입니까?
윤진명	내 말은…….
박재완	진명 씨한테 나는 좀 더 특별한 사람인 줄 알았는데…. 진명 씨는 가끔 사람을 되게… 쓸쓸하게 만들어요. (캔을 쭈그러트린다. 일어난다)
윤진명	(박재완 손을 잡는다) …미안해요. 사실은 나 요새 좀 이상해요. 뭘 어떻게 해야 좋을지 모르겠어요. 길을 잃은 것 같은데… 어디서 길을 잃었는지도 모르겠어요. (박재완을 올려다본다. 처음으로 약해 보인다)
박재완	(다시 윤진명 옆에 앉는다) ….

박재완과 윤진명이 나란히 앉아 한 지점을 바라본다.

30. 벨 에포크 옥상 정원(아침)

기둥에 매달린 앤티크한 라디오에서 흘러나오는 '라 비 앙 로즈'. 새빨간 립스틱의 주인집 할머니가 커피를 마시며 토마토를 바라본다. 새빨갛고 탐스럽게 익은 토마토. 할머니가 토마토를 돌려본다. 뒤쪽은 썩어 있다.

31. 베란다(아침)

송지원이 물청소한다.

(송지원) 윤 선배는 그럭저럭 잘 해결됐고… 나머지야 뭐 그렇다 치고 (유리창을 닦는 유은재를 흘깃 보다) 문제는 넌데…ㅜㅜ 아, 느닷없는 고백은 폭력이지. 난 마음의 준비가 안 됐는데… 들어버린 이상 모르는 척할 수도 없구… (물을 튼다) … .

32. 거실(낮)

(유은재) (유리창을 닦는다) 내일모레. 이틀 남았어. 자수할까? 엄마한텐 뭐라고 하지? 엄마… (그 와중에도 얼룩이 진 곳에 입김을 호오~불어 닦는다)

강이나가 거실 바닥을 밀걸레로 닦는다.

(강이나) 아, 피곤해. 열심히 사는 거 참 피곤하구나. 그만둘까? 파고, 파고 또 팠는데 이 길이 아니면 어떡해? 하루라도 일찍 딴 거 찾아봐야 하는 거 아니야. 아, 미쳤다. 사춘기도 아니고 이제 와서 진로 고민을 하고 있다. 남들은 벌써 끝낸 고민을… (윤진명을 슬쩍 본다)

윤진명은 싱크대를 닦고 있다.

(윤진명) 정신 차려. 윤진명! 방황은 평범한 사람들이나 하는 거야. 길을 잃었네 어쨌네, 응석 부리지 마. 엄마 문제도 생각보다 잘 해결될 거 같구, 전보다 상황이 좋아졌어. 그러니까 좀만 더 하면 돼. 좀만 더 하면 되는데… (박박 닦던 쇠 수세미를 내려놓는다. 물을 튼다) … .

33. 화장실(낮)

정예은이 화장실 청소 중이다. 열어놓은 문틈으로 하메들이 청소하는 모습이 언뜻언뜻 보인다.

(정예은)   (샤워기 틀어 바닥의 때를 씻어내며 하메들을 본다) 뭐야. 알고 보니까 다들 이상한 사람들이잖아. (밀걸레질하는 강이나 보며) 죽을 뻔한 기억이 있고 (싱크대 닦는 윤진명 보며) 식물인간 동생에다가 엄마에다가… (베란다 청소하는 송지원 보며) 얘는 허언증이구 (유리창 닦는 유은재보며) 얘는 뭐 없나…. 아니다. 얘도 요새 보험조사관이 왔다 갔다 하더라구. (깨닫는다) 에… 그냥 보면 되게 평범해 보이는데…. 평범한 건 나 하나야?

하는데, 드르륵 문자가 온다. 주머니 속에 넣어놨던 핸드폰 확인한다. '네 소식 들었어. 데이트 폭력 겪었다며? 괜찮아?' 뭐야 싶은데 다시 문자 온다. '세상에 어떻게 그런 일이 다 있니. 진짜 깜짝 놀랐어'

(정예은)   남들 눈에 나도 평범하진 않게 됐나 봐.

34. 거실(낮)

다섯 명의 하메가 모여 앉아 커피와 빵, 과자를 먹는다. 각자 생각에 빠져 조용하다.
송지원 머리 위의 말풍선 '고백 따위 괜히 들었어ㅜㅜㅜ'
유은재 머리 위의 말풍선 '남은 건 이틀. 엄마ㅜㅜㅜ 윤종열 선배ㅜㅜㅜ'

윤진명 머리 위의 말풍선 '길을 잃었어ㅜㅜㅜ'
강이나 머리 위의 말풍선 '이제 와서 사춘기 고민을ㅜㅜㅜ'
정예은 머리 위의 말풍선 '안 평범해ㅜㅜㅜ'
각자 고민하면서도 오도독 오도독 과자를 씹고, 차를 마시고, 손짓하면 과자를 건네준다. 다섯 명의 하메들이 동시에 한숨 쉬고는 서로를 바라봤다가 우물쭈물 시선 돌린다.

35. 유은재, 윤진명의 방(아침)

유은재가 흐흑흑 흐느끼며 잠에서 깬다. 깨고 나서도 한참을 숨을 몰아쉰다.

유은재   (아빠에게 묻듯이) 도대체 왜⋯?

36. 벨 에포크 정원(아침)

개가 꼬리를 젓는다. 유은재가 적당히 떨어진 곳에서 개를 바라본다.

(송지원)   학교 안 가?
유은재   (돌아본다) ⋯좀 있다가요.
송지원   (계단을 내려오고 있다) ⋯.
유은재   선배!!
송지원   (살짝 긴장한다) ⋯.
유은재   전에 내가 꾼다는 악몽 말했잖아요.
송지원   뭐⋯ 아, 개가 달려드는데 아빠가 구한다는 그거⋯.

유은재 　…아빠는 왜 날 구한 걸까요? 아니면… 꿈하고 현실하고는 반대라서?

송지원 　(결심한다) 내가 생각해봤는데…. 넌 그냥 아빠 텀블러랑 엄마 텀블러를 바꾼 거뿐이잖아? 안 그래?

유은재 　(쳐다본다) ….

송지원 　텀블러 안에 뭐가 들어 있었든 너랑은 상관없는 거잖아? 안 그래? 그 안에 독이 들어 있든 수면제가 들어 있든 너랑은 아무 상관없어. 네 아빠가 한 거야. 맞지?

유은재 　….

송지원 　그럼 뭐가 문제야? 최악의 경우라도 넌 정당방위야. 너랑 네 엄마를 지키기 위해서 그런 거잖아. 그 입장에서 뭘 어떡하냐? 처음에 네 얘기 들었을 때는 좀 무서웠는데 생각해보니까 그렇더라구. 그러니까 너무 죄책감 갖지 마. 다 잘될 거야.

유은재 　(자기 손을 본다) 어떻게 잘돼요?

송지원 　그야 뭐….

유은재 　이것저것 다 조사하겠죠. 조사해보면 다 밝혀질지도 몰라요. 그동안 내가 의심했던 것들이 명확해지겠죠. 교통사고도, 가스 사고도, 그전에 오빠가 왜 죽게 됐는지도…. 가스 사고가 나기 전에 아빠는 우리한테 엄청 잘해줬어요. 다른 사람들이 다 부러워할 만큼…. 그래서 내가 얼마나 무서웠는지 말해야 돼요. 그때부터 잠을 잘 수가 없었다고 말해야 돼요. 오빠가 죽던 날 아빠가 제일 먼저 한 일이 컵을 헹군 거라는 것도 말해야 돼요. 내가 살인자가 아니라는 걸 밝히기 위해서 아빠가 살인자였다고 주장해야 돼요. 그게 잘된 일이에요?

송지원 　(그 생각은 못했다) ….

유은재 　지금 내 상황이 어떠냐면요. 제비뽑기가 있는데 뭘 뽑아도 꽝인 거예요. 어떻게 돼도 잘되는 건 없어요. (안으로 들어간다) ….

송지원 　(유은재를 지켜본다) ….

(주인집 할머니)	(혀를 찬다) 뭐가 그렇게 심각한지….
송지원	(깜짝 놀라 돌아본다) …왜 거기 숨어 있어요?
주인집 할머니	(적당한 나무 뒤에서 일어난다) 숨어 있기는…. 풀 뽑고 있었지.
	(하는데 다리가 저린다) 아이고, 다리야.
송지원	(궁시렁댄다) 엿들은 거 맞구만….
주인집 할머니	(안으로 들어가며) 뭘 뽑아도 꽝이면 안 뽑으면 되지….
송지원	(뭔 소리야…. 집을 나간다) ….

37. 유은재, 윤진명의 방(아침)

유은재가 학교 갈 준비를 한다.

38. 버스 정거장(아침)

유은재가 버스를 기다린다. 문자가 온다. 긴장해서 확인하면 대출
스팸 문자다. 유은재가 안도하면서도 지친다. 버스가 온다. 대학생
들이 우르르 타는데 유은재는 타지 않는다. 반대 방향으로 타박타
박 걸어간다.

39. 남자 화장실 앞(낮)

임성민이 손수건에 손을 닦으며 나오다가 움찔한다. 남자 화장실
앞에서 송지원이 기다리고 있다

송지원	성민아.

임성민	(곧바로) 됐어.
송지원	(쫓아가며) 부탁 하나만 하자.
임성민	(곧바로) 하지 마.
송지원	(무시한다) 너 성렬 선배랑 친하지?
임성민	(곧바로) 안 친해. 성렬이가 누구야?
송지원	국과수 있는 선배.
임성민	국과수가 뭐야? 국어과학수학이야.
송지원	(이놈의 시키를 콱… 하지만 참는다) 6년 전 시체를 부검할 거야. 어느 정도까지 알 수 있어?
임성민	(마침내 관심을 보인다) 부검?
송지원	(걸려들었지. 헤헤 웃는다) ….
임성민	(앗차 싶다. 다시 걷는다) 네가 해.
송지원	(쫓아간다) 내 전화는 받지도 않아. 작년 송년회 이후로…
임성민	하긴. 그 수모를 당하고도 네 전화를 받으면 그 선배가 사람이냐? 부처님이지.
송지원	그러니까. 응? 성민아~ 동기 좋다는 게 뭐냐? (임성민을 붙잡는다. 강아지처럼 눈을 깜박인다) 응?
임성민	(움찔한다. 버럭) 왜 이래!! 어디서 여자짓이야?
송지원	(어깨를 흔들며 필살 애교 들어간다) 한 번만…
임성민	(차마 못 볼 것을 봤다는 듯 두 눈을 가리며) 아아아악!! 알았으니까 그만해.
송지원	오늘 여섯 시까지.
임성민	야! 마감 치냐? 나도 일이 있어. 그 선배도 일이 있고…
송지원	(어깨 흔들려는 시늉한다) 으으응? ….
임성민	알았어. 알았어. 하면 되잖아!!
송지원	까불고 있어. (성큼성큼 걸어가다가 공연히 어깨 한 번 흔들어준다. 천하무적이다)

40. 과수원(낮)

유은재 엄마와 새아빠가 그 시기에 과수원에서 할 만한 일을 한다. 새아빠가 손수레를 끌고 과수원을 내려간다. 유은재 엄마는 일이 많아 힘들고 짜증 난다. 불만 가득한 얼굴로 돌아보다가 누군가를 발견한다. 언덕을 올라오는 유은재다.

유은재 엄마   은재야!! (손을 흔든다)

유은재   (다가온다) ….

유은재 엄마   웬일이야? 갑자기.

유은재   그냥. 엄마 보고 싶어서….

유은재 엄마   잘됐다. 일하기 싫어 죽을 뻔했는데. 너 핑계로 그만해야지.

유은재   왜? 그럼 아저씨한테 눈치 보이잖아.

유은재 엄마   (입 내민다) 해도 해도 끝도 없구… 일하기 싫어.

유은재   (엄마가 하던 일 하면서) 같이 해.

유은재 엄마   (할 수 없다, 일한다) ….

유은재   (일하는 게 익숙하다) 엄마!

유은재 엄마   (일하자고 해서 조금 화났다) 왜?

유은재   무슨 일 있어도 마음 단단히 먹어.

유은재 엄마   무슨 일 뭐?

유은재   엄마 있잖아…. (마침내 혼자만 간직했던 비밀을 말하려 한다)

유은재 엄마   (애가 왜 이렇게 심각해. 처다보는데 스윽 소리와 함께 풀숲이 흔들린다) 아아, 아아악, 뱀! 뱀! 뱀이야…. (유은재 뒤에 매달리며 계속 비명을 지른다…)

유은재   (엄마가 매달리는 바람에 비틀댄다) 어디. 어디?

유은재 엄마   (차마 처다도 못 보고 가리킨다) 저기, 저기… 아아악, 뱀 진짜 싫어.

유은재   (보면 나뭇가지다) 아니야, 뱀 아니야. 엄마. 뱀 아니라구!!!

유은재 엄마 (그제야 은재한테 매달린 채로) 뱀 아니야?

유은재 (발로 툭 건드리며) 이거야. 나뭇가지야.

유은재 엄마 (그제야 은재 뒤에서 나오며 안도한다) 아우, 놀래라. 지난주에도 뱀 봤거든.

유은재 (엄마를 물끄러미 본다) ….

유은재 엄마 난 뱀이 제일 실헝. 제일 무서워. (몸을 부르르 떨며) 아우 끔찍해.

유은재 나도 뱀 무서워. (말하면서 점점 화가 난다) 나도 뱀 싫고 무서워. 엄마만 무서워? 엄만 도대체 왜 그래? 왜 맨날 내 뒤에 숨어? 내가 왜 엄마를 보호해야 돼? 엄마가 날 보호해야잖아. 엄마가 날 지켜야잖아. 엄마잖아.

유은재 엄마 (놀랐다) 은재야.

유은재 엄마 아무 생각도 없지. 엄만 아무 걱정도 없지. 엄만 좋은 것만 하고 착한 것만 하면 되지? 왜? 왜? 왜 나만 걱정하고. 왜 나만 의심하고. 왜 내가!!!!! (말을 뚝 멈춘다)

유은재 엄마 (이해불능이다) 은재야?

유은재 (숨을 헐떡인다. 흥분은 가라앉고 슬퍼진다) 엄마가 제일 나빠. 엄마가… 엄마가 최악이야. (언덕길을 내려간다) ….

유은재 엄마 (부른다) 은재야!!

41. 언덕길, 집 앞(낮)

유은재가 언덕을 내려가는데 올라오던 새아빠와 마주친다. 그 와중에도 새아빠에게 꾸벅 인사하고 지나간다.

유은재 엄마 (따라온다) 은재야!!

새아빠 (두 사람을 번갈아 본다) 왜? 무슨 일 있소?

유은재 엄마 몰라. 갑자기 저러네.

42. 시외버스 터미널(낮)

유은재가 버스 표를 산다. 엄마에게 전화가 오지만 받지 않는다. 오히려 전원을 끈다.

43. 도서관(낮)

윤진명이 전공 서적을 펼쳐놓고 있다. 의욕이 생기지 않는다. 문득 서가로 들어간다. 서가에 꽂힌 숱한 책들, 이제까지 한 번도 들여다보지 않았던 고전문학들이다. 그중에서 하나를 뽑아든다. 『데미안』이다.

44. 편집숍(낮)

강이나가 메모지에 명암 넣기를 연습한다. 문소리가 들린다. 자동적으로 일어나며 인사한다. '어서 오세요'

45. 복도(낮)

정예은이 송유경, 한경아과 함께 지나간다. 마주 오며 인사하던 사람들, 지나치고 나면 '쟤가 걔야' '납치당했던 애?' 수군댄다. 사람들 돌아본다.

46. 학보사(저녁)

송지원이 노트북 작업 중이다. 임성민이 툭 하고 프린트물을 내려놓는다.

송지원   (쳐다본다) …?
임성민   알아봐달라며? 국과수.
송지원   (후루룩 넘겨본다. 꽤 많다) 통으로 주면 어떡하나? 요약해서 줘야지.
임성민   내가 니 시다바리가.
송지원   (어깨 흔든다) 으으으웅!! ….
임성민   (멀뚱멀뚱 쳐다본다) ….
송지원   (필살기가 안 통하다니. 다시 한 번 흔든다) 야아아.
임성민   (목덜미 긁적이며) 인간은 확실히 적응의 동물이 분명해. 봐줄 만해.
송지원   (할 수 없다. 첫 장부터 읽는다) 망할 놈의 시키.

47. 어딘가(저녁)

유은재가 누워 있다. 어두워지는 하늘을 본다.

48. 학교 교문(저녁)

송지원이 전화를 하며 내려온다. '전화기가 꺼져 있다'는 기계음. 송지원이 걸음을 재촉한다.

49. 거실(밤)

윤진명이 책을 읽는다. 문소리에 책을 뒤집어놓는다. 책 제목은 『그리스인 조르바』다.

송지원 (들어오며) 은재 있어?

윤진명 아니.

송지원 어디 간 거야?

윤진명 전화해봐.

송지원 꺼져 있어.

윤진명 (다시 책을 읽는다)

송지원이 유은재에게 문자 쓴다. '어디냐? 왜 연락이 안 돼? 문자 받는 대로…'까지 썼는데 문소리가 난다. 송지원이 문 쪽으로 달려간다. 정예은임을 알고 다시 문자로 돌아간다.

정예은 뭐야?

50. 어딘가(밤)

유은재가 누워 있다. 밤하늘을 본다.

51. 정예은, 송지원의 방(밤)

송지원이 책상 앞에 앉아 있다. 심각하다. 임성민에게 받은 서류들을 다시 검토한다. 문소리가 난다.

송지원 (니기며 동시에) 은재 왔어?

52. 거실(밤)

막 신발 벗던 강이나가 쳐다본다. 송지원이 실망한다.

강이나   (까칠하다) 뭐야? 나래서 실망이야? 뭐?

송지원   (눈만 껌벅인다) ….

강이나   (소파에 누우며) 나한테 잘해. 나 요새 자존감 바닥이야. 길 건너
          에서 웃는 것도 나보고 비웃는 거 같고… 나 이러다 못난이 될 거
          같아.

정예은   (그사이 식탁에서 책 보는 윤진명과 대화 중이다) 무슨 책이야.
          (책 제목 보고는) 요새는 면접 때 이런 것도 물어봐?

윤진명   아니… (하다가 송지원에게) 왜 그래?

송지원   (불안해 보인다) 어?

윤진명   은재한테 무슨 일 있어?

송지원   (말해야 할지 어떨지 모르겠다) 아니, 뭐… 꼭 문제라기보다는…
          문제가 있기는 있는데… 내가 말할 수 없는 그런 거라서….

정예은   뭔 소리야?

그때 초인종 소리 들린다. 필요 이상 놀라는 송지원 때문에 다른
사람들도 놀란다.

윤진명   (모니터 확인한다) 할머닌데….

정예은   (송지원에게 타박한다) 너 왜 그래?

송지원이 문 열어준다.

주인집 할머니   은재 학생 있어?

송지원   예? 아뇨, 왜요?

주인집 할머니	집에서 전화가 왔는데… 전화가 안 된다고…. 갑자기 집에 왔다가 갑자기 가버렸다네.
정예은	집에 갔었대요? 학교 안 가구요?
송지원	(점점 더 심각해진다) ….
주인집 할머니	(혼잣말처럼) 어린애가 생각만 많아 갖고서는…. (하메들을 스윽 보며) 은재 오면 집에 전화하라고 전해. (돌아간다) ….
송지원	(꾸벅 인사하고 문 닫는다) ….
강이나	진짜 무슨 일 있나? 은재 요새 좀 우울해 보이긴 했어. 말도 없구.
정예은	원래 우울했잖아. 원래 말도 없고.
강이나	그건 그런데….
윤진명	(송지원에게) 무슨 일이야?
송지원	(곤란하다. 말해야 되나 말아야 되나. 하메들을 본다)
정예은	야아 뭔데…? 네가 심각하니까 걱정되잖아.
송지원	(할 수 없다) 저저번에 보험조사관 왔었잖아….

53. 어딘가(밤)

유은재가 누워 있다.

54. 거실(밤)

식탁에 둘러앉은 송지원, 강이나, 정예은, 윤진명. 송지원은 지금까지의 상황을 이야기했다. 송지원이 하메들을 본다. 하메들 역시 쉽게 입을 열지 못한다. 정예은이 뭔가 이야기를 하려고 하지만 그뿐이다. 침묵은 깊고 창밖에서 들려오는 소음은 커지는데, 하필이면 앰뷸런스 소리가 커졌다가 사라진다.

윤진명	(마침내 입을 연다) 부검 결과가 언제 나온다구?
송지원	내일.
정예은	(자기도 모르게) 대박… (해놓고는) 아니, 내말은… 너무 놀랐다구….
강이나	(유은재에게 전화한다)
송지원	말해놓고 나니까… 이거 되게 심각한 상황인 거지? 어떡하지?
강이나	(그사이 핸드폰은 소리샘으로 넘어갔다) 야! 이 멍청아. 너 어디야? 무슨 생각하는 거야. 당장 들어와. 집에 오라구… 쫌!! (그래봤자 소용없다는 거 안다. 불안하다. 그런데 할 수 있는 게 없어 화가 난다) 어떡해? 어떡할 거야? 경찰에 신고해?
윤진명	지금 경찰에 신고해봤자 아무것도 안 해줄 거야.
강이나	그럼 어떡해? (아무도 대답 못 한다) 똑똑한 사람들이 생각 좀 해봐!!
정예은	나 동네라도 둘러보고 올게. 그냥은 못 있겠어.
강이나	같이 가.
윤진명	난 학교 가봐야겠다.
송지원	과사 가서 걔 남자친구 전화번호 물어봐. 혹시 모르니까.
정예은	넌 안 갈 거야?
송지원	한 사람은 집에 있어야잖아.
정예은	아, 맞다.

세 명의 하메가 집을 나선다. 송지원이 혼자 남았다. 침묵이 더 커진다.

• 인서트 ≫

유은재	지금 내 상황이 어떠냐면요. 제비뽑기가 있는데 뭘 뽑아도 꽝인 거예요. 어떻게 돼도 잘되는 건 없어요.

55. 공원(밤)

정예은과 강이나 공원 여기저기를 찾는다. 이름을 부르거나 하지
는 않는다. 정예은은 자꾸 유은재가 생각난다.

•인서트 》
- 첫날, 처음 본 유은재
- 빵을 건네던 유은재
- 화가 나서 한바탕 퍼붓다가 그마저도 제대로 못 하고 울던 유은
  재
- 늘 어리둥절하고 주눅 들어 있던 유은재

정예은이 숨을 깊게 쉰다. 안 그러면 울 것 같다. 강이나도 유은재
를 생각한다.

•인서트 》
- 첫날, 샤워하다가 긴장하던 유은재
- 빨래 안 널었다고 화냈을 때 아무 말도 못 하던 유은재
- 술 먹고도 겨우 배시시 웃는 것밖에 못 하던 유은재
- 치한에게 당하고 나서 울던 유은재

강이나　들어오기만 해봐.

56. 심리학과 사무실(밤)

윤진명이 조교에게 상황을 설명하고 윤종열의 전화번호를 받는다.
윤종열에게 전화한다. 불안하기는 윤진명도 마찬가지다.

•인서트 》

- 첫날, 자신을 위해 불을 켜놓고 눈을 가리고 자던 유은재
- 귤을 건네려다가 무안해서 내려놓던 유은재
- 혼나고 고개 숙이던 유은재
- 늘 불안해 보였던 유은재

57. 버스 정거장(밤)

정예은과 강이나가 골목에서 나온다. 마침 도착한 버스에서 윤진명이 내린다. 표정을 보고 결과를 안다. 세 사람이 할 수 없이 골목으로 접어든다.

58. 골목(밤)

세 사람이 걸어온다. 와하하하 웃음소리. 어딘가 야외 술집에서 사람들이 술을 마시며 웃는다. 정예은이 찢어져라 그들을 노려본다.

강이나   (정예은에게) 왜?

정예은   너무 화가 나. 저 사람들이 웃는 게 화가 나. (눈물이 주르륵 흐른다) 지금 내가 어떤 기분인지 절대 모르겠지. 그게 당연한 건데…. 근데 너무 화가 나고 억울해.

강이나   그거야….

정예은   나도 은재가 어떤 기분인지 전혀 몰랐어. 하나도 모르면서… (얼굴을 감싼 채 주저앉아 운다) 그게 너무 속상해.

강이나   야, 울지 마. 네가 울면… 진짜 심각한 거 같잖아. (정예은을 일으킨다) ….

윤진명과 강이나가 정예은을 일으킨다. 지나가던 사람들, 술 마시
며 웃던 사람들이 쳐다본다.

59. 거실(밤)

하메들이 들어온다. 기다리고 있던 송지원. 서로를 확인하고 실망
한다. 할 수 있는 게 없다. 조용히 거실 식탁에 앉는다.

송지원   아… 윤 선배 알바 안 가?
윤진명   못 간다고 아까 전화했어.

조용해진다. 시간이 흘러간다. 가끔 화장실을 가거나 물을 마시거
나 할 뿐 하메들은 꼼짝도 안 하고 기다린다. 화장실에서 나오던
정예은이 유은재의 슬리퍼를 가지런히 돌려놓는다. 돌아오면 신기
편하도록.

60. 어딘가(밤)

유은재가 밤하늘을 바라본다. 과거의 기억들이 두서없이 지나간
다.

•인서트 ≫
- 어린 유은재의 가족사진. 엄마아빠, 오빠, 다섯 살 즈음의 유은
  재는 행복해 보인다.
- 유은재 오빠를 쳐다보는 냉정한 얼굴의 유은재 아빠. 아빠를 초
  등학교 4학년 정도의 유은새가 지켜본다.

- 유은재 아빠가 치킨을 사 온다.
- 쓰러진 오빠와 119에 전화를 하는 엄마, 그리고 우유를 싱크대에 흘려버리는 아빠, 그를 바라보는 초등학생 유은재.
- 유은재 오빠의 장례식. 아빠가 관을 붙잡고 오열한다. 그건 진심 같다.
- 엄마의 텀블러에 커피를 타는 은재 아빠의 냉정한 얼굴.
- 벨 에포크에 오던 첫날.
- 가방을 집어 던진 날.
- 싸우는 강이나와 정예은을 보고 놀란 날.
- 윤종열이 처음 말을 걸었던 날을 생각한다.
- 다 같이 청소하고 앉아 차와 과자를 먹던 날.
- 편의점에서 밤을 새고 돌아오던 날 버스 안이다. 다 잠든 줄 알았는데 유은재가 눈을 떠서 그들을 바라본다. 마치 그리운 어떤 것을 바라보듯.

유은재가 눈을 감는다. 눈물이 흘러내려 귓속으로 들어간다.

61. 벨 에포크 전경(아침)

이슬이 내렸다. 새들은 울고, 꽃은 피었다. 아침이 눈부시다. 주인 집 할머니가 창을 열고 커피를 마신다.

62. 옥상 정원(아침)

옥상 정원에도 아침이 왔다.

63. 거실(아침)

하메들은 지쳤다. 강이나와 정예은은 소파에 늘어져 있고, 송지원은 식탁에 엎드려 있다. 윤진명은 의자 등받이에 머리를 대고 천장을 바라본다. 익숙한 버튼 소리. 첫 소리가 나자마자 모두들 현관을 바라본다. 디지털 번호를 누르는 소리!! 문이 열린다. 하메들의 시선이 빨려 들어갈 듯 열리는 문틈을 바라본다. 유은재가 들어온다. 정예은이 '으아아앙' 울음을 터트린다. 송지원은 다리에 힘이 풀려 의자에 털썩 주저앉는다.

강이나 　(버럭 소리 지른다) 야, 이 나쁜 년아!! 얼마나 걱정한 줄 알아?

유은재 　(우물쭈물 하메들을 바라본다) 아… 죄송해요.

윤진명 　(유은재를 와락 끌어안는다) 괜찮아. 괜찮아. 이제 됐어. 왔으니까 됐어.

강이나, 송지원, 정예은이 유은재, 윤진명을 사이에 두고 한 덩어리가 되어 끌어안는다.

　• 점프 ≫
정예은이 뜨거운 차를 따라준다. 유은재가 컵을 감싸 쥔다.

정예은 　(운 뒤라 코맹맹이 소리가 난다) 그래서 어디 있었어?

　• 인서트 ≫
옥상

(정예은) 　뭐?

유은재가 누워 있던 곳은 옥상 위의 옥상이다.

정예은　　밤새?

유은재　　(고개 끄덕인다) ….

강이나　　모기 안 물디?

유은재　　물렸어요. (물려서 부푼 곳 보여준다) ….

윤진명　　무슨 생각했어?

유은재　　….

윤진명　　죽을려고 했어?

유은재　　예… 죽어야 하는 거 아닌가… 죽을 수밖에 없는 거 아닌가…. 그런데요. 아무리 생각해도 죽고 싶지가 않아요.

정예은　　네가 왜 죽어?

강이나　　(명쾌하다) 그래. 살아. 죽지 마!!

유은재　　그치만… 앞으로 일을 생각하면….

윤진명　　무슨 일이 어떻게 일어날지 모르겠지만, 미리 걱정하지 마. 그때 일은 그때 해결하면 되니까.

정예은　　그래. 무슨 일이 있어도 네 편 들어줄 테니까.

강이나　　나도. 세상 사람들 다 네 욕해도 내가 네 편 들어줄게.

유은재　　(다시 눈물이 난다)

정예은　　아, 배고파. 뭣 좀 먹자.

강이나　　우리 어제 저녁부터 굶었어.

정예은　　(갑자기 생각났다. 그 와중에도 신난다) 나 몸무게부터 재보고….

하메들이 움직인다. 정예은이 주도적으로 냉장고에 있는 것들을 모두 꺼낸다. 강이나가 도와준다. 유은재도 일어나려는 걸 윤진명이 도로 앉힌다. 그러고 보면 송지원은 이상할 정도로 말이 없다. 그저 유은재를 슬쩍슬쩍 관찰하며 무리 중에서 움직인다. 그때 초인종이 울린다. 하메들이 모니터를 본다. 젊은 남자다.

정예은   누구지?

유은재의 얼굴이 서서히 굳어간다. 그 남자는 보험조사관이다. 송
지원이 유은재를 본다.

•점프 》
문이 열린다.

보험조사관 (땀을 닦으며 서 있다가) 전화기가 계속 꺼져 있어서… 어제부터
계속 전화드렸는데….
유은재   아… (그제야 아직도 핸드폰을 안 켰다는 게 생각난다. 전원을 넣
는다) ….
윤진명   들어오세요.
보험조사관 아니, 그게… 조용히….
윤진명   저희도 다 알고 있으니까 들어오셔서 말씀하세요.
보험조사관 (유은재를 본다) ….
유은재   (고개를 끄덕인다) ….

•점프 》
식탁 의자. 보험조사관이 물을 마신다. 맞은편 유은재와 그 옆에
윤진명이 앉아 있고, 그 뒤에 강이나, 송지원, 정예은이 서 있다. 1
대 5의 구도다.

보험조사관 어제 오후에 결과가 나왔습니다.
유은재   (눈을 감았다 뜬다. 결심이 섰다) ….
보험조사관 (고개를 숙인다) 죄송합니다!!
유은재   …?
보험조사관 약물과 독극물 검사 결과 이상 소견이 없음이 밝혀졌습니다.

| 유은재 | (이게 뭐지 싶다) …. |

하메들도 유은재를 바라본다.

| 보험조사관 | (유은재와 하메들의 반응에 더욱 당황한다) 성급한 판단으로 물의
를 일으킨 점 다시 한 번 사과드립니다. 죄송합니다. 죄송합니다!!! |

보험조사관이 고개를 숙인다. 땀방울이 목덜미를 따라 흐른다.

64. 벨 에포크 앞(낮)

보험조사관의 경차가 출발한다.

65. 거실(낮)

하메들이 식탁에 둘러앉았다.

정예은	어떻게 된 거야?
유은재	(어리둥절하다) ….
윤진명	그때가 몇 살이었다고?
유은재	중2요.
윤진명	오빠가 죽었을 때는?
유은재	초등학교 3학년.
윤진명	네가 착각했을 가능성은 없어?
유은재	(확신할 수 없다) …모르겠어요.
정예은	그래. 사춘기잖아. 게다가 한동안 잠도 못 자고 그랬다며. 네가 뭔

가를 오해했나 보다.

강이나   뭐야, 바보같이 그럼. 있지도 않은 일로 맘고생 했단 말이야?

유은재   (혼란스럽다) ….

윤진명   부검이 정확하지 않을 수도 있나?

송지원   (띠 하는 이명이 들린다) ….

•인서트 – 학보사 》

송지원   (자료 보다가) 뭐야, 그럼. 시약이 없는 건 검출이 안 되는 거야?

임성민   그렇지.

송지원   아니, 정확. 내가 아는 선배 통해서 알아봤는데….

•인서트 – 학보사 》

송지원   부검도 정확하지는 않은 거네.

송지원   부검에서 안 나오는 독이나 약물은 없대.

정예은   그럼 네가 착각한 거네.

강이나   아유… 바보.

윤진명   잘됐다.

유은재   (어리둥절해서 웃을 수도 없다) ….

하메들, 다시 밥 먹기 위해 움직인다. 송지원의 귀에서 띠 하는 이명이 사라졌다. 송지원이 무심코 신발장을 보다가 움찔한다.

강이나   왜?

송지원   (눈을 부비고 다시 본다) 아니야. 아무것도….

66. 학교 일각(낮)

송지원이 의자에 앉아 골똘히 생각 중이다. 임성민이 자료를 정리
하는 척 흘깃흘깃 송지원을 바라본다.

(임성민)   얼핏 보면 이쁜데….

송지원   (골똘하다) ….

(임성민)   귀여운 구석도 있구….

송지원   (집중하느라 입이 뾰족해진다)

(임성민)   말도 통하고….

송지원   (한숨을 푹 쉰다)

임성민   (유례없이 다정하다) 왜? 무슨 일 있어?

송지원   (청순한 눈으로 본다) 나 잘한 걸까?

임성민   (살짝 심쿵한다) 뭐가?

송지원   (말할까 말까 생각하다가) …아니야. 말 안 할란다.

임성민   (안 믿는다) 그러다 할 거잖아. 그냥 해.

송지원   ….

임성민   (결국) 야, 너 어디 아퍼. 너 이러니까 무섭잖아. (이마에 손대며)
열 있니?

송지원   (파리 쫓듯 손 흔들며) 왜 이렇게 달라붙어. 저리 가….

임성민   말하고 싶지? 말하고 싶어 죽겠지? 말해봐.

송지원   오늘부터 묵언수행 할 거야.

임성민   그런 짓을 왜 해. 넌 말할 때가 제일 이뻐.

송지원   (돌아본다) 그래? (하면서 엉덩이에 낀 속옷을 리얼하게 빼낸다)
….

임성민   (한숨이 절로 난다) 하아….

송지원   왜?

(임성민)   (먼저 걷는다) 잠깐이나마 널 상대로 내가 미친 상상을 했다.

송지원   (쫓아가며) 어떻게 알았어?

임성민   뭘?

송지원   (자기 엉덩이 냄새 손바람으로 불러 확인하며) 냄새도 안 나고 소
         리도 안 났는데 너 용하다.

(임성민) (인상 쓴다) 그사이 방귀도 뀐 거냐?

송지원   너 마약 탐지견 해봐. 재능 있어.

67. 유은재의 꿈(들판)

개가 짖는다. 어린 유은재가 겁에 질렸다. 아빠가 개를 쫓아내고
유은재를 안는다.

68. 유은재, 윤진명의 방(아침)

유은재가 눈을 뜬다. 편안한 얼굴이다.

69. 구내식당(낮)

윤종열이 음료수를 꺼내 따주는 동안 유은재가 수다를 떤다. 유
은재는 유례없이 밝고 말을 많이 한다. 뭐 그래봤자지만.

유은재   어떤 화가 얘긴데요. 어느 날 아빠가 그랬대요. 엄마가 죽은 걸 맨
         처음 발견한 건 너다, 그랬더니 잊고 있었던 그날 아침의 풍경이
         떠오르더래요. 엄마가 물에 빠져 죽었는데 긴 머리카락이 물풀처
         럼 퍼졌던 거랑 그날 아침의 풍경들이 사진처럼 선명하게 생각났

	대요.
(윤종열)	부산 무박 2일!!
유은재	근데 얼마 후에 아빠가 다시 말했대요. 그건 자기 착각이었다고, 엄마 시체를 발견한 건 딴 사람이었다고.
(윤종열)	야시장은 꼭 가아니까 무박이라고 우겨야지.
유은재	신기하죠?
윤종열	어, 신기하네.
(윤종열)	야시장에서 이것저것 먹다가 술도 좀 먹구.
유은재	사람 기억이란 게 참 믿을 게 못 되나 봐요. 그죠?
윤종열	그럼!! 믿을 거 못 돼!!
(윤종열)	내가 먼저 쓰러지면…. (흐흐흐 웃는다)
유은재	왜 웃어요?
윤종열	(즉각적으로) 난 너만 보면 그렇게 웃음이 난다!! 신기하지.
유은재	(입을 삐죽이지만 행복하다) ….

갑자기 여학생들의 동공이 커진다. 한쪽을 본다. 뭔 일인가 싶어 유은재와 윤종열도 돌아본다. 신율빈이다. 머리를 자르고 멀쩡한 옷을 입었다. 윤종열이 '머리 잘랐냐?' 손 들어 인사하다가 여학생들의 반응에 혹시 싶어 유은재를 본다. 그러나 다른 여학생들과 달리 유은재는 윤종열 바라다. 윤종열한테 시선 고정한 채 미소 짓고 있다. 윤종열과 유은재가 자리를 뜬다. 여학우들이 신율빈 주변에 몰려든다. 음료수를 집어 드는 신율빈. 샌들에 검정 양말을 신었다. 아직 완벽해지지는 않은 게다.

70. 편의점(밤)

윤진명이 책을 읽는다. 손님이 들어오면 책을 뒤집어놓고 일어난다. 책 제목은 『필경사 바틀비』다.

71. 학교 앞(아침)

학생들이 한 방향으로 대학을 향해 걸어온다. 그사이에 윤진명도 있다. 문득 윤진명이 멈춰 선다. 사람들이 윤진명을 스쳐 간다. 툭툭 치고 지나는 사람도 있다. 윤진명이 한 방향으로 움직이는 사람의 물결 속에서 벗어난다. 그 물결을 바라보다가 반대 방향으로 걷는다.

72. 공원 산책로(낮)

박재완과 윤진명이 걷는다.

박재완   중국요?

윤진명   예.

박재완   언제 오는데요?

윤진명   모르겠어요. 일단은 한 달 비자니까 그만큼 있다가 그때 가서 또 생각할려구요.

(박재완)   같이 가자고는 안 하는구나.

윤진명   그냥 내 인생에서 딱 한 번쯤은 무계획하게 살아보려구요.

(박재완)   쳇, 뭐든 혼자 결정하구.

박재완   그래요. 진명 씨는 지금까지 너무 열심히 살았으니까….

윤진명   다행이다. 사실은 좀 불안했거든요. 달리는 기차에서 나 혼자 내린 기분이라….

(박재완)   (서운해서 툴툴댄다) 자기 계획 속에 나는 없다는 건가.

박재완   인생 길잖아요. 한두 달쯤이야.

윤진명   저기….

(박재완)   (쳐다본다) 이 사람은 나는 도대체 어떤 의미….

윤진명   주소 알려줘요. 전화 안 되면 엽서 쓰게….

박재완   (즉각적으로) 마포구 상암동… (핸드폰 꺼낸다) 지금 찍어줄게요.

73. 정예은, 송지원의 방(아침)

정예은이 편지를 읽는다. 고두영이 보낸 편지다. '미안하다'는 내용이다. '너와의 좋은 추억마저 망쳐버렸다는 생각이 제일 괴로워. 용서해주지 않아도 되는데, 네가 행복해졌으면 좋겠다'는 구구절절한 내용이다. 정예은은 편지에 감동받았다. 눈물이 찔끔 난다.

74. 구치소 면회실(낮)

고두영이 정예은에게 편지를 쓴다. 심드렁한 얼굴인데 단어는 구구절절하다. '너를 위해 매일매일 기도하고 있어. 행복해졌으면 좋겠어'

고두영   이거 언제까지 써요?

여자 변호사   피해자가 탄원서를 낼 때까지.

고두영   (못마땅하다) 쯧!!

75. 커피숍(낮)

서동주가 핸드폰을 들여다본다. 강이나가 활짝 웃고 있는 사진이다.

강이나   아, 더워.
서동주   (사진을 감추듯 핸드폰을 뒤집어놓는다) …머리 잘랐네.
강이나   (단발머리가 됐다. 헤헤헤 웃는다) 성숙미가 좔좔 흐르지?
서동주   그거 욕 아니냐? 나이 들어 보인단 얘긴데….
강이나   (그런가. 됐고) …남자는 어떤 선물 좋아하냐?
서동주   나 선물해주게?
강이나   너 말구… 좀 나이 든 남자.
서동주   (누군지 눈치챈다. 표정 변화 없이 커피를 마신다) ….
강이나   향수 같은 거 괜찮나? (다가온 종업원에게) 아이스 커피요.
서동주   (웃으며 강이나를 보는데 그 표정이 살짝 씁쓸하다) ….

76. 설렁탕 집(밤)

오종규와 강이나가 소머리국밥을 앞에 두고 소주를 마신다. 강이나는 국밥 냄새가 싫다. 오종규 몰래 살짝 찡그린다.

오종규   먹어.
강이나   (고기를 덜어 오종규 그릇에 넣는다) 오다가 이것저것 줏어 먹었더니….
(오종규) 잘됐다. 그렇잖아도 곱빼기 시킬까 했는데….
강이나   (선물을 건넨다) 이거요.
오종규   뭔데?
강이나   월급 탔거든요. 첫 월급은 아니지만… 그래도… 어쨌든 제대로 번 돈으로 샀어요.

오종규	내가 뭘 했다구 나한테 선물을…. (뜯어본다. 향수다) 뭐야? 로션이야?
강이나	향수예요.
(오종규)	(못마땅하다) 향수?!! 쓸데없이… 사려면 로션이나 하나 사지. 큼지막한 걸루….
강이나	냄새 맡아봐요.
오종규	내복이나 사 오지….
강이나	(왠지 발끈한다) 내가 왜요? 내가 아저씨 딸이에요?
(오종규)	왜 화를 내?
강이나	아저씨, 나 변한 데 없어요?
오종규	(그제야 찬찬히 보며) 그러고 보니까 좀 변한 것도 같은데….
(오종규)	변한 데…? 어디지? 모르겠다.

강이나는 단발머리를 하고 있다.

77. 거실(밤)

다섯 개의 캔 맥주가 부딪친다. 다섯 명의 하메가 모였다.

윤진명	강이나가 내 방으로 온다구?
강이나	응, 주말에 짐 옮길 거야.
윤진명	은재 코 고는데.
유은재	진짜요? (했다가) 거짓말.
윤진명	(웃는다) ….
강이나	괜찮아. 난 이빨 가니까….
정예은	안 불안해? 170만 원 갖고 한 달을 어떻게 버텨?
윤진명	뭐 어떻게든 되겠지.

정예은	갔다 온 다음에 어떡할 거야?
윤진명	몰라. 그땐 또…. (하다가 강이나의 시선을 눈치채고) 왜?
강이나	사람 변하니까 무섭구나 싶어서….
송지원	자자. 윤 선배 송별 기념 비밀 대방출 한 번 합시다.
강이나	알 거 다 아는데 비밀이 또 뭐가 있냐?
송지원	비밀은 양파 같은 겁니다. 까도 까도 또 나오지요.
정예은	너부터 해봐.
송지원	나? 깜짝 놀랄 텐데…. (뜸 들였다가) 나 아직도 모쏠이야. 청청구역!! 놀랐지?
유은재	아뇨. 알고 있었는데요.
정예은	나도.
강이나	온 국민이 다 알걸.
윤진명	(웃는다) ….
송지원	웃지 마. 윤 선배도 나랑 같은 처지잖아.
윤진명	(다시 웃는다) ….
송지원	왜 웃어? 이거이거 주리를 틀어야겠구만.

송지원을 필두로 네 명이 윤진명에게 달려든다. 웃고, 떠들고 마신다.

• **점프** ≫

대낮이다. 하메들이 떠난 거실은 텅 비었다. 낯설게 느껴진다.

78. 상담실(낮)

정예은이 상담 중이다.

정예은	방세 빼 갖고 여행 간다는 거예요. 그게 윤 선배 전 재산이거든요. 윤 선배가 그런 사람인 줄 몰랐어요. 사람은 참 모르는 거예요. 그러고 보면 강 언니도 ⋯.
상담사	(부드럽게 말을 끊는다) 다른 사람 얘긴 그만하구요. 정예은 씨 본인 얘기를 해봐요.
정예은	나요? 난 별로 할 얘기 없는데. 잠도 잘 자구요. 밥도 잘 먹구, 체중 변화도 없고⋯. 이 기회에 살이나 빠지면 좋겠는데. (헤헤 웃는다) 나 진짜 멘탈갑인가 봐요. 아무렇지도 않아요. 이제 안 와도 될 것 같아요. 선생님.
상담사	(메모하면서 웃는다) ⋯.

79. 거리(낮)

정예은이 건물에서 나온다. 경쾌하게 걷는다. 뭔가 자신 있는 걸음걸이다. 그때 도로에서 '빠아앙' 신경질적인 경적 소리가 들린다. 정예은과는 상관없이 차들 간의 신경전이다. 운전자 중 하나가 삿대질을 하며 지나간다. 도로는 금방 별일 없었다는 듯 돌아간다. 정예은만이 움직일 줄 모른다. 숨을 몰아쉰다. 식은땀이 흐른다. 길 한복판에 멈춰선 정예은을 누군가 툭 치고 지나간다. '뭐야' 몇몇 사람이 정예은을 이상하다는 듯 쳐다보며 지나간다.

80. 공항(낮)

윤진명이 티켓팅한다. 짐을 부치고, 가방 하나를 멘 채 안으로 들어간다.

항공사 직원 (부럽게 쳐다보며 중얼댄다) 한 달이래. 부럽다.

동료 그러게 너도 부모 잘 만나지 그랬니.

81. 오해의 몽타주

그동안 장면들 중에 우리는 이해하지만 지나가던 사람들은 이해하기 힘든 장면들이 보여진다.

- 골목에서 주저앉아 우는 정예은을 보며 '왜 저래?' '실연했나' 쳐다보는 사람들
- 엘리베이터 앞에서 몸싸움을 벌이는 강이나를 멀리서 지켜보며 놀라는 사람들
- 버스 안. 잔뜩 긴장해서 여기저기 쳐다보는 유은재를 흘깃 보는 사람들
- 공원. 원더우먼이 돼서 날아가는 송지원을 보고 '미쳤나 봐' 중얼거리는 사람들
- 수많은 사람들, 사람들, 사람들…

82. 에필로그(벨 에포크 1층 주인집 할머니 집)

샤워 가운을 입고 머리에 수건을 두른 집주인 할머니가 화장대 앞에 앉는다. 턴테이블에 LP판을 올려놓는다. '라 비 앙 로즈'가 흘러나온다. 커피를 마시며, 화장대 앞에 앉는다. 공들여 화장을 한다. 가끔 커피를 마시고 노래를 따라한다. 새빨간 립스틱을 바르고 향수를 뿌린다. 분말이 눈부시게 흩어진다. 마지막으로 요실금 팬티를 입는다. 인생은 겉보기만으로는 모르는 게다.

83. 정원(낮)

개가 멍 짖는다. 앞발에 머리를 대고 빤히 응시하다가 하품을 한다.

※ 에필로그
INTERVIEW 주인집 할머니

정원이다. 치파오 혹은 아오자이 같은 옷을 입은 주인집 할머니가 새빨간 립스틱과 와인 잔을 들고 정원용 의자에 앉아 다리를 꼰다. 시작하라는 듯 카메라를 본다.

립스틱이 잘 어울린다.
— (뽀뽀하는 흉내 낸다)

나이가?
— 일흔하나…… 쯤으로 할까 생각 중이에요. (훗 웃는다)

결혼은?
— 했었어요. 네다섯 번쯤? 근데 아직 처녀예요.

사실 정체에 대해 의견이 분분하다. '하메들 중 한 명의 미래다. 외계인이다. 심지어는 신발장 귀신이다'라는 소문도 있던데….

— (훗 웃는다) ….

진짜 정체가 뭔가?

— (순간 카메라를 보는데 그 눈빛이 날카롭다) 진짜 알고 싶어요? (카메
  라를 물끄러미 보며 와인을 마신다) ….

청춘시대 시즌1·下

1판 1쇄 발행 2017년 9월 11일
1판 3쇄 발행 2017년 10월 17일

지은이 | 박연선
펴낸이 | 김영곤 **펴낸곳** | (주)북이십일 아르테팝
미디어사업본부 이사 | 신우섭
미디어믹스팀 | 장선영 조한나
책임편집 | 이상화 **표지 본문디자인** | 한성미
문학영업팀 | 권장규 오서영
미디어마케팅팀 | 김한성 정지은
제휴팀장 | 류승은 **홍보팀장** | 이혜연 **제작팀장** | 이영민

출판등록 | 2000년 5월 6일 제406-2003-061호
주소 | (우 10881) 경기도 파주시 회동길 201(문발동)
대표전화 | 031-955-2100 **팩스** | 031-955-2151 **이메일** | book21@book21.co.kr

(주)북이십일 경계를 허무는 콘텐츠 리더
아르테팝 채널에서 도서 정보와 다양한 영상자료, 이벤트를 만나세요!
장강명 요조가 진행하는 팟캐스트 말랑한 책수다 〈책, 이게 뭐라고〉
페이스북 | facebook.com/21artepop **포스트** | post.naver.com/artepop
인스타그램 | instagram.com/21artepop **홈페이지** | arte.book21.com

ISBN 978-89-509-6718-5 04680
책값은 뒤표지에 있습니다.